海军级重点教材

舰船原理

卢晓平　主编

国防工业出版社

·北京·

内 容 简 介

本书以水面舰船为主,兼顾潜艇,系统介绍了舰船几何形状描述、舰船静力学、舰船阻力与推进、舰船操纵性和耐波性等学科的概念、理论、方法及其工程应用,列举了较多的例题,全书共分9章,各章附有习题。书中内容力求简明清晰,深入浅出,便于自主学习;也注重反映学科的新进展,包含编者的见解和工作体会。

本书可作为舰船动力工程、舰船工程管理等专业本科学生的教材,也可供船舶与海洋工程专业的学生、工程技术人员参考。

图书在版编目(CIP)数据

舰船原理 / 卢晓平主编. —北京:国防工业出版社,
2009.1 重印
ISBN 978 - 7 - 118 - 05145 - 2

Ⅰ.舰... Ⅱ.卢... Ⅲ.船舶 - 理论 Ⅳ. U674

中国版本图书馆 CIP 数据核字(2007)第 145604 号

※

*国防工业出版社*出版发行

(北京市海淀区紫竹院南路23号 邮政编码100048)
北京奥鑫印刷厂印刷
新华书店经售

*

开本 787×1092 1/16 印张 16 字数 362 千字
2009 年 1 月第 2 次印刷 印数 2001—4000 册 定价 33.00 元

(本书如有印装错误,我社负责调换)

国防书店:(010)68428422 发行邮购:(010)68414474
发行传真:(010)68411535 发行业务:(010)68472764

前　　言

　　本书作为非船舶与海洋工程专业的"舰船原理"课程教材编写,可用作船舶动力工程、船舶工程管理专业、海洋工程、海运和舰船驾驶等多个专业的"舰船原理"课程教材,也可用作船舶与海洋工程专业的教学参考书。

　　本书在参考诸多相关教材、专著和文献的同时,结合了编者任教本课程的教学经验和授课讲义。全书共分9章,以水面舰船为主,兼顾潜艇,系统介绍了舰船几何形状描述、舰船静力学、舰船阻力与推进、舰船操纵性和耐波性等学科的概念、理论、方法及其工程应用,列举了较多的例题,各章还附有习题。书中内容力求简明清晰,深入浅出,便于自主学习和实际应用;也注重反映学科的新进展,以及包含编者的见解和工作体会。

　　在本书的编写过程中得到了海军工程大学董祖舜教授的指导,董祖舜教授在章节布局、内容取舍详略诸方面提出了宝贵的建议;海军工程大学舰船安全工程系浦金云教授编写了第5章。中国舰船研究设计中心(中船重工集团公司第七〇一研究所)袁敦磊研究员详细审阅了本书全文原稿;海军工程大学施生达教授、熊鹰教授、周其斗教授、毕毅副教授详细审阅了本书有关章节的原稿;各位审稿人对原稿提出了宝贵的审阅意见。在此对各位专家的帮助表示诚挚的谢意。

　　按学科划分,"舰船原理"的内容涵盖船舶与海洋工程专业的多个学科,有的学科仍在发展之中,研究工作十分活跃。作为非船舶与海洋工程专业的本科学生教材,书中对各学科领域的新进展虽略有提及,但本书未刻意追求内容全面,而主要着眼于提供基本的、实用的、富有启迪的内容。尽管如此,本书对船舶与海洋工程专业的学生、工程技术人员也具有一定的参考价值。

编　者

2007 年 8 月

目　　录

第1章 绪 论

1.1 课程介绍

"舰船原理"课程研究舰船的航海性能,舰船的航海性能主要指舰船的浮性、稳性、不沉性、快速性、耐波性与操纵性6种航海性能。舰船的航海性能还应包括船体结构的坚固性,但它属于"舰船结构"课程的研究对象。随着舰船技术的发展,舰船航海性能的内涵有所扩充,如舰船的续航力、隐身性等,有时也视作军船的航海性能。但按学科与课程体系,舰船的这类性能属于其他学科或课程研究的对象,故这方面的内容除与上述6种航海性能关系密切者,一般未编入本教材。

浮性是舰船在一定装载下按一定姿态漂浮的能力;稳性是舰船在外力作用下倾斜而不倾覆,外力消失后仍能回复原平衡位置的能力;不沉性是舰船破损进水后仍能保持一定的浮性、稳性而不沉没或倾覆的能力。在研究这3种性能的过程中,不考虑舰船的运动对船体所受水作用力的影响,只考虑了舰船在静平衡状态下所受到的水作用力。所以从力学观点来看,研究这3种性能的课程(或学科)称为舰船静力学。

快速性(或称航速性、航行特性)是一定排水量的舰船,在给定主机功率下航行速度快慢的性能。一方面是指舰船的最大航速大小;另一方面是指各航速下所需主机功率的大小。快速性取决于船体的阻力性能与推进器的推进性能,以及船体与推进器之间的相互作用,它由"舰船阻力"课程与"舰船推进"课程共同研究。耐波性(或称适航性,但适航性的含义更广泛)是舰船在风浪中的性能,主要是指舰船在风浪中的横摇(左右摇摆)、纵摇(前后摇摆)以及垂荡(上下起伏,也称升沉)运动的性能。操纵性是舰船在航行中保持既定航向的能力(即航向稳定性)和按驾驶者意图回转的能力(即回转性),它包括航向稳定性与回转性。耐波性和操纵性由"舰船耐波性"课程与"舰船操纵性"课程共同研究。

在研究快速性、耐波性和操纵性时,要考虑船体、水的运动对船体所受水作用力的影响,即要考虑水的动力作用,所以研究这3种航海性能的课程(学科)称舰船动力学或舰船水动力学。

舰船原理包括舰船静力学与舰船动力学两大部分,有时将它看作一门学科,它是与舰船总体设计论证、性能预报、建造维修,以及舰船机电操管、载荷调配、浮态、稳性与航速保持、抗沉方案确定等工程、军事与航海任务密切相关的专业课程或学科。

1.2 船体几何形状

船体几何形状与舰船的航海性能密切相关,在研究舰船航海性能之前先简要讨论船体几何形状,主要介绍船体几何形状的表示方法。船体曲面是复杂的几何曲面,其几何形状一般不能用曲面方程来描述,而要用船体主尺度、船型参数与船体型线图来表示。

1.2.1　3个基准面

为了表示船体几何形状,取3个相互垂直的平面作为基准面,如图1-1所示,它们相当于空间直角坐标系中的坐标平面,分别是对称面(或称纵中剖面)、设计水线面与船中横剖面。

(1) 对称面:通过船宽中央的纵向平面,它将船体分为左右对称的两部分。

(2) 设计水线面:舰船按设计状态静止漂浮在水面上,这时的水平面即设计水线面,它将船体分为水上、水下两部分。潜艇则以最大水线面或基平面作为这个方向的基准面,最大水线面是通过艇体最宽处的水平面,它将艇体分为水上、水下两部分;基平面是过潜艇长中点龙骨下缘且平行于设计水线面的平面(图1-2)。

(3) 船中横剖面:通过船长方向中点并与上述两个基准面垂直的平面,它将船体分为前后两部分。

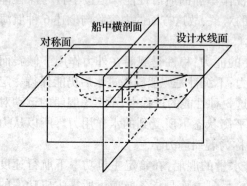 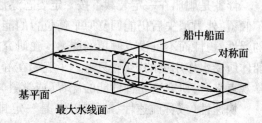

图1-1　水面舰船的3个基准面　　　　图1-2　潜艇的3个基准面

1.2.2　主尺度

主尺度表示了船体的大小。上述3个基准面与船体表面相交即得3条剖线,它们分别是纵中剖线、设计水线和横中剖线,如图1-3所示,可以根据这3条剖线来定义各种主尺度。现就水面舰船对各种主尺度分别进行说明,潜艇的主尺度将在1.2.6中再作介绍。

1. 船长

常用的船长有3种,即总长、设计水线长与垂线间长。

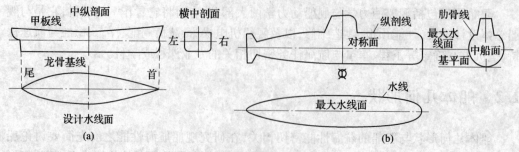

图1-3　水面舰船与潜艇的3种剖线

(a) 水面舰船的3种剖线;(b) 潜艇的3种剖线。

（1）总长 L_t：从船首最前端到船尾最后端的最大水平距离,包括壳板的厚度,有时称最大长度,记作 L_{max}。船进坞、靠码头以及通过船闸时应关注船的总长。

（2）设计水线长 L：设计水线面与首、尾端交点间的距离。分析船体航海性能时船长常取为设计水线长。

（3）垂线间长 L_p：首、尾垂线之间的距离。首垂线是指过设计水线面与首柱前缘交点的铅垂线;对军船尾垂线是指过设计水线面与尾柱(或尾封板)后缘交点的铅垂线,对商船尾垂线则取为舵轴的中心线,故对军船垂线间长就是设计水线长。

2. 船宽

（1）最大宽度 B_{max}：计及外壳板的船体最宽处的宽度。

（2）设计水线宽或型宽 B：设计水线的最大宽度。

3. 吃水

吃水是指龙骨基线至水线的垂直距离。龙骨基线至设计水线的垂直距离称为设计吃水,用 T 表示;各种装载下的吃水称为实际吃水,常以 z 或 T 表示。如船体存在纵倾,则首尾吃水不相等,一般将吃水取为首尾吃水的平均值,称为平均吃水,记作 T_m。

4. 型深

型深是指龙骨基线至甲板边线最低点的垂直距离,以 H 表示。

5. 干舷

干舷是指水线到甲板边线上缘的距离。在船长方向各点的干舷是不相等的,如未说明一般是指甲板边线最低点处的干舷,且通常指设计状态的干舷,以 F 表示。

各种主尺度的意义如图 1-4 所示。同一主尺度的舰船水下部分丰满程度可以不同,即主尺度并未表示船体水下部分的船型特性,船体的这种几何特性要用船型系数来表示。

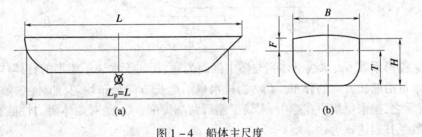

图 1-4　船体主尺度

1.2.3　船型系数

船型系数是从不同的角度表示船体水下几何形状丰满程度的无因次系数,有水线面系数、横中剖面系数、方形系数、棱形系数与垂向棱形系数 5 种。

（1）水线面系数 C_W：水线面面积与相切于水线面的矩形面积之比值,如未指明一般是指设计水线下的水线面系数,反映了设计水线面的丰满程度,其定义式为

$$C_W = \frac{A_W}{LB}$$

其几何意义如图 1-5 所示。

（2）横中剖面系数 C_M：横中剖面面积与相切于横中剖面的矩形面积之比值,如未指

3

明一般指设计水线下的横中剖面系数,反映了横中剖面的丰满程度,其定义式为

$$C_M = \frac{A_M}{BT}$$

其几何意义如图 1-6 所示。

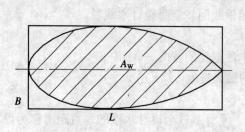

图 1-5　水线面系数

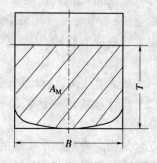

图 1-6　横中剖面系数

(3)方形系数 C_B:船体水下部分体积与相切于水下船体的长方体体积之比,反映水下部分船体的丰满程度,其定义式为

$$C_B = \frac{V}{LBT}$$

其几何意义如图 1-7 所示。

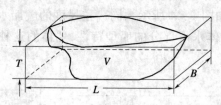

图 1-7　方形系数

(4)棱形系数 C_P:水线下体积与横中剖面为底、相切于水线下船形的柱体体积之比,表征排水量沿船长方向的分布。C_P 大,排水量沿船长方向分布均匀,船体水线下形状接近柱体;反之,排水量集中在船中,水线下船形两端尖削。C_P 是对船体阻力性能影响大的船型系数。其表达式为

$$C_P = \frac{V}{A_M L} = \frac{C_B}{C_M}$$

其几何意义如图 1-8 所示。

(5)垂向棱形系数 C_{PV}:与 C_P 类似,C_{PV} 表示排水量沿垂向的分布,C_{PV} 大表示排水量沿铅垂向分布均匀,水下船形接近铅垂向的柱体;反之,排水量集中于设计水线面附近,从横剖图上看船形底部尖削。C_{PV} 是与耐波性关系密切的船型系数。其表达式为

$$C_{PV} = \frac{V}{A_W L} = \frac{C_B}{C_W}$$

其几何意义如图 1-9 所示。

4

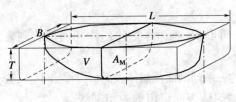

图 1-8 棱形系数

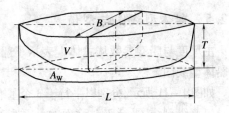

图 1-9 垂向棱形系数

1.2.4 船型参数

船型参数是描述船体几何形状的几何参数,上述船型系数均属于船型参数,除船型系数外常用的船型参数还有修长系数、长宽比、宽吃水比、进流角、方尾船的尾封板参数等。

(1)修长系数 ψ:表示船形的细长程度,$\psi = L/\nabla^{1/3}$。

(2)长宽比 L/B:表示船形细长程度。

(3)宽吃水比 B/T:表示船形的扁平程度。

(4)进流角 α_e:为船首端水线与对称面的夹角,表示在水线面上船首的尖削程度(图 6-27)。

(5)尾封板参数:包括尾封板斜升角(β)、外张角(γ),尾封板宽船宽比(b_T/B),尾封板深度(Z_T)等,其几何意义如图 1-10 所示。

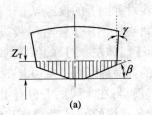
(a)

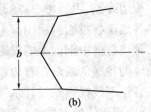
(b)

图 1-10 尾封板参数

ψ、L/B、B/T 也称作主尺度比。主尺度比、进流角以及尾封板参数均是对船体航海性能影响大的船型参数。

各种舰船船型参数取值范围如表 1-1 所列。

表 1-1 舰船舰型参数取值范围

舰 种	C_B	C_W	C_M	L/B	B/T
巡洋舰	0.45 ~ 0.65	0.65 ~ 0.72	0.76 ~ 0.89	8 ~ 11	2.6 ~ 3.5
驱逐舰和护卫舰	0.40 ~ 0.54	0.70 ~ 0.78	0.76 ~ 0.86	9 ~ 12	2.6 ~ 4.2
猎潜艇	0.45 ~ 0.50	0.74 ~ 0.78	0.75 ~ 0.82	7.9 ~ 8.5	2.6 ~ 3.2
炮艇	0.52 ~ 0.64	0.70 ~ 0.80	0.80 ~ 0.90	6.5 ~ 8.0	2.8 ~ 3.5
扫雷舰	0.50 ~ 0.60	0.68 ~ 0.75	0.80 ~ 0.88	7.0 ~ 8.0	2.8 ~ 4.0
登陆舰艇	0.60 ~ 0.82	0.75 ~ 0.90	0.95 ~ 0.97	3.4 ~ 7.2	3.5 ~ 4.6
潜艇	$\dfrac{0.42 \sim 0.64}{0.44 \sim 0.58}$	0.64 ~ 0.79	0.74 ~ 0.87	7 ~ 11	

1.2.5 船体型线图与型值表

主尺度与船型参数从总体上表示了船体几何形状,要详尽描述船体几何形状则要采用船体型线图。

如图1-11所示,分别以平行于3个基准面的一系列剖面截船体表面可以得出3组剖线:

(1)纵剖线:平行于对称面的一系列剖面截船体表面得出的一组剖线。

(2)横剖线:是平行于横中剖面的一系列剖面截船体表面得出的一组剖线。

(3)水线:平行于设计水线面的一系列剖面截船体表面得出的一组剖线。

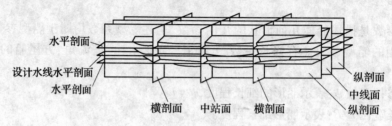

图1-11 3组剖线与3个投影图

将上述各组剖线(含基准面截出的3条剖线)投影到3个基准面上可得3个投影图,即纵剖图、横剖图与水线图。上述3个投影图是组成船体型线图的基本图形,不过在型线图上除了有剖线的投影线外还要给出一些其他项目。

(1)纵剖图:各组剖线投影到对称面上而得;在纵剖图上还需画出甲板边线、甲板中心线等,分别是甲板边缘点、甲板中心点的连线在对称面上的投影。

(2)横剖图:各组剖线投影到横中面上而得;在横剖图上还有甲板边线和舷墙顶线,即甲板边线、舷墙顶线在横中剖面上的投影。由于船体左右对称,各横剖线只要画出一半即可,习惯上船前体的各横剖线画在右边,后体的各横剖线画在左边。

(3)水线图:各组剖线投影到设计水线面上而得;在水线图上也有甲板边线、舷墙顶线的投影线。同样由于船体的对称性,只需画出各水线的一半,水线图也叫做半宽图。

船体型线图由纵剖图、横剖图和水线图组成,如图1-12所示。在型线图上纵剖线、水线与横剖线的间距分别称为纵剖线间距、横剖线间距与水线间距。而横剖线间距又称为站距,横剖线位置称为站。在型线图上还要标出各组剖线的编号,纵剖线自对称面起向舷侧数,编号依次记为Ⅰ、Ⅱ、Ⅲ、Ⅳ等(不含纵中剖线编号)。对军船,横剖线由船首向船尾编号依次为0,1,2,…,20等,横剖线的编号常称为站号,首站为0站,末站一般为20站;商船横剖线编号顺序与军船相反。水线则由下(基线)至上编号,水线编号也记作0,1,2,…。另外,在纵剖图上只有纵剖线保持为曲线,其余两组剖线均为直线;类似地在横剖图、水线图上也只有横剖线、水线为曲线,其余剖线均为直线;而甲板边线、舷墙顶线在各个图上都是曲线。故在型线图的各个图上都有两组相互垂直的投影线,这两组相互垂直的线形成矩形网格,有时也称这些直线为网格线(也称格子线,其中的横剖线也称站线),这些网格线既是投影线,也是绘制型线、量取型线图数据的基准线。

以图1-12所示的某舰船体型线图为例,在图上可以量出对称面上的站线与水线交点(称为网格节点)到船体表面的距离,这个距离也称该点的半宽或型值。可以量出各个网格节点处的型值,并将量出的型值以一定形式的表格列出,这个表叫做型值表。表1-2是图1-12中船

6

表1-2 某舰船型值表

单位:m

肋骨\水线	0	1/2	1	2	3	4	5	6	7	8	主甲板 半宽	高
0	—	—	—	—	—	—	0.11	0.25	0.38	0.51	1.09	8.97
1	0.11	0.19	0.28	0.47	0.66	0.84	1.02	1.22	1.41	1.59	2.31	8.63
2	0.11	0.35	0.56	0.93	1.25	1.55	1.82	2.09	2.31	2.55	3.23	8.31
3	0.11	0.57	0.95	1.47	1.93	2.31	2.61	2.86	3.08	3.30	3.93	8.04
4	0.12	0.75	1.32	2.10	2.65	3.06	3.36	3.60	3.79	3.97	4.42	7.80
5	0.13	0.95	1.67	2.75	3.37	3.78	4.07	4.29	4.44	4.58	4.85	7.55
6	0.15	1.19	2.17	3.32	4.00	4.38	4.64	4.80	4.92	5.00	5.22	7.29
7	0.15	1.41	2.63	3.93	4.59	4.93	5.09	5.22	5.30	5.37	5.46	7.07
8	0.14	1.68	3.03	4.41	5.03	5.29	5.41	5.50	5.56	5.60	5.62	6.89
9	0.12	1.83	3.52	4.82	5.33	5.53	5.62	5.68	5.70	5.70	5.71	6.73
10	0.11	2.03	3.76	5.13	5.56	5.70	5.73	5.73	5.73	5.73	5.75	6.70
11	0.11	2.07	3.87	5.19	5.64	5.75	5.75	5.75	5.75	5.75	5.75	6.70
12	0.11	1.80	3.54	5.06	5.57	5.70	5.71	5.71	5.71	5.71	5.75	6.68
13	0.11	1.39	2.80	4.75	5.40	5.61	5.63	5.64	5.65	5.65	5.66	6.66
14	0.11	0.96	2.10	4.16	5.10	5.44	5.51	5.53	5.56	5.56	5.60	6.65
15	0.11	0.63	1.45	3.43	4.68	5.18	5.34	5.40	5.42	5.43	5.48	6.67
16	—	0.04	0.64	2.37	3.95	4.74	5.06	5.22	5.27	5.30	5.35	6.74
17	—	—	—	1.23	3.15	4.26	4.63	4.89	5.02	5.09	5.10	6.85
18	—	—	—	0.10	1.87	3.37	4.03	4.38	4.56	4.64	4.65	6.97
19	—	—	—	—	0.10	2.08	2.95	3.39	3.63	3.75	3.82	7.12
20	—	—	—	—	—	—	0.10	1.05	1.42	1.69	1.96	7.27

7

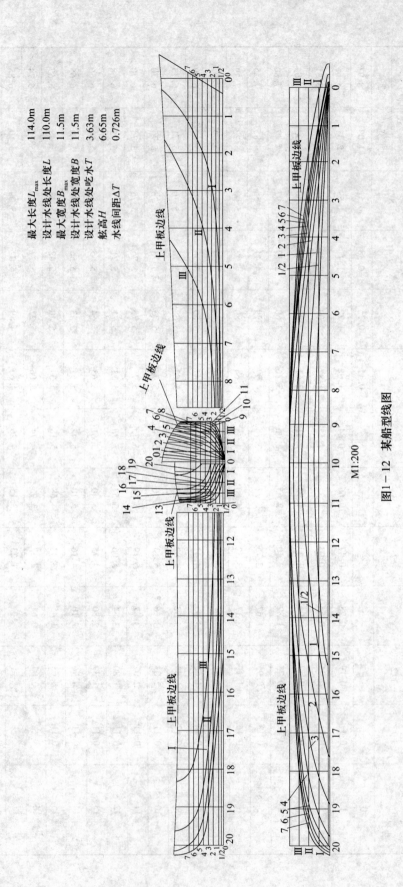

最大长度 L_{max} 114.0m
设计水线处长度 L 110.0m
最大宽度 B_{max} 11.5m
设计水线处宽度 B 11.5m
设计水线处吃水 T 3.63m
舷高 H 6.65m
水线间距 ΔT 0.726m

M1:200

图1-12 某船型线图

体型线图的型值表,在型值表中也要列出甲板边线以及各纵剖线的数据,对有折角线的船还要给出折角线的数据。型值表是船体型线图的数值表达,也详细地描述了船体几何形状。

型线图和型值表是舰船性能计算、建造放样、管理使用和维修所需的重要技术资料,是关系到舰船全局的技术资料。

1.2.6 潜艇艇体几何形状

潜艇与水面舰船同属水中航行船舶,描述潜艇船体曲面几何形状的基本思想与水面舰船是一致的,且有些几何参数定义也完全沿用水面舰船的,如潜艇的5种船型系数定义、含义与水面舰船就是相同的。但由于航行状态、任务使命的不同,潜艇与水面舰船从外形到内部的总布置都有明显的区别,这在船体几何形状表达上有所反映,从而使潜艇艇形具体几何描述与水面舰船有所区别,现说明如下。

1. 潜艇主尺度

1)艇长

如图 1-13 所示,艇长有以下 7 种。

(1)总长 $L_{\max}$:包括附体在内的艇首端到尾端理论线之间的距离。

(2)设计水线长 L:设计水线面与艇体型表面首尾端交点之间的水平距离。

(3)超载水线长 L_{ol}:超载情况下的水线面与艇体型表面首尾端交点之间的水平距离。

(4)耐压艇体长 L_{ph}:耐压艇体首端面与尾端面理论线之间的距离。

(5)水密艇体长 L_{wt}:最前一个主压载水舱首端壁到最后一个主压载水舱尾端壁理论线之间的距离。

(6)首非水密艇体长 L_{fu}:艇体型表面首端到第一个主压载水舱首壁理论线之间的距离。

(7)尾非水密艇体长 L_{fa}:艇体型表面尾端到最后一个主压载水舱尾壁理论线之间的距离。

2)艇宽

如图 1-13 和图 1-14 所示,艇宽有以下 4 种。

(1)型宽 B_r:艇体型表面之间垂直于中线面的最大水平距离。

(2)最大宽度 $B_{\max}$:包括艇体壳板外表面(含消声瓦厚度)在内的垂直于中线面的最大水平距离。

(3)设计水线宽 B:设计水线面处艇体型表面之间垂直于中线面的最大水平距离。

(4)超载水线宽 B_{ol}:超载水线面处艇体型表面之间垂直于中线面的最大水平距离。

3)艇高

如图 1-14 所示,艇高有以下 2 种。

(1)型深 D:光艇体型表面顶点与基平面之间的垂直距离。

(2)最大型深 $D_{\max}$:包括指挥台围壳或升降装置导流罩等附体在内的型表面顶点与基平面的垂直距离。

4)吃水

如图 1-13 和图 1-14 所示,吃水有以下 5 种。

(1)设计吃水 T:在艇中横剖面处基平面到设计水线之间的垂直距离。

(2)超载吃水 T_{ol}:在艇中横剖面处基平面到超载水线之间的垂直距离。

（3）首吃水 T_f（或 T_S）：首端型表面（或首吃水标志线）与水线面交点到基平面之间的垂直距离。

（4）尾吃水 T_a（或 T_W）：尾端型表面（或尾吃水标志线）与水线面交点到基平面之间的垂直距离。

（5）平均吃水 T_m：首、尾吃水的平均值，$T_m = (T_f + T_a)/2$。

潜艇出现较多的浮态是无横倾，有不大的尾纵倾。

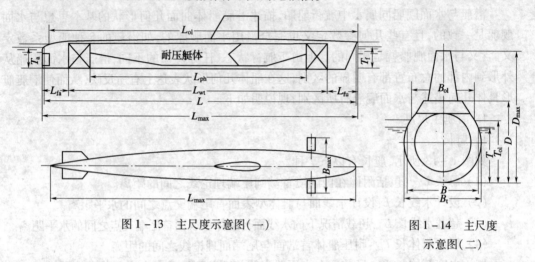

图 1-13　主尺度示意图（一）　　　　　图 1-14　主尺度
示意图（二）

2. 下潜深度

下潜深度是指潜艇主船体的轴线到水面的距离，主船体轴线通常是最大水线面的纵向对称轴。下潜深度是潜艇的重要战技指标，也是潜艇静力学、潜艇动力学的参数，在此则将它视作几何参数，因为它表示了水下潜艇相对于静水面的空间位置，又与艇体几何形状直接相关。如图 1-15 所示，下潜深度有以下 6 种。

（1）潜望深度 h_p：水下潜艇可升起潜望镜对水面和空中进行观察的深度。潜望深度的大小视潜艇的种类而定，一般在 8m～11m 之间。

（2）柴油发动机组水下工作深度 h_s：保证柴油发动机组通气管装置升出水面进行工

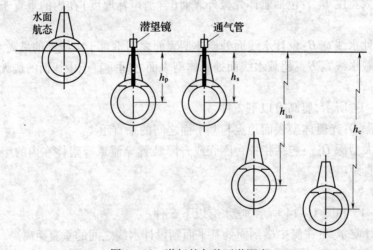

图 1-15　潜艇的各种下潜深度

作和升起潜望镜进行观察的深度,该深度一般小于潜望深度。

(3)安全深度 h_{sf}:排除可能与水面舰船碰撞和被反潜飞机白昼目力观察到的深度,与海水透明度有关,通常约为 30m。

(4)极限深度 h_{lm}:潜艇下潜到此深度而艇体结构不发生永久变形的最大深度。现代潜艇的极限下潜深度一般达 300m~600m。

(5)工作深度 h_w:潜艇能长时间航行的最大深度,工作深度一般为极限深度的 80%。

(6)计算深度 h_c:设计计算耐压壳体强度时的理论深度,一般为极限深度的 1.3 倍~1.5 倍。

水下潜艇可处于潜望深度、柴油发动机组水下工作深度、安全深度至极限深度之间的任一深度上,统称的潜艇深度可记作 h。

3. 潜艇型线图

潜艇型线图详尽描述了潜艇的艇体几何形状,其制图原理、方法与水面舰船型线图完全类似。潜艇与水面舰船型线图的主要区别在于潜艇的水线图有两组曲线,如图 1-16 所示,将最大水线面上部和下部的水线画在两个图上。这是因为最大水线面上下的水线非常接近,在两组图上绘制水线图更加清晰。

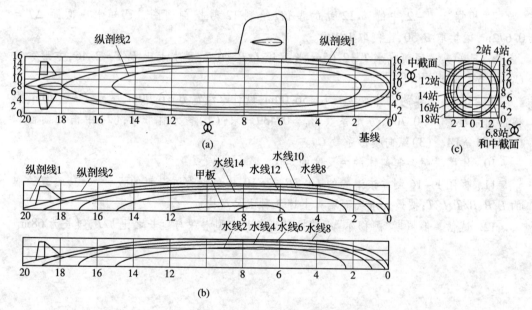

图 1-16　潜艇型线图
(a)纵剖线图;(b)半宽水线图;(c)横剖线图。

习　题

1. 试述与舰船原理相关的课程和工作。

2. 试述以平面图形表示船体曲面的方法。

3. 说明各组型线与甲板边线在 3 个投影图(纵剖线图、半宽水线图、横剖线图)上的

11

形状特征。

4. 试列出图 1-12 中:(1)型线图第 6 号横剖面和横中剖面型值数据表;(2)设计水线型值数据表;(3)表示纵中剖线几何形状的数据表。

5. 作图说明水面舰船船体的主尺度的定义,并说明其尺度比的主要意义。

6. 试计算如图 1-17 所示的两个简单几何形状的船形的水线面系数 C_W、横中剖面系数 C_M、方形系数 C_B、纵向棱形系数 C_P 和垂向棱形系数 C_{VP},并说明它们的意义。其中:图 1-17(a) 是船的水下形状为一三棱柱体;图 1-17(b) 是船的水下形状为一个首尾尖瘦的棱形柱,两船的长 L、宽 B 及吃水深 T 均相同,其排水体积也相同。

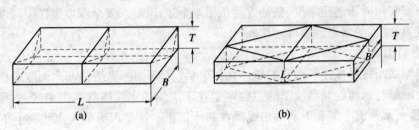

图 1-17　船形主尺度

7. 根据表 1-2 中的第 12 站的型值,绘制 12 号横剖面图。已知水线间距 $\Delta T = 0.672\text{m}$,梁拱取 $B/50$,比例取 1:100。

8. 已知某巡逻艇吃水 $T = 2.05\text{m}$,长宽比 $L/B = 6.7$,宽吃水比 $B/T = 2.46$,方形系数 $C_B = 0.53$,求排水体积 V。

9. 已知某潜艇的设计水线长 $L = 56.00\text{m}$,设计水线宽 $B = 6.90\text{m}$,吃水 $T = 2.20\text{m}$,中横剖面系数 $C_M = 0.708$,方形系数 $C_B = 0.439$。求:(1) 排水体积 V;(2) 中横剖面面积(水下部分)A_M;(3) 纵向棱形系数 C_P。

10. 作图说明潜艇船体的主尺度的定义。

11. 据图 1-16 测算该潜艇的 L_{max}/B_1;设 10 号水线为该潜艇的设计水线,测算该艇的 L/B、B/T、L/T;按最大水线面测算上述 3 种主尺度比。

12. 试估算俄罗斯"阿穆尔"级常规潜艇各种典型潜深与艇长之比 h/L,艇长为 68m。

第 2 章 浮 性

舰船在一定的装载下按一定状态漂浮在水面上(或浸没于水中)的性能叫浮性,浮性是舰船最基本的航海性能。对于水面舰船的浮性,要解决的中心问题是给出水面舰船吃水的确定方法。本章先讨论浮态表示方法、舰船在水中静平衡的条件、舰船重量重心计算方法、浮力浮心计算原理等,然后在此基础上说明各种装载下舰船吃水的工程计算方法。最后一节着重介绍潜艇的浮性不同于水面舰船浮性的有关内容。

2.1 浮态及其表示方法

舰船的浮态是指舰船相对于静止水面的位置,或者说是舰船漂浮于水面时所取的姿态。为描述舰船的浮态先要确定坐标系。

2.1.1 坐标系

在舰船静力学中坐标系取在船体上。如图 2-1所示,坐标系原点 O 位于基平面、对称面和横中剖面的交点;Ox 轴在基平面与对称面的交线上,向首为正;Oy 轴在基平面与横中剖面的交线上,向右舷为正;Oz 轴在对称面与中横剖面的交线上,向上为正。

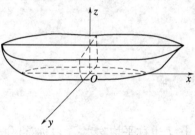

图 2-1 舰船坐标系

2.1.2 浮态表示方法

若舰船正直地浮于水面,此时 Ox 轴、Oy 轴均平行于水线面,这种漂浮状态称为正浮状态,如图 2-2 所示。若舰船有舷向倾斜,无首尾向纵倾,Ox 轴平行于水线面,Oy 轴与水线面有一夹角,这种漂浮状态称为横倾状态,如图 2-3 所示。若舰船有首尾向纵倾,无舷向倾斜,Oy 轴平行于水线面,Ox 轴不平行于水线面,这种漂浮状态称为纵倾状态,如图 2-4 所示。若舰船既有横倾又有纵倾,则称这种漂浮状态为任意状态,如图 2-5 所示。4 种漂浮状态下浮态表示方法如下。

1. 正浮状态

只要用吃水 T 一个参数即可表示舰船的浮态,如图 2-2 所示,吃水 T 是水线 WL 与基平面间的距离。

2. 横倾状态

以吃水 T 和横倾角 θ 两个参数表示舰船的浮态,习惯上表示为图 2-3 的形式,横倾角是正浮水线与横倾水线间的夹角,规定右倾为正,反之为负。

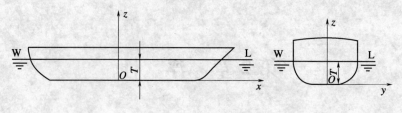

图 2-2　舰船正浮状态

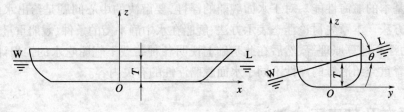

图 2-3　舰船横倾状态

3. 纵倾状态

以船中吃水 T 和纵倾角 ϕ 两个参数表示舰船的浮态,如图 2-4 所示,纵倾角是正浮水线与纵倾水线间的夹角,规定首倾为正、尾倾为负。此时也可用首吃水 T_S 与尾吃水 T_W 或用船中吃水 T 与首尾吃水差 Δ 表示浮态。上述各参数间有以下关系:

$$T = \frac{T_S + T_W}{2}$$

$$\Delta = T_S - T_W$$

$$\tan\phi = \Delta / L$$

式中:T 也称平均吃水;Δ 也称首尾吃水差或倾差。

舰船建造完毕后要在首、中、尾三处画出吃水标志,战斗舰艇的吃水标志通常用密码表示。应注意的是首、尾吃水标志在船长方向一般并不在首、尾垂线位置,在高度方向吃水标志的基准一般在基平面上,也有的舰船设在船底最低处(包括导流罩等凸出部分)。另外由基平面起算的吃水称为理论吃水,用来进行浮性、稳性等性能计算;由船底最低点起算的吃水用于舰船航海。在浮力与初稳度技术文件中对各类舰船吃水标志有具体说明。

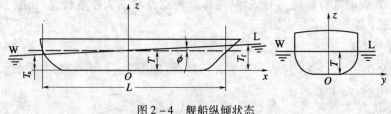

图 2-4　舰船纵倾状态

4. 任意状态

以吃水 T、横倾角 θ 和纵倾角 ϕ 表示舰船的浮态,如图 2-5 所示。

14

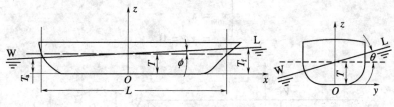

图 2-5　舰船任意状态

大多数情况下,舰船处于正浮或略带尾倾的状态。横倾状态、大的纵倾状态对舰船的航海性能和战斗性能都是不利的,无论在设计上还是使用过程中都是不允许的,这些状态往往只存在于舰船破损进水的情况下。

2.2　舰船在水中的静平衡条件

2.2.1　平衡条件

静止漂浮在水面上或浸没于水中的舰船受到重力与浮力两个力,如图 2-6 所示。舰船所受重力是舰船各个部分所受重力合成的,船体、武器装备、弹药、人员、供应品、油水等以及各种装载等的重力的合力即为舰船所受重力,其方向铅垂向下,记作 P,重力的作用点即为重心,记作 G。舰船所受浮力是由船体水下表面所受的水静压力提供的,由流体静力学可知船体水下表面受到物面法线方向、与距水面深度成正比的水静压力,这种水静压力的合力在铅垂方向的分量即为舰船所受浮力,记作 Q,水静压力合力作用点即为浮力作用点,称作浮心,记作 C。

根据阿基米德原理,舰船所受浮力等于舰船排开水的重量,即

$$Q = \rho g V = \triangle \qquad (2-1)$$

式中:ρ 为水的质量密度(t/m^3);g 为重力加速度(m/s^2);V 为舰船排水体积(m^3);$\triangle$ 为舰船排水重量(kN);Q 为浮力(kN)。按工程中的习惯,Q、$\triangle$ 也常以 t 为单位,这时式(2-1)应转换为

$$Q = \rho g V/g = \rho V = \triangle(t)$$

如未指明,海水 ρ 的数值取为 $1.025t/m^3$,淡水 ρ 的数值取为 $1.0t/m^3$。V 也称体积排水量,$\triangle$ 也称重量排水量,浮心 C 就是舰船的排水容积形心。

如上所述,舰船在水中的静平衡条件是:

(1) 舰船的重力 P 与浮力 Q 大小相等,方向相反。

(2) 舰船的重心 G 与浮心 C 在同一条铅垂线上。

以数学方程式表示上述平衡条件即得舰船在水中的静平衡方程。

2.2.2　平衡方程

按 4 种漂浮状态给出舰船在水中的静平衡方程。

1. 正浮状态

如图 2-6 所示,舰船在正浮状态的平衡方程为

$$\begin{cases} P = \rho g V \\ x_g = x_c \\ y_g = y_c = 0 \end{cases} \tag{2-2}$$

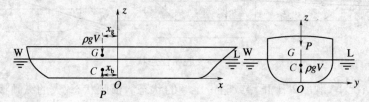

图 2-6 舰船正浮状态

2. 横倾状态

如图 2-7 所示，舰船在横倾状态的平衡方程为

$$\begin{cases} P = \rho g V \\ x_g = x_c \\ y_c - y_g = (y_g - y_c)\tan\theta \end{cases} \tag{2-3}$$

3. 纵倾状态

如图 2-8 所示，舰船在纵倾状态的平衡方程为

$$\begin{cases} P = \rho g V \\ x_c - x_g = (x_g - x_c)\tan\phi \\ y_g = y_c = 0 \end{cases} \tag{2-4}$$

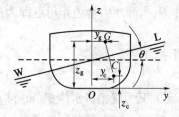

图 2-7 舰船横倾状态

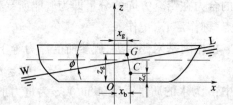

图 2-8 舰船纵倾状态

4. 任意状态

综合式（2-3）和式（2-4）可得舰船在任意状态下的平衡方程为

$$\begin{cases} P = \rho g V \\ x_c - x_g = (x_g - x_c)\tan\phi \\ y_c - y_g = (y_g - y_c)\tan\theta \end{cases} \tag{2-5}$$

横倾状态和任意状态的平衡方程在工程中很少直接应用，正浮状态和纵倾状态的平衡方程在工程中可用来确定下水后的舰船实际重心坐标 x_g，并可用来确定初始纵倾角 ϕ。此外，这 4 组平衡方程还具有理论指导意义：在静力学的框架中确定舰船的浮态（T、θ 和 ϕ 3 个参数）本质上说就是求解上述平衡方程，为此需先求出舰船的重量、重心，浮力和浮心。广而言之，分析、求解各种浮性、稳性问题，本质上说都是以上述平衡方程为基准展开讨论的，尽管在后续的章节中将看到，实际确定 θ 和 ϕ 时并不是直接求解式（2-3）和式（2-4）这种表达形式的平衡方程。

16

2.3 舰船的重量和重心确定

2.3.1 一般公式

舰船的重量是舰船上各项重量之和,舰船的重心根据各项载荷重量、重心求合重心后得出。若各项重量为 p_i,相应的重心坐标为 (x_i,y_i,z_i),则舰船的重量 P、重心坐标 (x_g,y_g,z_g) 可按下述各式求得:

$$P = p_1 + p_2 + p_3 + \cdots + p_n = \sum_{i=1}^{n} p_i \qquad (2-6)$$

$$x_g = \frac{\sum_{i=1}^{n} p_i x_i}{\sum_{i=1}^{n} p_i}, \quad y_g = \frac{\sum_{i=1}^{n} p_i y_i}{\sum_{i=1}^{n} p_i}, \quad z_g = \frac{\sum_{i=1}^{n} p_i z_i}{\sum_{i=1}^{n} p_i} \qquad (2-7)$$

为了避免舰船处于横倾状态,在舰船设计建造和使用过程中,总是设法使其重心位于对称面上,即 $y_g = 0$。

舰船上的油水、弹药、粮食、人员等项载荷是变动的,另外在舰船的改装或维修中往往要增减某些部件,这也会引起船上载荷变动,根据确定舰船重量、重心的一般公式可推导出舰船载荷增减或移动后重量、重心变化量公式。

2.3.2 载荷增减后的重量、重心确定

设舰船的原来重量为 P、重心坐标为 (x_g,y_g,z_g),增减载荷重量为 q、相应的重心坐标为 (x_q,y_q,z_q),则按式(2-6)和式(2-7),增减载荷后舰船新的重量 P_1、新的重心坐标 (x_{g1},y_{g1},z_{g1}) 可以写为

$$\begin{cases} P_1 = P + q \\ x_{g1} = \dfrac{Px_g + qx_q}{P + q} \\ y_{g1} = \dfrac{Py_g + qy_q}{P + q} \\ z_{g1} = \dfrac{Pz_g + qz_q}{P + q} \end{cases} \qquad (2-8)$$

有时需要确定增减载荷后舰船重心坐标的变化量 δx_g、δy_g、δz_g,这时 δx_g、δy_g、δz_g 可按下式确定:

$$\begin{cases} \delta x_g = x_{g1} - x_g = \dfrac{q(x_q - x_g)}{P + q} \\ \delta y_g = y_{g1} - y_g = \dfrac{q(y_q - y_g)}{P + q} \\ \delta z_g = z_{g1} - z_q = \dfrac{z(z_q - z_g)}{P + q} \end{cases} \qquad (2-9)$$

在上述两式中,若舰船增加载荷,q 取正值;若舰船减少载荷载荷,则 q 取负值。

2.3.3 载荷移动后的重心确定

设舰船上有载荷 q 由 $K_1(x_{q1}, y_{q1}, z_{q1})$ 移动到 $K_2(x_{q2}, y_{q2}, z_{q2})$，这时相当于在 K_1 减少载荷 q，在 K_2 增加载荷 q，可以套用式（2-8）确定载荷移动后的重心坐标。此时舰船的重量 P 将保持不变，重心坐标将由 $G(x_g, y_g, z_g)$ 移到 $G_1(x_{g1}, y_{g1}, z_{g1})$，$x_{g1}$、$y_{g1}$、$z_{g1}$ 按下式确定：

$$\begin{cases} x_{g1} = \dfrac{Px_g + qx_{q2} - Qx_{q1}}{P + q - q} = x_g + \dfrac{q(x_{q2} - x_{q1})}{P} \\[3mm] y_{g1} = y_g + \dfrac{q(y_{q2} - y_{q1})}{P} \\[3mm] z_{g1} = z_g + \dfrac{q(z_{q2} - z_{q1})}{P} \end{cases} \quad (2-10)$$

载荷移动后重心位置变化为

$$\delta x_g = \frac{q(x_{q2} - x_{q1})}{P}, \quad \delta y_g = \frac{q(y_{q2} - y_{q1})}{P}, \quad \delta z_g = \frac{q(z_{q2} - z_{q1})}{P} \quad (2-11)$$

由式（2-11）可以归纳出重心移动定理：即将物体系中的一个物体向某方向移动一段距离，则整个物体系的重心必向同一方向移动，且移动的距离与该移动物体的重量、移动距离成正比，与物体系的总重量成反比。

例 2-1 某驱逐舰排水量 $P = 2318t$，重心坐标为 $x_g = -2.10m$，$y_g = 0$，$z_g = 4.65m$，在该舰后甲板上装了水雷，水雷总重 $q = 40.0t$，重心坐标为 $x_g = 43.5m$，$y_g = 0$，$z_g = 7.8m$。求装水雷后该舰的重量和重心位置与重心位置的变化量。

解： 装水雷后的重量为

$$P_1 = P + q = 2318 + 40.0 = 2358(t)$$

新的重心位置为

$$x_{g1} = \frac{Px_g + qx_q}{P + q} = \frac{2318 \times (-2.10) + 40 \times (-43.5)}{2358} = -2.80(m)$$

$$z_{g1} = \frac{Pz_g + qz_q}{P + q} = \frac{2318 \times 4.65 + 40 \times 7.8}{2358} = 4.70(m)$$

重心位置变化量为

$$\delta x_g = \frac{q(x_q - x_g)}{P + q} = \frac{40 \times [(-43.5) - (-2.10)]}{2358} = -0.704(m)$$

$$\delta z_g = \frac{q(z_q - z_g)}{P + q} = \frac{40 \times (7.8 - 4.65)}{2358} = 0.053(m)$$

2.3.4 舰船 5 种典型载重状态

为舰船设计、性能计算、使用与管理方便，通常定义舰船若干典型的装载状态及相应的排水量，按照 GJB 4000—2000《舰船通用规范》，水面战斗舰艇典型装载状态与排水量有 5 种。

（1）空载排水量：舰船建造完毕，各种装置设备安装齐全的舰船，但不包括人员、行李、食品、淡水、液体载荷、弹药、供应品、燃油、滑油、给水、喷气燃料、特殊装载与超载重量的排水量。

（2）标准排水量：空载排水量加上全部人员、行李、食品、淡水、液体载荷、弹药与供应品重量，但不计入燃油、滑油、给水、喷气燃油、特殊装载和超载重量的排水量。

（3）正常排水量：标准排水量加上保证50%续航力所需的燃油、滑油、给水、喷气燃油及特殊装载重量的排水量。

（4）满载排水量：标准排水量加上保证100%续航力所需的燃油、给水、喷气燃油及特殊装载重量的排水量。

（5）最大排水量：满载排水量加上超载部分重量的排水量。

在舰船设计、使用和管理中，将水面战斗舰艇的重量分为16个分项，如表2-1所列，表中列出了典型排水量下包含的重量分类。

表2-1　舰船载重状态与排水量分类

序号	重量分类	排 水 量				
		空载	标准	正常	满载	最大
1	船体结构	√	√	√	√	√
2	船体属具与舱室设备	√	√	√	√	√
3	武器发射与保障系统	√	√	√	√	√
4	推进系统	√	√	√	√	√
5	辅助系统	√	√	√	√	√
6	电力系统	√	√	√	√	√
7	电子信息系统	√	√	√	√	√
8	人员、行李、食品、淡水	—	√	√	√	√
9	液体载荷	—	√	√	√	√
10	压载	△	△	△	△	△
11	弹药	—	√	√	√	√
12	供应品	—	√	√	√	√
13	燃油、滑油、给水、喷气燃料	—	—	50%装载	100%装载	最大装载
14	特殊装载	—	√	√	√	√
15	储备排水量	√	√	√	√	√
16	超载	—	—	—	—	√

注："√"表示有该项，"△"表示可能有该项，"—"表示无该项

2.4　舰船的浮力和浮心计算原理与静水力曲线

求解舰船的浮性与稳性问题除需确定舰船的重量与重心外，还需要求出舰船的浮力与浮心。在实际的浮性计算中是先求出各吃水下的浮力与浮心，并作出浮力与浮心随吃水变化的关系曲线，该曲线作为"静水力曲线"的一部分，再通过查静水力曲线来确定浮力、浮心及与浮力、浮心有关的参数。目前静水力曲线的计算、绘制大都是在计算机上实现，已有各种版本的计算程序，以下主要介绍浮力与浮心计算的基本原理与静水力曲线在求解浮性问题中的应用。

2.4.1 基本原理

舰船的浮力与浮心是随舰船吃水而变化的,所以需要计算出各个吃水的浮力与浮心位置。舰船的浮力等于舰船的重量排水量,与舰船的体积排水量只相差一常数系数,故浮力与浮心计算中需算的是各水线下的体积与体积中心。如图 2-9 所示,舰船在吃水 T 的水下体积可表示为

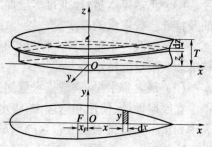

$$V = \int_0^T A_W(z)\,\mathrm{d}z \qquad (2-12)$$

式中:A_W 为各吃水处的水线面面积,可表示为

图 2-9 舰船排水体积计算原理

$$A_W = 2\int_{-L/2}^{L/2} y(x)\,\mathrm{d}x \qquad (2-13)$$

积分式(2-12)和式(2-13)的被积函数均不能以解析表达式表示,故要用近似积分法来计算。在舰船静力学中常用的近似积分法有梯形法、辛普生法等。现据梯形法说明近似积分法的原理,如图 2-10 所示,从几何意义上说据梯形法求 $A_W/2$ 是将积分区间 $\left[-\dfrac{L}{2}, \dfrac{L}{2}\right]$ 划分为 n 个小区间,在各小区间上以直线段(如 $\overline{y_9 y_{10}}$)来近似相应小区间上的

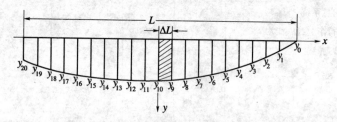

图 2-10 梯形法近似积分示意

曲线段(如 $\overarc{y_9 y_{10}}$),且以 $n(=20)$ 个小区间上的梯形面积之和来近似相应的 n 个小区间上的曲边梯形面积,从而求出积分的近似值。按梯形法,式(2-12)和式(2-13)的积分可表示为近似积分公式:

$$V = \Delta T\left(\frac{A_{W0}}{2} + A_{W1} + A_{W2} + A_{W3} + \cdots + \frac{A_{W10}}{2}\right) \qquad (2-14)$$

$$A_W = 2\Delta L\left(\frac{y_0}{2} + y_1 + y_2 + y_3 + \cdots + \frac{y_{20}}{2}\right) \qquad (2-15)$$

式(2-14)和式(2-15)中:ΔT 为吃水间距,到计算水线处共分为 10 个小区间;A_{Wj} 为各水线面面积;ΔL 为横剖面间距,整个船长分为 20 个小区间;y_i 为计算水线各站的半宽。

也可以按另外一组积分式计算舰船的水下体积:

$$V = \int_{-L/2}^{L/2} A(x)\,\mathrm{d}x, \quad A = 2\int_0^T y(z)\,\mathrm{d}z \qquad (2-16)$$

式中:A 为横剖面面积,随 x 变化。与式(2-15)相应梯形积分公式为

$$V = \Delta L \left(\frac{A_0}{2} + A_1 + A_2 + A_3 + \cdots + \frac{A_{20}}{2} \right) \qquad (2-17)$$

$$A = \Delta T \left(\frac{y_0}{2} + y_1 + y_2 + y_3 + \cdots + \frac{y_{10}}{2} \right) \qquad (2-18)$$

类似地,舰船在吃水 T 下的浮心坐标可按下述各式计算:

$$x_c = \frac{M_{yz}}{V}, \quad z_c = \frac{M_{xy}}{V}, \quad y_c = \frac{M_{xz}}{V}(=0) \qquad (2-19)$$

式中:M_{yz}、M_{xy}、M_{xz} 分别为舰船水下体积对三坐标平面 yOz、xOy、xOz 的面积静矩,即

$$M_{yz} = \int_{-L/2}^{L/2} x A(x) \, \mathrm{d}x, \quad M_{xy} = \int_{-L/2}^{L/2} A_W(z) z \, \mathrm{d}z, \quad M_{xz} = 0 \qquad (2-20)$$

M_{yz}、M_{xy} 的梯形积分公式为

$$M_{yz} = \Delta L^2 \left(\frac{10A_0}{2} + 9A_1 + 8A_2 + \cdots + 0A_{10} - 1A_{11} - 2A_{12} - \cdots - 9A_{19} - \frac{10A_{20}}{2} \right)$$

$$M_{xy} = \Delta T^2 \left(\frac{0A_{W0}}{2} + 1A_{W1} + 2A_{W2} + 3A_{W3} + \cdots + 9A_{W9} + \frac{10A_{W10}}{2} \right)$$

梯形法计算过程简单,计算结果一般也具有足够的精度,目前仍是工程中舰船静力学计算的常用方法。其他各种近似积分法的过程一般较梯形法繁杂些,精度通常也高些,但总体上说其基本原理与梯形法是类似的,要了解其他近似积分法可参阅"数值计算方法"一类教材[1,2]。

上述关于浮力、浮心的各项计算现通常是在计算机上实现,有关部门已设计编写出了 Windows 系统下的计算程序。一般是在舰船设计阶段进行上述各项计算,并据计算结果绘出上述各变量随吃水变化的关系曲线,将这组曲线作为技术资料提供给舰船使用部门,这组曲线称为"静水力曲线"。国外有不少船舶设计通用软件,如 Maxsurf 也提供了静水力曲线计算模块[3]。

2.4.2 静水力曲线

静水力曲线是 V、$\triangle$、x_c、z_c、A_W 等表征舰船水下部分所受水的静力作用的变量随吃水变化关系的一组曲线,这组曲线在浮性与稳性计算中经常要用到。在浮性计算中静水力曲线可用来求解两类问题:一类是已知舰船的吃水,求排水量、浮心坐标、水线面面积等;另一类是已知舰船的排水量,求吃水、浮心坐标、水线面面积等。静水力曲线包括:

体积排水量 V 曲线、重量排水量 $\triangle$ 曲线、浮心坐标 x_c 曲线、浮心坐标 z_c 曲线、水线面面积 A_W 曲线、水线面面积形心坐标 x_f 曲线、横稳定中心半径 r 曲线及纵稳定中心半径 R 曲线。

静水力曲线图绘出的是上述各个参数随吃水 T 变化的关系曲线,其中 V、$\triangle$、x_c、z_c、A_W 与 x_f 的意义均已明晰,r、R 是关于舰船稳性的两个变量,下一章将详细讨论其物理意义。图 2-11 为某驱逐舰的静水力曲线图。

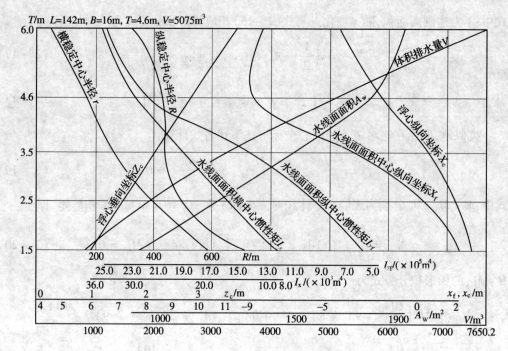

图 2 - 11　某驱逐舰静水力曲线图

需要注意的是,静水力曲线有两种:一种是一般在方案阶段的为不包含外板与附体的影响;另一种是在工程阶段与完工文件提供的为包含外板与附体影响在内的,使用中应注意两者的区别。

静水力曲线是很重要的技术资料,除常用于浮性与稳性计算外,在其他航海性能的计算(如舰船阻力、耐波性计算)中有时也会用到这组曲线。现只举例说明静水力曲线在浮性计算中的应用,后续有关章节将讨论其在稳性计算中的应用。

例 2 - 2　某驱逐舰的静水力曲线如图 2 - 11 所示,已知舰船的重量排水量 $\triangle$ = 4200t,求此时舰船的体积排水量 V,吃水 T,浮心坐标 x_c、z_c。

解: $V = \dfrac{\triangle g}{\rho g} = \dfrac{4200}{1.025} = 4097.6 (\text{m}^3)$

查图 2 - 11 得: $T = 4.10\text{m}$,$x_c = -0.80\text{m}$,$z_c = 9.10\text{m}$。

例 2 - 3　同例 2 - 2,已知舰的吃水 $T = 3.6\text{m}$,求此时舰的排水量 V,浮心坐标 x_c、z_c,水线面面积 A_W 以及水线面形心坐标 x_f。

解: 查图 2 - 11 得: $V = 3400\text{m}^3$,$x_c = 0.2\text{m}$,$z_c = 0.65\text{m}$,$A_W = 1540\text{m}^2$,$x_f = -4.60\text{m}$。

2.5　增减载荷时吃水变化量

舰船上的载荷增加或减小不但会引起吃水变化,一般还会引起横倾和纵倾,横倾和纵倾的计算方法留待第 3.4 节讨论,现只讨论不产生横倾和纵倾的情况,即只考虑平行下沉(上浮)的情况。

2.5.1 增减小量载荷不产生横倾与纵倾的条件

通常认为舰船上增减的载荷 $q \leqslant 10\% \triangle$ 时可认作为小量载荷,现假定舰船上增减的载荷为小量载荷 q。如图 2 - 12 所示,当舰船上增加载荷 q 时,舰船下沉,舰船水下部分增加一层容积 δV,水下增加的这层容积产生的浮力为 $\rho g \delta V$。由平衡条件可知:

$$q = \rho g \delta V \qquad (2 - 21)$$

这时增加了一对由 q、$\rho g \delta V$ 构成的力偶作用在船上。当 q 的作用点与 $\rho g \delta V$ 的作用点在同一条铅垂线上时,这一对力偶的矩为 0,将不使舰船产生横倾与纵倾。由于 q 为小量载荷,故水下增加的这层容积可近似视作以水线面为底的柱体,于是 $\rho g \delta V$ 的作用点 c' 与水线面形心 F(习惯上也称为漂心)在同一铅垂线上。综上所述,增加小量载荷平行下沉的条件是:增加载荷的重心 g' 与水线面形心 F 在同一铅垂线上,即

$$x_q = x_f, y_q = y_f(= 0) \qquad (2 - 22)$$

式中:(x_q, y_q) 为增加载荷的重心坐标;(x_f, y_f) 为水线面形心的坐标。

式(2 - 21)和式(2 - 22)对减少载荷的情况也成立,此时 q 为负的,舰船平行上浮。

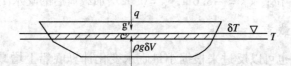

图 2 - 12　增加载荷不产生横倾、纵倾的条件

2.5.2 增减小量载荷时吃水变化量计算

对小量载荷 q,式(2 - 21)中的 δV 可以近似表示为

$$\delta V = A_w \delta T \qquad (2 - 23)$$

如此处理水下增加的这层容积也称"直壁假设",即近似认为在铅垂方向,水线附近的小范围内船体表面是垂直的"直壁"(平面)。由(2 - 21)和式(2 - 23)可得

$$Q = \rho g A_w \delta T \qquad (2 - 24)$$

$$\delta T = \frac{q}{\rho g A_w} \qquad (2 - 25)$$

式(2 - 25)即是增减小量载荷的吃水变化量计算公式,须注意的是增加载荷时 q 和 δT 为正的,减少载荷时 q 和 δT 为负。

例 2 - 4　已知舰的 $T = 3.6$ m,$V = 3400$ m^3,$A_w = 1540$ m^2,$x_f = -4.60$ m,现在船上增加两项载荷后船平行下沉,第一项载荷 $q_1 = 50$ t,重心坐标为 $x_{q1} = 1.0$ m,$y_{q1} = 0.0$;第二项载荷 $q_2 = 70$ t。求第二项载荷的重心位置与增加载荷后舰船的吃水。

解:增加的两项载荷总重量为

$$q = q_1 + q_2 = 50 + 70 = 120(t)$$

$q < 10\% \triangle$,q 为小量载荷,增减小量载荷的公式成立。

由式(2-22)知当舰船平行下沉,增加的两载荷合成后重心满足的条件为

$$\begin{cases} x_q = x_f \\ y_q = y_f = 0.0 \end{cases}$$

即

$$\begin{cases} \dfrac{q_1 x_{q1} + q_2 x_{q2}}{q} = x_f \\ \dfrac{q_1 y_{q1} + q_2 y_{q2}}{q} = y_f = 0.0 \end{cases}$$

解出:

$$x_{q2} = \frac{q x_f - q_1 x_{q1}}{q_2} = \frac{120 \times (-4.60) - 50 \times 1.0}{70} = -8.6 (\text{m})$$

$$y_{q2} = 0.0$$

由式(2-25)得

$$\delta T = \frac{q}{\rho g A_W} = \frac{120}{1.025 \times 1540} = 0.076 (\text{m})$$

$$T_1 = T + \delta T = 3.6 + 0.076 = 3.676 (\text{m})$$

故第二项载荷的重心位置 $x_{q2} = -8.6\text{m}$,$y_{q2} = 0.0$;增加载荷后的吃水 $T_1 = 3.676\text{m}$。

2.5.3 单位吃水载重

应用式(2-25)也可以反过来根据小量吃水变化计算舰船上增减的载荷量。例如,取吃水变化量为1cm,则 $\delta T = 1\text{cm} = 0.01\text{m}$,将该 δT 代入式(2-25)中即可求出此时舰船上相应的增加载荷量,即

$$q = \rho g A_W \delta T = \frac{\rho g A_W}{100}$$

记

$$q_{cm} = \frac{\rho g A_W}{100} (\text{kN/cm}) = \frac{\rho A_W}{100} (\text{t/cm}) \qquad (2-26)$$

将 q_{cm} 称为单位吃水载重,q_{cm} 可以形象地比拟为舰船承受载荷的"刚度",在静水力曲线上有时也绘出 q_{cm} 随吃水变化的曲线。若已知某吃水下的 q_{cm},则可据 q_{cm} 计算增减小量载荷吃水的变化量,此时

$$\delta T = \frac{q}{q_{cm}} (\text{cm}) \qquad (2-27)$$

按式(2-27)计算 δT 时,δT 的单位是 cm。

例2-5 同例2-4,按式(2-26)计算舰船增加载荷后的吃水。

解:

$$q_{cm} = \frac{\rho g A_W}{100} = \frac{1.025 \times 1540}{100} = 15.785 (\text{t/cm})$$

$$\delta T = \frac{q}{q_{cm}} = \frac{120}{15.785} = 7.6 (\text{cm})$$

2.5.4 增减大量载荷时吃水变化量计算

当增减的载荷为大量载荷($q > 10\% \triangle$)上述各个公式就不适用了,这时需按基本的方法查静水力曲线确定增减载荷后的吃水或吃水变化量。

例 2 – 6 同例 2 – 5,若在舰船上增加载荷 715t,试计算舰船增加载荷后的吃水,不考虑舰船的纵倾与横倾。

解: $\triangle = \rho g V = 1.025 \times 3400 = 3485(\mathrm{t})$

$\triangle_1 = \triangle + q = 3485 + 715 = 4200(\mathrm{t})$

$$V_1 = \frac{\triangle_1}{\rho} = \frac{4200}{1.025} = 4097.6(\mathrm{m}^3)$$

由静水力曲线查出:$T = 3.60\mathrm{m}, T_1 = 4.10\mathrm{m}, \delta T = T_1 - T = 4.10 - 3.60 = 0.50(\mathrm{m})$。
而按小量载荷公式计算则为 $\delta T = 0.453\mathrm{m}$,误差不可忽略。

2.5.5 浮力储量

舰船上的载荷不能无限制地增加,从原理上说载荷增加量使水线没过了设计水线上全部的水密容积舰船就要沉没,设计水线以上这部分水密容积就称为浮力储量,相应的浮力则称为储备浮力。舰船的浮力储量与干舷高是相对应的,其大小与舰船的不沉性、抗风浪性、大角稳性都有关系,是确保舰船航行安全性的重要指标。舰船的浮力储量一般以正常排水量的百分数来表示,水面战斗舰艇的浮力储量一般都比较大,在 100% 左右,如驱逐舰为 100% ~150%,巡洋舰为 80% ~130%;潜艇则相对较小,为 16% ~50%。

2.6 纵倾水线下排水体积和浮心坐标的计算

在舰船的设计、建造和使用过程中常需要确定纵倾水线下的排水量、浮心位置,当纵倾较大,舰船的排水量、浮心位置就不能按正浮状态进行计算。此时舰船的排水量、浮心位置可用邦戎曲线或费尔索夫曲线计算。

2.6.1 邦戎曲线及其应用

对某一横剖面,可求出各个吃水下的横剖面面积 A 以及横剖面面积对基线的静矩 M_{oy},A、M_{oy} 按可变上限的积分求得,即

$$A = 2\int_0^z y(z)\,\mathrm{d}z$$

$$M_{oy} = 2\int_0^z zy(z)\,\mathrm{d}z$$

据计算结果绘出 A、M_{oy} 随吃水 z 变化的曲线如图 2 – 13 所示,需注意,最高的计算水线应没过甲板下的整个面积。

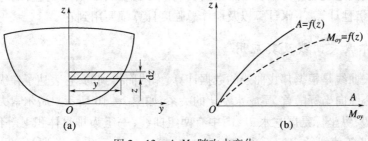

图 2 – 13 A、M_{oy} 随吃水变化

对型线图上每站都进行上述计算,然后在各站处以吃水 z 为纵坐标、以 A、M_{oy} 为横坐标,绘出一族 A、M_{oy} 随 z 变化的曲线,如图 2−14 所示,这种由各站 A、M_{oy} 随 z 变化的曲线构成的图谱称为邦戎曲线或弗尔索夫曲线。为绘制和使用曲线方便,邦戎曲线船长方向尺度和吃水方向尺度采用不同的比例。

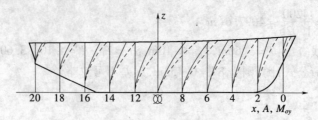

图 2−14 邦戎曲线

可以据邦戎曲线图算出纵倾状态下舰船的排水体积和浮心坐标,排水体积和浮心坐标的积分表达式与式(2−12)、式(2−13)和式(2−16)类似,如下:

$$V = \int_{-L/2}^{L/2} A\mathrm{d}x \qquad (2-28)$$

$$x_c = \int_{-L/2}^{L/2} xA\mathrm{d}x \bigg/ \int_{-L/2}^{L/2} A\mathrm{d}x \qquad (2-29)$$

$$z_c = \int_{-L/2}^{L/2} M_{oy}\mathrm{d}x \bigg/ \int_{-L/2}^{L/2} A\mathrm{d}x \qquad (2-30)$$

其计算步骤如下:

(1)据首、尾吃水在邦戎曲线图上作出纵倾水线 $W_1 L_1$,如图 2−15 所示。

(2)据纵倾水线与各站线的交点在邦戎曲线上水平量取各站的 A 与 M_{oy}。

(3)据各站的 A 与 M_{oy},按式(2−28)~式(2−30)以梯形积分法求积分得纵倾状态下的 V、x_c 与 z_c。

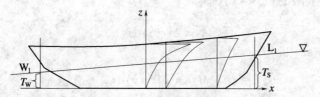

图 2−15 纵倾水线下排水量与浮心坐标计算

邦戎曲线图是舰船静力计算中常用的资料。在浮性计算要用到它;此外,稳性计算、舱容计算、不沉性计算、下水计算以及船体总强度计算都要用到它。

2.6.2 费尔索夫曲线及其应用

费尔索夫曲线是根据邦戎曲线的数据计算、作图而得到的,它表达了在纵倾状态下排水体积与浮心纵向坐标随首、尾吃水变化的关系,如图 2−16 所示。费尔索夫曲线的横坐标是首吃水 T_f,纵坐标是尾吃水 T_a,图中有两组曲线,一组为排水体积 V 等值线,一组为浮心纵坐标 x_c 等值线。

26

已知舰船的首、尾吃水,可在费尔索夫曲线中查出相应的排水体积与浮心纵向坐标;反之,若已知舰船的排水量、浮心纵向坐标,也可从曲线中查出首、尾吃水。该曲线可用于大纵倾状态下的舰船静力问题计算,如下水计算、抗沉性计算等。

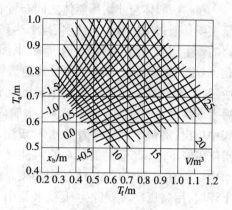

至于费尔索夫曲线的具体计算、作图方法,与一般的等值线计算、作图方法是类似的,手工计算、绘制这类图谱工作量很大,现通常是采用计算机进行计算与制图,已有各种版本的计算程序,绘制等值线的软件(如 Tecplot、Origin 科学图形软件[4]),也可在互联网上找到。

图 2-16 费尔索夫曲线

2.7 潜艇的浮性

潜艇在一定的装载下能够以一定姿态漂浮于水面或悬浮于不超过极限深度的水下某一深度的能力称为潜艇的浮性。潜艇水面状态的浮性具有与水面舰船相同的规律性,但潜艇在下潜、上浮过程中以及在水下状态其浮性具有特殊的规律性。以下主要介绍潜艇下潜与上浮的原理,潜艇水下静力平衡方程,以及潜艇均衡等在水面舰船浮性中未曾涉及的内容。

2.7.1 潜艇下潜与上浮原理

某潜艇的剖面图如图 2-17 所示。潜艇的艇体分为耐压艇体与非耐压艇体、水密艇体与非水密艇体,其中耐压艇体必定是水密的,但水密艇体未必是耐压的。在潜艇潜入水中时耐压艇体内、外水压力不连通,故需承受舷外水的压力;非耐压艇体内、外水压力是连通的,不承受水的压力。

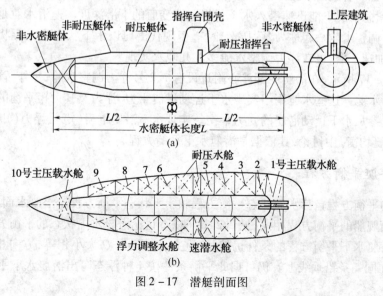

图 2-17 潜艇剖面图

在耐压艇体与非耐压艇体之间布置有主压载水舱,图2-17为10个主压载水舱。潜艇主要是通过主压载水舱注水、排水达到消除或恢复潜艇的储备浮力,进而实现下潜、上浮的。主压载水舱上部设有通气阀,下部一般设有通海阀,也有少量主压载水舱只设排水孔,但超载燃油压载水舱必须安装通海阀。如图2-18所示,需要下潜时打开主压载水舱的通海阀和通气阀,海水即从通海阀进入主压载水舱,水舱内的空气从通气阀中排出,潜艇下潜。随着海水不断注入主压载水舱,潜艇不断下潜,直至主压载水舱内注满水,艇完全潜入水中。艇在水下航行时,通气阀必须是关闭的,潜艇需上浮时,用高压空气吹除主压载水舱中的水,当主压载水舱中的水排空后,艇即上浮到水面。如上所述即为潜艇下潜与上浮的基本原理,潜艇的潜浮由下潜上浮系统相关装置来实现。

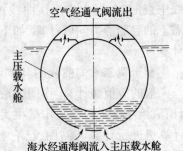

图2-18 潜艇的主压载水舱

潜艇下潜分为一次下潜和二次下潜。一次下潜也称速潜或紧急下潜,即同时向各组主压载水舱注水,若设有速潜水舱通常也已注满了水以加快下潜速度。二次下潜也称正常下潜,即先向尾组、首组及燃油组(超载装载时则无此组)主压载水舱注水,使艇过渡到半潜状态(或称潜势状态),然后再向中组主压载水舱注水实现艇的下潜,一般在日常活动中采用正常下潜。

艇上浮也分为一次上浮和二次上浮。正常情况下一般都是采用二次上浮,即先以高压($200 \times 10^5 \mathrm{Pa} \sim 300 \times 10^5 \mathrm{Pa}$)的压缩空气吹除中组主压载水舱的水,使艇上浮到潜势状态,再以低压空气($0.075\mathrm{MPa}$)吹除首、尾组主压载水舱的水及中组的余水,使艇上浮至水面巡航状态,二次上浮也称正常上浮。在紧急情况下,同时用高压空气吹除所有主压载水舱的水,使潜艇快速上浮至水面状态,这种上浮方式称为一次上浮,也称应急上浮。

除主压载水舱外,某些艇设有速潜水舱,如图2-17所示,速潜水舱布置在略偏于艇重心前的位置。若速潜水舱注满水,则艇下潜后重力大于浮力且产生首倾,以加速艇的下潜,使艇在紧急情况下能迅速潜入水下或迅速改变艇的下潜深度。速潜水舱是耐压水舱,通常与浮力调整水舱一起称为"耐压舷舱"。但现代潜艇以水下状态为主要状态,一般不设该舱,为加速下潜,可在浮力调整水舱多注几吨水实现。

如图2-17所示,在潜艇中部浮心附近设有1、2号浮力调整水舱;另外,首、尾还各设有纵倾平衡水舱。这些水舱用于实现水下运动潜艇重力、浮力及其力矩平衡的,水平舵上的作用力也参加水下运动潜艇的受力平衡。实现水下潜艇重力(矩)、浮力(矩)平衡的方法将在"潜艇均衡"中讨论,其依据是潜艇水下平衡方程。

2.7.2 潜艇平衡方程

潜艇的平衡方程包括水面状态平衡方程和水下状态平衡方程。潜艇水面状态的平衡方程与水面舰船的平衡方程相同,见2.2节。以下讨论潜艇水下状态的平衡方程。

建立潜艇水下平衡方程的条件仍然是:重力 p 与浮力 Q 大小相等,方向相反;重心 G 与浮心 C 在同一条铅垂线上。仍可据此平衡条件按4种浮态写出潜艇水下平衡方程,如下所述。

1. 正浮状态

如图 2-19 所示,平衡方程为

$$\begin{cases} P_\downarrow = \triangle_\downarrow g = \rho g \nabla_\downarrow \\ x_{g\downarrow} = x_{c\downarrow} \\ y_{g\downarrow} = y_{c\downarrow} = 0 \end{cases} \quad (2-31)$$

式中:$\triangle_\downarrow$ 为水下状态的潜艇排水量,简称水下排水量;$\nabla_\downarrow$ 为水下状态的水密艇体排水体积;x_g、y_g 分别为水下状态潜艇重心 G 的纵向、横向坐标;x_c、y_c 分别为水下状态潜艇浮心 C 的纵向、横向坐标;$\downarrow$(下标)表示水下状态。

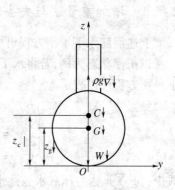

图 2-19　水下正浮状态

2. 纵倾状态

如图 2-20 所示,平衡方程为

$$\begin{cases} P_\downarrow = \triangle_\downarrow g = \rho g \nabla_\downarrow \\ x_{g\downarrow} = x_{c\downarrow} = (z_c - z_g)\tan\phi \\ y_{g\downarrow} = y_{c\downarrow} = 0 \end{cases} \quad (2-32)$$

式中:ϕ 为水下状态的纵倾角。

3. 横倾状态

如图 2-21 所示,平衡方程为

$$\begin{cases} P_\downarrow = \triangle_\downarrow g = \rho g \nabla_\downarrow \\ y_{g\downarrow} - y_{c\downarrow} = (z_{c\downarrow} - z_{g\downarrow})\tan\theta \\ x_{g\downarrow} = x_{c\downarrow} = 0 \end{cases} \quad (2-33)$$

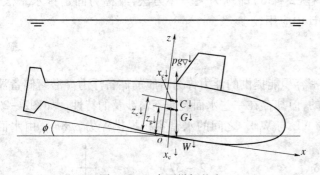

图 2-20　水下纵倾状态

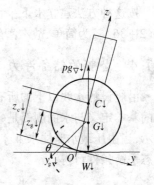

图 2-21　水下横倾状态

4. 任意状态

综合式(2-31)～式(2-33)即可得任意状态的水下平衡方程为

$$\begin{cases} P_\downarrow = \triangle_\downarrow g = \rho g \nabla_\downarrow \\ y_{g\downarrow} - y_{c\downarrow} = (z_c - z_g)\tan\theta \\ x_{g\downarrow} - x_{c\downarrow} = (z_c - z_g)\tan\phi \end{cases} \quad (2-34)$$

潜艇水下平衡方程是处理潜艇排水量划分、潜艇储备浮力确定、剩余浮力消除与潜艇均衡等潜艇浮性问题的依据,也是处理潜艇水下稳性以及潜艇动力学问题的基础,故这几

29

组方程有重要的理论指导意义和工程应用价值。

2.7.3 增加重量法与失去浮力法

上述潜艇水下平衡方程可按增加重量和失去浮力两种观点作进一步的讨论。

以正浮状态为例,若将水下状态主压载水舱的注水理解为艇上增加的重力,则潜艇水下平衡方程可以表示为

$$
\begin{cases}
P_\downarrow = \triangle_\downarrow g = \triangle_\uparrow g + \rho g \sum v = \rho g \nabla_\downarrow \\
x_{g\downarrow} = x_{c\downarrow} \\
y_{g\downarrow} = y_{c\downarrow}
\end{cases} \tag{2-35}
$$

式中:$\rho g \sum v$ 为主压载水舱注水总重量;v 为一个主压载水舱的容积。

这种方法认为潜艇水下状态的重量、排水量均增加了,即 $\triangle_\downarrow \neq \triangle_\uparrow$,故称为增加重量法,也称为变排水量法。

若将水下状态主压载水舱的进水看作是浮力的损失,则潜艇水下状态的重量、排水量保持为水面状态的重量、排水量而不发生变化,若认为此时水下、水面潜艇质量、重心保持不变则物理意义更为清晰。相应的水下平衡方程可以表示为

$$
\begin{cases}
P = \triangle_\uparrow g = \rho g \nabla_0 \\
x_{g\uparrow} = x_{c0} \\
y_{g\uparrow} = y_{c0}
\end{cases} \tag{2-36}
$$

式中:$\triangle_\uparrow = \triangle_\downarrow \equiv \triangle_0$;$\nabla_\uparrow = \nabla_\downarrow \equiv \nabla_0$;$\nabla_0$ 为固定浮容积,包括耐压艇体、耐压舷舱容积,附体、非耐压艇体外板、构架等的容积;x_{c0}、y_{c0} 为 ∇_0 的形心坐标,即水下状态浮力 $B_0 = \rho \nabla_0$ 的浮心坐标。

按这种方法建立水下平衡方程(2-36)即称为失去浮力法,或称为固定排水量法。式(2-36)较为简单,故在潜艇设计中应用较多。

2.7.4 潜艇的储备浮力

潜艇设计水线以上的所有水密容积能提供的浮力称为潜艇的储备浮力。潜艇储备浮力的基本定义与水面舰船是一致的,但却存在一些水面舰船不曾涉及的特性。如图2-22所示,当主压载水舱注水 W_i,水线 WL 与 $W_1 L_1$ 之间的水密容积提供浮力 $\rho g \delta v_i$。由水面状态平衡条件可得

$$
W_i = \rho g \delta v_i \tag{2-37}
$$

在主压载水舱注水的过程中始终满足式(2-37),如前所述,直至主压载水舱灌满水时潜艇完全潜入水中,这时主压载水舱注水 $W_i = \rho g \sum v$,水线 WL 以上水密容积提供的浮力为艇全部储备浮力 $\rho g \delta V$,应满足关系式:

$$
W_i = \rho g \sum v = \rho g \delta V \tag{2-38}
$$

式中:$\sum v$ 为全部主压载水舱的净容积;$\rho g \delta V$ 为艇的储备浮力。

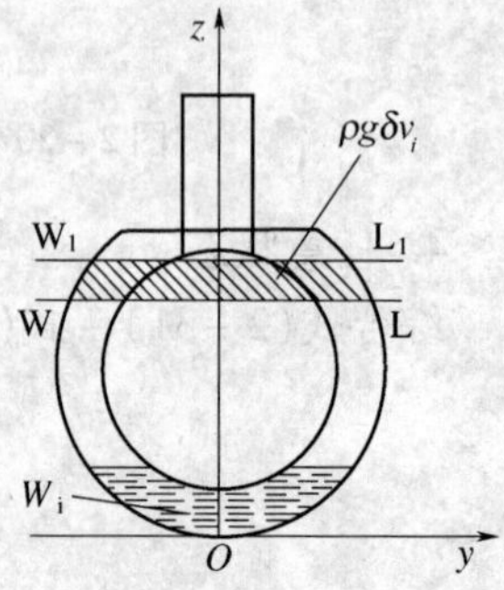

图2-22 储备浮力与下潜过程中的平衡

由此可见,储备浮力既标志着潜艇的抗沉能力,也表示主压载水舱的容积。储备浮力大则水面状态的抗沉性和水下自浮能力较好,但同时也增大了主压载水舱的容积引起船体浸湿面积增大,使艇在水中航行阻力增大,下潜时间也增长,因此要合理选取储备浮力的大小。现代潜艇储备浮力约为潜艇水上排水量的15% ~ 30%,单壳体潜艇约为15% ~ 20%,较老式潜艇有所下降。

2.7.5 潜艇水下平衡的特点

水下状态的潜艇不存在垂直方向的回复力,这是潜艇水下状态平衡与水面状态平衡的本质区别。由式(2-36)可知,当 $\rho g \nabla_0 > P$ 则潜艇只能浮在水面而不能下潜;反之当 $\rho g \nabla_0 < P$ 则潜艇下潜后不能保持水下平衡而一直沉到海底。故要使潜艇能在水下平衡,必须要满足 $P = \rho g \nabla_0$,这是极为重要的条件。如要求潜艇在水下保持正浮则还要满足 $x_{g\uparrow} = x_{c0}$,$y_{g\uparrow} = y_{c0}$。

综上所述可以得出以下几点重要结论:

(1)对潜艇必须满足水下平衡条件 $P = \rho g \nabla_0$,潜艇的主压载水舱虽然可用来实现潜艇下潜和上浮,但其大小对水下平衡没有影响。

(2)潜艇的主压载水舱对潜艇的水下平衡虽然没有影响,但据式(2-35),它直接影响到潜艇水下排水量的大小,还直接决定了储备浮力的大小。事实上潜艇的下潜条件正是主压载水舱的注水量等于储备浮力。

(3)水下正浮状态的潜艇须同时满足 $P = \rho g \nabla_0$,$x_{g\uparrow} = x_{c0}$,$y_{g\uparrow} = y_{c0}$;若上浮至水面状态后仍要求保持正浮状态,则储备浮力 $\rho g \delta V$ 的作用点(即储备浮容积 δv 的形心)与所有主压载水舱净容积 $\sum v$ 的形心须在同一铅垂线上。

(4)在设计潜艇时首先应确定潜艇总重量 P,使固定浮容积 ∇_0 与 P 满足式(2-36)的关系;再画出非耐压壳体、布置主压载水舱,确定 $\sum v$,使 $\sum v = \delta V \approx (10\% \sim 30\%) \nabla_\uparrow$,且 $\sum v$、δV 在同一铅垂线上。

2.7.6 潜艇排水量状态分类

与水面舰船类似,潜艇也定义了若干典型的排水量,主要有如下5种。

(1)水上正常排水量 $\triangle_\uparrow$:潜艇在水上正常状态时水密艇体的排水重量。包括艇体结构和全部装备完整的机械、武器装备、各种设备、装备及系统,按编制的定额人员、行李,全部武器弹药、各种备件,均衡水舱、浮力调整水舱的初始水和舱室空气,按自持力配备的燃油、滑油、食品、淡水、蒸馏水等项重量。通常说的水上排水量就是这种排水量。

(2)水下排水量 $\triangle$:潜艇整个水密艇体排水重量,其数值等于水上正常排水量加上主压载水舱净容积排开水的重量。

(3)水上航行排水量:水上状态时,水线以下全部艇体排水量,其数值等于水上正常排水量加上非水密艇体进水重量。

(4)水下航行排水量:潜艇整个艇体排水重量,其数值等于水下排水量加上全部非水密艇体的排水量。该排水量又称为潜艇的全排水量。

(5)燃油过载排水量:燃油过载状态时,潜艇水密艇体的排水重量,其数值等于水上正常排水量加上燃油主压载水舱内燃油的重量。

2.7.7 潜艇均衡

潜艇要能实现水下平衡,也就是说要满足式(2-36)所示的平衡方程。但潜艇在整个航行过程中,燃油、润滑油、弹药、粮食和淡水等处在变化之中,因此潜艇的重量、重心也是变化的。水下潜艇的浮力也会受海水环境影响而变化,这是因为水的密度 ρ 与水的盐度、温度、压力有关,故海区、深度、季节不同,水的密度 ρ 也不同;另外固定浮容积 ∇_0 与水的温度、压力也有关,即 ∇_0 也是变化的,这两方面的因素决定了水下潜艇的浮力会发生变化。

一旦 P、∇_0 发生变化,原已达成的水下平衡状态会遭受破坏,即式(2-36)所示的平衡方程不能满足,此时就要采取注排水、移水等措施,以恢复潜艇的水下平衡。根据潜艇载荷的变化通过计算采取相应的措施消除不平衡力与力矩,使潜艇始终保持水下平衡,这就称为潜艇的均衡。

1. 均衡措施

如前所述潜艇上设有用于潜艇均衡的水舱,即浮力调整水舱、首均衡水舱、尾均衡水舱,如图2-18所示。可通过对均衡水舱排注、导移水进行艇的均衡。现就以下几种载荷变化情况对均衡措施进行说明。

1)鱼雷和水雷

鱼雷的质量较大,对备用鱼雷一般设有专门的鱼雷补重水舱,备用鱼雷空出后可在该舱注水实现均衡;发射管中的鱼雷发射后可直接在发射管中注水进行替换。注水后尚存的少量不平衡力和力矩,可采用浮力调整水舱和首尾平衡水舱进行均衡。水雷布雷后的均衡措施与鱼雷类似。

2)燃油

潜艇上燃油消耗后可直接注入海水进行替换。海水密度与燃油的密度不相等,代换后的不平衡力和力矩可采用浮力调整水舱和首尾平衡水舱进行均衡。

3)粮食、淡水和润滑油

粮食、淡水和润滑油消耗后采用浮力调整水舱和首尾均衡水舱进行均衡。

4)浮力

盐度、温度、压力都会引起浮力变化,其中盐度影响较大。由于上述因素引起的浮力变化在整个艇上分布是均匀的,故对纵倾影响较小,一般只需增减浮力调整水舱中的水即可实现均衡。

例2-7 某潜艇水上排水量 $\triangle_\uparrow = 1000t$,从 $\rho_1 = 1.0t/m^3$ 的内河航行至 $\rho_2 = 1.025t/m^3$ 的海区。假设该艇在水下航行,主压载水舱体积 $\sum v = 300m^3$,主压载水舱内水的密度为 ρ_1,给出均衡措施。

解:艇航行至海区后浮力变化量为

$$\delta Q = (\rho_2 g - \rho_1 g)\nabla_\downarrow = (1.025 - 1.0) \times 9.8 \times 1300 = 32.5(t)$$

因此,浮力调整水舱需注水32.5t。

例2-8 某艇 $\nabla_\downarrow = 1713m^3$,从 $t_1 = 20℃$ 的水层下潜到 $t_2 = 10℃$ 水层,试给出均衡措施。

解：一般认为 $t = 10℃ \sim 20℃$ 的范围温度每降低 $1℃$，海水密度增加率为 $\chi = 0.014\%$，故浮力变化量为

$$\delta Q = \chi(t_2 - t_1)\rho g \nabla \downarrow = 0.014\% \times (20 - 10) \times 9.8 \times 1713 = 2.4(t)$$

因此，浮力调整水舱需注水 2.4t。

2. 均衡计算

潜艇原水下平衡破坏后，在采取均衡措施之前要进行计算，这种计算即称为均衡计算。例 2-7 和例 2-8 实际上属于均衡计算的两个简单特例，实际的均衡计算可能会比上述例题复杂得多，故以往一般是列表计算。现今这种计算实现计算机化是发展趋势，可采用计算机高级语言编写"界面+内核"型的软件，也可采用 Excel 电子表格进行潜艇均衡计算，前者便于均衡计算软件与其他计算软件的集成，后者实现较为简便。以下列举一例，列出相应计算表格（可作为编写 Excel 电子表格的参考），说明有关计算过程。

例 2-9 某艇前次均衡在 10 月 20 日 6 时进行，当时海水密度 $\rho_1 = 1.010 \text{t/m}^3$，艇上装有正常储备量的燃油（$\rho_f = 0.845 \text{t/m}^3$）。该艇水上航行 12h 后到达海水密度 $\rho_2 = 1.015 \text{t/m}^3$ 的海区准备紧急下潜。已知艇的 $\triangle \uparrow = 1300\text{t}$，固定浮力容积中心纵坐标为 0.76m，其余已知条件在表 2-2 中列出。为保证水下平衡进行均衡计算。

解：列表 2-2 进行均衡计算，并对表中的计算过程、计算结果和结论说明如下。

表 2-2　潜艇均衡计算表

名　称	重心距中站面距离 /m	10 月 20 日 6 时载荷 /t	10 月 20 日 18 时载荷 /t	载荷变化	
				载荷 /t	纵向力矩 /(t·m)
(1)	(2)	(3)	(4)	(5)	(6)
2 号燃油舱内燃油	27.95	14.94	5.82	1.83	51.10
3 号润滑油内润滑油	-12.90	2.48	1.98	-0.50	6.45
2 号淡水舱内淡水	15.10	6.89	5.33	-1.56	-23.56
海水密度变化	0.76	($\rho_1 = 1.010$)	($\rho_2 = 1.015$)	-6.50	-4.94
共　计				-6.73	28.99
均　衡　方　法					
1 号浮力调整水舱注水	4.35			6.73	29.28
共　计				0	58.27
从首均衡水舱向尾均衡水舱调水 1.16t（$l = 50.04\text{m}$）					

表中载荷计算过程如下：

（1）2 号燃油舱。

消耗燃油 = 14.94 - 5.82 = 9.12(t)

载荷变化：

$$\Delta P = 1.015 \times 9.12 / 0.845 - 9.12 = 1.83(t)$$

纵倾力矩变化：

$$\Delta M = \Delta P \times l = 1.83 \times 27.95 = 51.10(t \cdot m)$$

注意：燃油消耗后，燃油舱内将自动补偿等容积的海水。

（2）2 号润滑油舱。

载荷变化：

$$\Delta P = 1.98 - 2.48 = -0.50(\text{t})$$

纵倾力矩变化：

$$\Delta M = \Delta P \times l = -0.5 \times (-12.90) = 6.45(\text{t} \cdot \text{m})$$

（3）2 号淡水舱。

载荷变化：

$$\Delta P = 5.33 - 6.89 = -1.56(\text{t})$$

纵倾力矩变化：

$$\Delta M = \Delta P \times l = -1.56 \times 15.10 = -23.56(\text{t} \cdot \text{m})$$

（4）海水密度的变化。

已知艇的水上排水量为 1300t，固定浮容积中心纵坐标为 0.76m。

载荷变化：

$$\Delta P = \delta\rho \times g \times P = (1.010 - 1.015) \times 9.8 \times 1300(\text{kN}) = -6.50(\text{t})$$

纵倾力矩变化：

$$\Delta M = \Delta P \times l = -6.5 \times 0.76 = -4.94(\text{t} \cdot \text{m})$$

（5）不平衡力、力矩总计。

由计算知，重力浮力差为 -6.73t，负号表示浮力大于重力，艇轻，纵倾力矩为 28.99t·m（首倾）。

按以上计算结果得均衡方案如下：

在 1 号浮力调整水舱注水 6.73t，于是

$$\Delta P = 0(\text{t})$$

$$\Delta M = 28.99 + 6.73 \times 4.35 = -58.27(\text{t} \cdot \text{m})$$

再从首均衡水舱向尾均衡水舱调水 q 的水量，以消除 58.27(t·m) 的纵倾力矩，令 $q \times l = \Delta M$，调水量为 $q = \Delta M / l = 58.27/50.04 = 1.16(\text{t})$。

最后说明，出现于水下潜艇上的不平衡力和力矩称为剩余浮力和剩余浮力矩，剩余浮力和剩余浮力矩可大于、小于或等于 0。实施潜艇均衡的目的就是要消除剩余浮力和剩余浮力矩。但水下航行潜艇并不总能实现绝对的水下平衡，残存的剩余浮力可通过水平舵来消除，这样就不难理解水下静止潜艇比水下航行中的潜艇定深难度大多了。

习　题

1. 绘出水面舰船各种浮态的示意图，写出各种浮态下表征浮态的参数。

2. 写出正浮和纵倾舰船的静力平衡条件，说明其工程用途与理论指导意义；写出横倾舰船静力平衡方程，说明横倾舰船静力平衡方程的理论指导意义。

3. 说明排水量的分类方法,以及按各分类方法所得的排水量种类。

4. 写出重心移动定理用于浮心移动问题的表述。

5. 写出按垂向积分和纵向积分计算舰船的排水体积 V 和浮心 C 坐标 (x_c, z_c) 的积分式。

6. 若将舰船静水力线分为舰船浮性曲线和舰船稳性曲线,说明舰船浮性曲线和舰船稳性曲线所包含的曲线,写出各曲线的函数表达形式。

7. 说明增减小量载荷舰船平行下沉的条件,写出相应的表达式。

8. 写出每厘米吃水吨数计算公式以及函数表达形式,说明其用途。

9. 说明储备浮力在保证舰船航行安全性的意义。

10. 说明邦戎曲线、费尔索夫曲线的组成和用途。

11. 某护卫舰标准排水量 $P = 1000t$。此时在机舱内有一部重为 $q = 30t$ 的汽轮机。其重心高度 $Z_{q1} = 3.3m$。这时舰重心坐标为 $(-2, 0, 4.5)$。现将汽轮机铅垂上移到甲板上,其重心高为 $Z_{q2} = 6.3m$,求汽轮机移动后舰的重心高度。

12. 某驱逐舰正浮状态的静水力曲线如图 $2-12$ 所示,当容积排水量 $V = 3300m^2$ 时,求 T、S、x_f、x_c、z_c,作出上述各参数的示意图。

13. 设题 $2-12$ 之驱逐舰,要执行布雷任务需带水雷 $97.56t$。若载雷后舰仍能处于正浮状态,求水雷之合重心及布雷后舰之吃水。

14. 某护卫舰排水量 $P = 1000t$,吃水 $T = 2.8m$,水线面面积中心纵坐标 $x_f = -2m$,水线面面积 $S = 582m^2$ 今在舰上增加两项载荷,其中一项 $q_1 = 20t$,其重心位置为 $(4, 0, 2.5)$,另一项 $q_2 = 40t$,问应加在何处才能使该舰不产生横倾、纵倾,并求出增加载荷后吃水变化量。

15. 某船在 A 港内吃水 $T = 5.35m$,要进入 B 港,其吃水不能超过 $T_1 = 4.60m$,假设在该吃水改变范围内每厘米吃水吨数 $q_{cm} = 15.18t/cm$。求该船进入 B 港前必须卸下的重量。

16. 某船的吃水 $T = 2.4m$,方形系数 $C_B = 0.654$,水线面面积系数 $C_W = 0.785$,当卸下重量为 8% 排水量的重物时,求该船的平均吃水。

17. 已知某驱逐舰设计水线长 $L = 110m$。当首吃水 $T_s = 5.6m$,尾吃水 $T_w = 2.6m$ 时,根据邦戎曲线查得各站处的横剖面面积 ω 如表 $2-3$ 所列。

表 $2-3$

站号	0	1	2	3	4	5	6	7	8	9	10
ω_i/m^2	1.0	8.5	14.5	20.5	25.9	30.0	33.3	36.7	38.5	39.0	39.0

站号	11	12	13	14	15	16	17	18	19	20	
ω_i/m^2	38.2	35.0	31.4	27.0	22.0	16.0	10.4	5.2	1.3	0	

试用梯形法求在此倾斜水线下的容积排水量的近似值。

18. 已知某艇 $T_s = 0.58m$,$T_w = 0.7m$,费尔索夫曲线如 $2-16$ 所示,求该艇此时的 V、x_c。若 T_s 增加 $0.02m$,T_w 减少 $0.02m$,求 V 和 x_c 的变化量。

19. 试述建立潜艇水下平衡方程的增加重量法和失去浮力法,并写出按两种方法得出的正浮状态水下平衡方程。

20. 试述潜艇下潜、上浮的力学机制。
21. 试述潜艇速潜水舱、浮力调整水舱、均衡水舱以及水平舵的功能。
22. 试述潜艇均衡,主压载水舱是否参加潜艇均衡,水平舵是否参与潜艇均衡。
23. 试述水下潜艇的均衡措施。
24. 试述水下潜艇的定深措施。

第3章　初　稳　性

舰船受扰动后离开了原来的平衡位置,扰动消除后能自动回复到原来平衡位置的能力称为舰船的稳性。舰船在某个平衡位置具有这种回复能力,就称该平衡位置是稳定的;否则称该平衡位置是不稳定的。故平衡稳定与否是针对平衡位置而言的,完好的舰船在正浮状态至相当大的倾角范围内平衡状态应该是稳定的。舰船在横倾与纵倾过程中的稳性分别称为横稳性与纵稳性。舰船倾斜角度为小角度的稳性即为初稳性,在初稳性中一般限定倾斜角度不大于15°;倾斜角度超出15°的稳性则称为大角稳性。对常规的完好水面舰船而言只有在横倾中才能达到15°以上的倾斜角度,存在大角稳性问题,在纵倾中不会出现大的倾角,故常规水面舰船的纵稳性只有初稳性问题。本章先讨论水面舰船的初稳性,主要讨论平衡稳定的条件与初稳度的表示方法,舰船使用中各种情况下初稳度、浮态的计算方法和有关规律,以及与舰船稳性概念相关的舰船倾斜试验;最后一节讨论潜艇初稳性的特殊问题。

3.1　稳定中心与平衡稳定的条件

以舰船横倾为例来研究平衡稳定的条件。舰船受外力扰动后产生横倾,当扰动力消失后舰船的受力如图 3-1 所示,C、C_1 分别为正浮与倾斜水线下的浮心位置,G 为重心,此时重力 P 与浮力 Q 形成一对力偶矩 $\overline{m}$。在图 3-1(a)中,P、Q 产生的力偶矩 $\overline{m}$ 使船回复,这时平衡是稳定的;而图 3-1(b)中的 $\overline{m}$ 是使船继续倾斜的,此时平衡不稳定。将图 3-1(a)、(b)的浮力作用线延长使之与正浮浮力作用线(即 z 轴)相交于 m 点,由图可见当 m 点在重心 G 的上方平衡是稳定的,m 点在重心 G 的下方平衡不稳定。

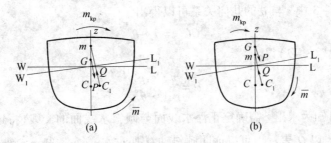

图 3-1　平衡稳定与平衡不稳定
(a) 平衡稳定;(b) 平衡不稳定。

将图中的 m 点称作横向稳定重心,简称横稳心。严格地说横稳心 m 是无限接近的相邻两条浮力作用线的交点,但可以证明在初稳性的范围内舰船倾斜过程中所有浮力作用线相交于同一点,为倾斜水线下浮力作用线与正浮浮力作用线的交点,此时浮心移动的轨迹为圆弧。对于纵倾有完全类似的概念并可得出完全类似的结论。

故平衡稳定的条件可以表述为:稳心在重心的上方。

3.2 稳定中心高

回复力矩 $\overline{m}$ 的大小与稳心到重心的距离 $\overline{mG}$ 是直接相关的,将该距离称为稳定中心高,简称稳心高。如图 3-2 所示,横稳心高 $\overline{mG}$ 记作 h,稳心到浮心的距离 $\overline{mC}$ 称为稳定中心半径或稳心半径,横稳心半径记作 r。于是横稳心高 h 可表示为

$$h = z_m - z_g = r + z_c - z_g \qquad (3-1a)$$

类似地,纵稳心高可以表示为

$$H = z_M - z_g = R + z_c - z_g \qquad (3-1b)$$

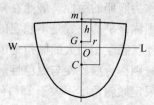

图 3-2　横稳定中心高

式(3-1)中:z_m、z_M 分别为横稳心与纵稳心距离基线的距离;R 为纵稳心半径;z_c、z_g 的意义、计算方法在第 2 章已讨论过,故只需给出式中的稳心半径 r、R 的确定方法即可得到稳心高 h、H 的确定方法。

3.2.1 稳心半径计算公式

假设舰船在倾斜过程中排水体积不变,这种倾斜称为等容倾斜。如图 3-3 所示,横稳心半径 r 的大小与 C_1 偏离 C 的距离 $\overline{C_1C}$ 有关,而 $\overline{C_1C}$ 由倾斜水线与正浮水线下船形差别确定。舰船倾斜后水下船形的变化在于左侧楔形露出了水面,右侧楔形浸入水下,这两块楔形分别称为出水楔形与入水楔形,在舰船作等容倾斜的条件下这两块楔形体积是相等的,记作 v。浮心的偏移可认为是出水楔形的浮力移至入水楔形处而引起的,所以 C_1 的位置取决于出水楔形、入水楔形的体积与形心。将浮力浮心比拟为重力重心,套用重心移动定理可以得出:

$$\overline{CC_1} = \frac{v \cdot \overline{g_1g_2}}{V} \qquad (3-2)$$

另一方面由图 3-3 中 r 与 θ 的几何关系可以得出:

$$\overline{CC_1} = r \cdot \theta \qquad (3-3)$$

综合式(3-2)、式(3-3)得:

$$r = \frac{v \cdot \overline{g_1g_2}}{V \cdot \theta} \qquad (3-4)$$

由(3-4)可知为求出 r 需确定正浮水线面与倾斜水线面的交线,将这两个水线面的交线称为倾斜轴,以 O' 表示。可以证明倾斜轴 O' 通过水线面的形心 F,这个结论称为欧拉定理。对该定理证明如下:

如图 3-3 所示,取厚度为 $\mathrm{d}x$ 的船体横向切片,在这个切片上出水、入水楔形切片的体积分别为

$$dv_1 = \frac{1}{2}y_1(y_1\theta)\,\mathrm{d}x,\ dv_2 = \frac{1}{2}y_2(y_2\theta)\,\mathrm{d}x$$

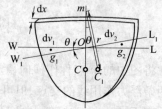

图 3-3　船体横向切片

于是:

$$v_1 = \frac{1}{2} \int_{-\frac{L}{2}}^{y_2} y_1(y_1\theta) dx \ , v_2 = \frac{1}{2} \int_{-\frac{L}{2}}^{y_2} y_2(y_2\theta) dx$$

式中:v_1、v_2 分别为出水楔形与入水楔形体积,按等容倾斜的假设有 $v_1 = v_2 = v$,即

$$\int_{-\frac{L}{2}}^{y_2} y_1(y_1\theta) dx = \int_{-\frac{L}{2}}^{y_2} y_2(y_2\theta) dx \qquad (3-5)$$

式(3-5)表示水线面对 O' 轴的静矩为 0,即倾斜轴 O' 过水线面形心 F,欧拉定理证毕。

严格说,过 F 的轴线有无数条,对称轴是其中一条。如果舰船只有横倾,而不是横倾与纵倾耦合,倾斜轴与对称轴是重合的,因为这时倾斜轴不但过 F,还垂直于横剖面。一旦按上述方法确定了倾斜轴,就可以进一步推导出横稳心半径 r 的计算公式:

$$dv \cdot \overline{g_1 g_2} = 2\left[\frac{1}{2}y(y\theta) dx\right] \cdot \frac{2}{3}y = \frac{2}{3}y^3 dx\theta$$

$$v \cdot \overline{g_1 g_2} = \theta \int_{-\frac{L}{2}}^{\frac{L}{2}} \frac{2}{3}y^3 dx = I_x \cdot \theta \qquad (3-6)$$

$$I_x = \int_{-\frac{L}{2}}^{\frac{L}{2}} \frac{2}{3}y^3 dx \qquad (3-7)$$

$$r = \frac{v \cdot \overline{g_1 g_2}}{V \cdot \theta} = \frac{I_x}{V} \qquad (3-8)$$

式中:I_x 为水线面对 x 轴的惯性矩。

纵稳心半径 R 的计算公式可以按完全类似的过程导出:

$$R = \frac{I_{yf}}{V} \qquad (3-9)$$

式中:I_{yf} 为水线面对过 F 的横向轴惯性矩。

与排水量和浮心计算方法类似,I_x、I_{yf} 也需以近似积分法求出。I_x、I_y、r、R 是随吃水 z 变化的,通常在舰船设计阶段已按船体型线图求出了各吃水下的 I_x、I_{yf}、r、R,且在静水力曲线中绘出了 I_x、I_{yf}、r、R 随 z 变化的关系曲线。

3.2.2 根据静水力曲线求稳定中心高

如前所述稳定中心高可表示为

$$h = z_c + r - z_g \qquad (3-10)$$

$$H = z_c + R - z_g \qquad (3-11)$$

除船型取为简单几何体(一般用于船舶力学理论研究),对实用的舰船,稳心半径一般不能表示为解析表达式。可应用静水力曲线确定舰船的稳心半径,进而求出稳心高,现举一例说明具体计算过程。

例 3-1 某驱逐舰的静水力曲线如图 3-25 所示,舰的 $T = 3.63\text{m}$,$z_g = 4.65\text{m}$,求该

舰的稳心高 h、H。

解：由静水力曲线查出 $T = 3.63\text{m}$ 时，$z_c = 2.25\text{m}$，$r = 3.4\text{m}$，$I_{yf} = 6.075 \times 10^5 \text{m}^4$，$V = 2.25 \times 10^3 \text{m}^3$

$$R = \frac{I_{yf}}{V} = \frac{6.075 \times 10^5}{2.25 \times 10^3} = 270(\text{m})$$

$$h = z_c + r - z_g = 2.25 + 3.40 - 4.65 = 1(\text{m})$$

$$H = z_c + R - z_g = 2.25 + 270 - 4.65 = 267.6(\text{m})$$

由上述计算结果可见纵稳心高 H 远大于横稳心高 h，经分析可知这是常规水面舰船的一般性质。事实上，若考虑长、宽、吃水分别为 L、B、T 的长方体船形，则

$$I_x = \frac{1}{12}LB^3, r = \frac{I_x}{V} = \frac{1}{12}\frac{B^2}{T}$$

$$I_{yf} = \frac{1}{12}BL^3, R = \frac{I_{yf}}{V} = \frac{1}{12}\frac{L^2}{T}$$

$$\frac{R}{r} = \left(\frac{L}{B}\right)^2$$

对常规水面舰船 $L/B = 6 \sim 11$，将该 L/B 代入上式可知 R 远大于 r，即 H 远大于 h。常规水面舰船一般不会设计为长方体，但 R/r 的数量与例 3-1 的结果是相近的。通常的水面舰船 h 的数量级为 1m，H 的数量级为 2 倍~3 倍船长。需指出，对水面舰船才有上述结果，对水下状态的潜艇 H 与 h 的数量不存在上述关系，此时 H 与 h 的数量几乎相等。由例题的计算过程还可看出舰船的横稳心高 h 是与重心高度 z_g 密切相关的，通过合理装载可以调整舰船的横稳心高 h。

另外由 h 的物理意义可知，$h > 0$ 可以作为平衡稳定的条件，h 大小则表示稳度的大小，经进一步分析可知在初稳性的范围内舰船的回复力矩是正比于 h 的。

3.3 初稳度的扶正力矩公式

舰船倾斜后所受回复力矩也叫做扶正力矩，在初稳性的条件下相应于舰船横倾与纵倾的扶正力矩分别记作 $\bar{m}$、$\bar{M}$。

3.3.1 $\bar{m}$ 与 $\bar{M}$ 的计算公式

由图 3-1(a) 可见，$\bar{m}$ 的表达式如下：

$$\bar{m} = P \cdot (h\sin\theta) \approx P \cdot h \cdot \theta \tag{3-12}$$

对纵稳度有类似的表达式：

$$\bar{M} = P \cdot H \cdot \phi \tag{3-13}$$

式(3-12)和式(3-13)即为初稳度的扶正力矩公式，式(3-12)只适用于小角度横倾（$\theta < 15°$）的情况。以上两式常用于在初稳性条件下求解各种装载下的倾斜角度。

3.3.2 船形稳度力矩与重量稳度力矩

为研究与处理舰船稳性问题方便，有时需将扶正力矩分解为船形稳度力矩和重量稳度力矩两部分。如图 3-2 所示，式(3-12)可以转换为如下表达式：

$$\overline{m} = P \cdot h \cdot \theta = P(r - \overline{GC})\theta = Pr\theta - P \cdot \overline{GC} \cdot \theta = m_\varphi - m_P \quad (3-14)$$

$$m_\varphi = Pr\theta \quad (3-15)$$

$$m_p = P \cdot \overline{GC} \cdot \theta \quad (3-16)$$

式中：m_φ 为船形稳度力矩；m_P 为重量稳度力矩。

将式(3-4)和式(3-6)代入式(3-15)则船形稳度力矩亦可写作：

$$m_\varphi = \rho g \cdot v \cdot \overline{g_1 g_2} = \rho g I_x \theta \quad (3-17)$$

由式(3-17)可见船形稳度力矩 m_φ 是舰船倾斜后出水楔形处的浮力移至入水楔形处所形成的力矩，如图3-4所示，该力矩总是使舰船扶正的；而重量稳度力矩 m_P 则是图3-5中 G 点的重力 P 与原浮心 C 点的浮力 Q 构成的力偶矩，该力矩总是使舰船倾斜的；扶正力矩 $\overline{m}$ 正是由船形稳度力矩与重量稳度力矩叠加构成的，上述概念以及各力矩间的关系与理论力学中力的移动定理是一致的。对扶正力矩进行上述分解，并引入船形稳度力矩与重量稳度力矩的概念，有利于更深刻地理解扶正力矩的本质，同时也为下一章讨论大角稳性作了必要的准备。

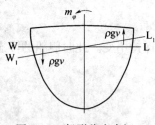 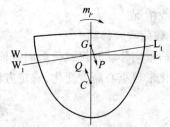

图3-4　船形稳度力矩　　　　　图3-5　重量稳度力矩

3.3.3　初稳度的表示方法

由 h、H、$\overline{m}$、$\overline{M}$ 等参数的意义知，这些参数均可以表示舰船的初稳度。有时还会用到另外一对表示舰船初稳度的参数，定义如下：

$$k = P \cdot h = \frac{\overline{m}}{\theta}$$

$$K = P \cdot H = \frac{\overline{M}}{\phi}$$

式中：k 与 K 分别为横向与纵向稳定系数。

以 h 与 H 表示初稳度在工程中应用最多，这种表示初稳度方法的优点是物理意义清楚，且 h 与 H 的数值范围较为明确，也便于记忆。各种舰船稳定中心高数值范围如表3-1所列。

表3-1　各种舰船的稳定中心高

舰　种	稳定中心高 h/m	舰　种	稳定中心高 h/m
重巡洋舰	0.8~2.7	猎潜艇	0.6~0.7
轻巡洋舰	1.0~2.0	巡逻艇	0.5~0.8
驱逐舰	0.7~1.4	鱼雷艇	0.9~1.5
护卫舰	0.6~1.0	潜　艇	0.3~0.8(水上) 0.2~0.4(水下)
扫雷舰	0.7~0.9	拖　船	0.5~0.8

一旦给出了初稳度的定量表示方法,便可以进一步对舰船在各种装载下的初稳度确定方法、变化规律展开讨论,这是舰船初稳性乃至整个舰船静力学的重要内容,也是舰船使用部门与设计、检验部门都非常关注的内容。

3.4 舰船在各种装载下浮态和初稳度分析与确定方法

舰船的浮态与初稳度是随舰船的载重状态而变化的。本节主要对几种典型状况下的舰船浮态与初稳度进行分析,给出相应的浮态与初稳度确定方法。将要讨论的几种典型状况是:舰船上小量载荷移动与增减,舰船上出现自由液面与悬挂载荷,舰船坐落于坞墩等。

3.4.1 移动小量载荷

先考虑小量载荷沿垂向、横向与纵向移动的特殊情况,再讨论小量载荷按任意方向移动的一般情况。

1. 载荷垂向移动

载荷垂向移动时仅载荷垂向坐标变化,其余坐标保持不变。此时舰船的浮态不变,初稳度变化来自重心高度变化,确定方法推导如下:

$$\delta z_g = \frac{q(z_2 - z_1)}{P} \tag{3-18}$$

式中:z_1、z_2 分别为载荷移动前、后的垂向坐标;q 为移动载荷的重量;δz_g 为重心高度变化量,由式(3-1a)易知:

$$\delta h = -\delta z_g, \delta H = -\delta z_g$$

$$h_1 = h - \delta z_g = h - \frac{q(z_2 - z_1)}{P} \tag{3-19}$$

$$H_1 = H - \delta z_g = H - \frac{q(z_2 - z_1)}{P} \approx H \tag{3-20}$$

以上两式中:δh、δH 分别为横稳心高、纵稳心高变化量;h_1、H_1 分别为载荷移动后的横稳心高、纵稳心高。

由式(3-20)可见,载荷垂向移动对纵稳心高的影响常可忽略不计,可近似认为只对横稳心高产生影响。

2. 载荷水平横向移动

载荷横向移动时仅载荷横向坐标变化,其余坐标不变。如图3-6所示,当舰船上的小量载荷发生横向移动后,舰船产生横倾角 θ,在倾斜水线 W_1L_1 下的重心、浮心分别为 G_1、C_1,稳心 m 保持不变,由图易见载荷横移后新的横稳心高 h_1 与原横稳心高的关系如下:

$$h_1 = \frac{h}{\cos\theta} \approx h \tag{3-21}$$

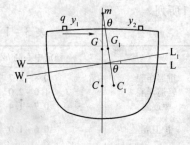

图3-6 载荷横向移动

故小量载荷横向移动对舰船的初稳度无影响。横倾角 θ 应按载荷横移产生的倾斜力矩与舰船倾斜后的扶正力矩平衡的条件来确定,其中倾斜力矩可表示为

$$m_{kp} = q(y_2 - y_1) \tag{3-22}$$

式中:y_1、y_2 分别为载荷移动前、后的横向坐标;q 为移动载荷的重量。

$\overline{m}$ 则按初稳度的扶正力矩公式确定,即

$$\overline{m} = P \cdot h \cdot \theta$$

令

$$m_{kp} = \overline{m} \tag{3-23}$$

则

$$q(y_2 - y_1) = P \cdot h \cdot \theta \tag{3-24}$$

由式(3-24)可以解出

$$\theta = \frac{m_{kp}}{P \cdot h} = \frac{q(y_2 - y_1)}{P \cdot h} \tag{3-25}$$

式(3-23)~式(3-25)可以用于确定在横倾力矩作用下舰船的横倾角 θ,如此求出的 θ 单位是弧度。也可逆向应用上述各式,即已知 θ 求相应的 m_{kp},此时只需将 θ 代到相应公式中即可求出 m_{kp}。将 $\theta = 1°$ 代入上述公式即可得到横倾 1°所需的倾斜力矩,即

$$m_{kp}\Big|_{\theta=1°} = \overline{m}_{\theta=1°} = P \cdot h \cdot \theta\Big|_{\theta=1°} = \frac{1}{57.3}P \cdot h$$

如将上述横倾 1°所需的力矩记作 $\overline{m}_1$,则 $\overline{m}_1$ 为

$$\overline{m}_1 = P \cdot h\left(\frac{1}{57.3}\right) \tag{3-26}$$

式中:$\overline{m}_1$ 的单位是 t·m/(°),称为横倾 1°力矩。按横倾 1°力矩的概念,舰船的横倾角也可表示为

$$\theta = \frac{m_{kp}}{\overline{m}_1}(°) \tag{3-27}$$

例 3-2 某驱逐舰吃水 $T = 3.63\text{m}$,排水量为 2318t,横稳心高 $h = 1.0\text{m}$,该舰 15.0t 物体由左向右移动,横向移动距离为 5.0m,假设载荷移动前舰船正浮,求此时舰船的横倾角 θ。

解: $\theta = \dfrac{m_{kp}}{P \cdot h} = \dfrac{15.0 \times 5.0}{2318 \times 1.0} = 0.0324\text{rad} = 1.85°$

例 3-3 已知条件同例 3-2,求横倾 1°力矩 $\overline{m}_1$,并据 $\overline{m}_1$ 求横倾角。

解: $\overline{m}_1 = P \cdot h\left(\dfrac{1}{57.3}\right) = 2318 \times 1.0 \times \left(\dfrac{1}{57.3}\right) = 40.5(\text{t}\cdot\text{m/(°)})$

$$\theta = \frac{\overline{m}_{kp}}{\overline{m}_1} = \frac{15.0 \times 5.0}{40.5} = 1.85°$$

3. 载荷水平纵向移动

与舰船上小量载荷横向移动类似,小量载荷水平纵向移动对初稳度无影响,即 $h_1 \approx h$,$H_1 \approx H$。此时舰船产生纵倾,纵倾角等表示浮态的参数按以下各式确定:

$$\phi = \frac{q(x_2 - x_1)}{PH} \tag{3-28}$$

$$T_S = T + \delta T_S = T + \left(\frac{L}{2} - x_f\right)\phi \qquad (3-29)$$

$$T_W = T + \delta T_W = T - \left(\frac{L}{2} + x_f\right)\phi \qquad (3-30)$$

上述式中：x_1、x_2 分别为载荷移动前、后的纵向坐标；q 为移动载荷的重量；T_S、T_W 分别为首、尾吃水；δT_S、δT_W 分别为首、尾吃水的变化量；x_f 为水线面形心的纵向坐标。

在工程中有时也以首、尾吃水差 Δ 表征舰船的纵倾，Δ 也称为倾差，它与纵倾角的关系如下：

$$\tan\phi \approx \phi = \frac{\Delta}{L} \qquad (3-31)$$

如式(3-31)，当倾差等于 1cm 时，相应的纵倾角 ϕ_{1cm} 为

$$\phi_{1cm} = \frac{0.01}{L}$$

与 ϕ_{1cm} 相对应的纵倾力矩（或扶正力矩）称为纵倾 1cm 力矩，记作 M_{1cm}。M_{1cm} 按下式确定：

$$\bar{M}_{1cm} = PH\phi_{1cm} = \frac{PH}{100L} \qquad (3-32)$$

式中：M_{1cm} 的单位是 t·m/cm。于是舰船的倾差(cm)也可按下式计算：

$$\Delta = \frac{M_{kp}}{M_{1cm}} \qquad (3-33)$$

例 3-4 某驱逐舰因装载不当产生了首倾，已知船长 $L = 110$m，首吃水 $T_S = 3.8$m，尾吃水 $T_W = 3.4$m，纵稳心高 $H = 278$m，现要将首部燃油舱的燃油导移到尾部燃油舱以调整舰船的浮态，首尾燃油舱容积中心的纵向间距为 90.0m，求使舰船恢复正浮所需导移的燃油重量。

解法 1：倾差为

$$\Delta = T_S - T_W = 3.8 - 3.4 = 0.40(m)$$

纵倾角为

$$\phi = \frac{\Delta}{L} = \frac{0.4}{110} = 0.00364(rad)$$

扶正力矩为

$$\bar{M} = PH\phi$$

导移油水产生的纵倾力矩为

$$M_{kp} = q(x_2 - x_1)$$

要使船扶正导移油水产生的倾斜力矩应与扶正力矩相等，即

$$q(x_2 - x_1) = PH\phi$$

$$q = \frac{PH\phi}{x_2 - x_1} = \frac{1.025 \times 2210 \times 278 \times 0.00364}{90.0} = 25.4(t)$$

解法 2：先求出纵倾 1cm 力矩，即

$$\bar{M}_{1cm} = \frac{PH}{100L} = \frac{1.025 \times 278}{100 \times 110} = 57.2(t \cdot m/cm)$$

$$\Delta = T_S - T_W = 3.8 - 3.4 = 0.40(\text{m}) = 40(\text{cm})$$

由式(3-33)得:

$$M_{kp} = \overline{M}_{1cm} \times \Delta$$

即

$$q(x_2 - x_1) = \overline{M}_{1cm} \times \Delta$$

解出:

$$q = \frac{\overline{M}_{1cm} \times \Delta}{x_2 - x_1} = \frac{57.2 \times 40}{90} = 25.4(\text{t})$$

4. 载荷按任意方向移动

假设舰船上重量为 q 的载荷由 A_1 移至 A_2,移动前后的坐标分别为(x_1, y_1, z_1)、(x_2, y_2, z_2)。现将上述载荷移动过程分解为 3 个步骤:

(1) 载荷由(x_1, y_1, z_1)(起点 A_1)移至(x_1, y_1, z_2)——垂向移动;

(2) 载荷由(x_1, y_1, z_2)移至(x_1, y_2, z_2)——水平横向移动;

(3) 载荷由(x_1, y_2, z_2)移至(x_2, y_2, z_2)(终点 A_2)——水平纵向移动。

载荷 q 按上述 3 个过程由 A_1 移至 A_2 与按任意过程由 A_1 移至 A_2 对浮态与稳度产生的影响是相同的,于是可以套用小量载荷沿 3 个特殊方向移动的浮态、稳度计算方法,按上述 3 个步骤分步计算,完成最后一步计算即可得 q 由 A_1 移至 A_2 后舰船的浮态与稳度。综合 q 沿 3 个特殊方向移动的浮态、稳度计算公式得 q 沿任意方向移动后舰船的浮态与稳度计算公式如下:

$$h_1 = h - \frac{q(z_2 - z_1)}{P} \tag{3-34}$$

$$H_1 = H - \frac{q(z_2 - z_1)}{P} \approx H \tag{3-35}$$

$$\theta = \frac{q(y_2 - y_1)}{Ph_1} \tag{3-36}$$

$$\phi = \frac{q(x_2 - x_1)}{PH} \tag{3-37}$$

$$T_S = T + \left(\frac{L}{2} - x_f\right)\phi \tag{3-38}$$

$$T_W = T - \left(\frac{L}{2} + x_f\right)\phi \tag{3-39}$$

例 3-5 某驱逐舰长 $L = 110\text{m}$,吃水 $T = 3.63\text{m}$,排水量 $P = 2295\text{t}$,横稳心高 $h = 1.03\text{m}$,纵稳心高 $H = 273\text{m}$,漂心纵坐标 $x_f = -4.75\text{m}$,今将载荷 25t 从$(30, -2, 0.3)$处移至$(-8.0, 5.0, 1.5)$处,载荷移动前舰船处于正浮状态,求载荷移动后舰船的浮态与初稳度。

解: 载荷移动后的横稳心高为

$$h_1 = h - \frac{q(z_2 - z_1)}{P} = 1.03 - \frac{25 \times (1.5 - 0.3)}{2295} = 1.02(\text{m})$$

新的纵稳心高为

$$H_1 \approx H = 273(\text{m})$$

横倾角为

$$\theta = \frac{q(y_2 - y_1)}{Ph_1} = \frac{25 \times [5.0 - (-2.0)]}{2295 \times 1.02} = 0.075(\text{rad}) = 4.3°$$

纵倾角为

$$\phi = \frac{q(x_2 - x_1)}{PH} = \frac{25 \times [(-8.0) - 30.0]}{2295 \times 273} = -0.0015(\text{rad}) = -0.09°$$

首、尾吃水为

$$T_{\text{S}} = T + \left(\frac{L}{2} - x_{\text{f}}\right)\phi = 3.63 + \left[\frac{110}{2} - (-4.75)\right] \times (-0.0015) = 3.54(\text{m})$$

$$T_{\text{W}} = T - \left(\frac{L}{2} + x_{\text{f}}\right)\phi = 3.63 - \left[\frac{110}{2} + (-4.75)\right] \times (-0.0015) = 3.71(\text{m})$$

3.4.2 增减小量载荷

在过漂心 F 的铅垂线上增减小量载荷,船体平行下沉或上浮,不产生倾斜,先讨论这种比较简单的情况;然后再讨论在任意位置增减小量载荷的一般情况。

1. 不产生倾斜的情况

如第2.5节所述,此时增减载荷位于过漂心 F 的铅垂线上,其坐标记为 $(x_{\text{f}}, 0, z_{\text{q}})$,舰船吃水变化量为

$$\delta T = \frac{q}{\rho g A_{\text{W}}} \tag{3-40}$$

据横稳心高 h 的定义式(3-1a)小量载荷增减后横稳心高的变化量 δh 可表示为

$$\delta h = \delta z_{\text{c}} - \delta z_{\text{g}} + \delta r \tag{3-41}$$

式中:δz_{c}、δz_{g}、δr 分别为浮心高度、重心高度与横稳心半径变化量。

其中重心高度变化量 δz_{g} 确定方法在第2章中已讨论,据式(2-9),δz_{g} 可表示为

$$\delta z_{\text{g}} = \frac{q}{P + q}(z_{\text{q}} - z_{\text{g}}) \tag{3-42}$$

如图3-7所示,将浮力、浮心比拟为重量、重心,借用式(2-9)来确定浮心高度变化量,

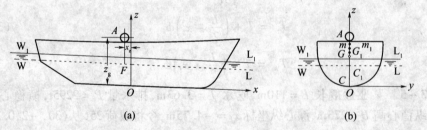

图3-7 增加小量载荷(不产生横倾与纵倾)

则浮心高度变化量 δz_{c} 可表示为

$$\delta z_{\text{c}} = \frac{\rho g \delta V}{\rho g (\nabla + \delta V)}\left[\left(T + \frac{\delta T}{2}\right) - z_{\text{c}}\right] = \frac{q}{P + q}\left(T + \frac{\delta T}{2} - z_{\text{c}}\right) \tag{3-43}$$

δr 可以表示为

$$\delta r = \frac{I_{x1}}{\nabla_1} - \frac{I_x}{\nabla} = \frac{I_x}{\nabla + \delta V} - \frac{I_x}{\nabla} = -\frac{q}{P + q}r \tag{3-44}$$

式中:I_{x1}、∇_1 为载荷增减后的水线面对 x 轴的惯性矩与排水体积。

将式(3-42)~式(3-44)式代入式(3-41)可得:

$$\delta h = \delta z_c - \delta z_g + \delta r = \frac{q}{P+q}\left(T + \frac{\delta T}{2} - z_c + z_g - z_q - r\right) =$$

$$\frac{q}{P+q}\left(T + \frac{\delta T}{2} - h - z_q\right) \qquad (3-45)$$

类似地,纵稳心高变化量 δH 为

$$\delta H = \frac{q}{P+q}\left[T + \frac{\delta T}{2} - H - z_q\right] \approx -\frac{q}{P+q}H \qquad (3-46)$$

新的纵稳心高 H_1 为

$$H_1 = H + \delta H = H - \frac{P}{P+q}H \qquad (3-47)$$

整理后得:

$$H_1 = \frac{P}{P+q}H \qquad (3-48)$$

式(3-48)也可以写作便于记忆的形式:$P_1 H_1 = PH$,其中 P_1 为增减载荷后舰船的排水量。

由式(3-48)可知,载荷增加,纵稳心高 H 总是减小的。而增加载荷使横稳心高增加还是减小就与增加载荷的重心高度有关,定性地说在较低的位置加载才可能提高横稳心高。由式(3-45)可导出横稳心高变化量正、负与增加小量载荷重心高度 z_q 间的关系如下:

$$z_q < T + \frac{\delta T}{2} - h,则 \delta h > 0, h_1 > h,横稳心高增大$$

$$z_q = T + \frac{\delta T}{2} - h,则 \delta h = 0, h_1 = h,横稳心高不变$$

$$z_q > T + \frac{\delta T}{2} - h,则 \delta h < 0, h_1 < h,横稳心高减小$$

由此可以设想,在舰船上有一高度 $z_q = T + \frac{\delta T}{2} - h$ 的水平面,当增加载荷的重心刚好位于此平面上,则对横稳心高没有影响;若增加载荷的重心高于该平面,则横稳心高减小;反之,横稳心高增大。将此水平面称为中面。

对减小小量载荷的情况,上述对初稳性分析的方法同样是适用的,只是公式中有关参数的正、负号以及所得结论需作相应的调整。

2. 一般情况

在一般位置增减载荷也可分解为如下两个过程:

(1) 在过水线面漂心 $(x_f, 0, z_q)$ 的铅垂线上增减载荷 q。

(2) 将 q 由 $(x_f, 0, z_q)$ 移到实际增减载荷的位置 (x_q, y_q, z_q)。

套用前面的有关公式按上述两个过程分步计算即可求出在任意位置增减小量载荷后舰船的浮态与初稳度,最终结果可按以下各式求出:

$$\delta T = \frac{q}{\rho g A_{\mathrm{w}}} \tag{3-49}$$

$$h_1 = h + \delta h = h + \frac{q}{P+q}\left(T + \frac{\delta T}{2} - h - z_{\mathrm{q}}\right) \tag{3-50}$$

$$H_1 \approx \frac{P}{P+q}H \tag{3-51}$$

$$\theta = \frac{q y_{\mathrm{q}}}{(P+q) \cdot h_1} \tag{3-52}$$

$$\phi = \frac{q(x_{\mathrm{q}} - x_{\mathrm{f}})}{PH} \tag{3-53}$$

$$T_{\mathrm{S}} = T + \delta T + \left(\frac{L}{2} - x_{\mathrm{f}}\right)\phi \tag{3-54}$$

$$T_{\mathrm{W}} = T + \delta T - \left(\frac{L}{2} + x_{\mathrm{f}}\right)\phi \tag{3-55}$$

例3-6 某驱逐舰排水量 $P = 2295\mathrm{t}$,吃水 $T = 3.63\mathrm{m}$,横稳心高 $h = 1.03\mathrm{m}$,纵稳心高 $H = 273\mathrm{m}$,水线面面积 $A_{\mathrm{w}} = 925\mathrm{m}^2$,漂心纵坐标 $x_{\mathrm{f}} = -4.75\mathrm{m}$,今从该舰上卸下一台汽轮机,其重量 $q = 50\mathrm{t}$,重心坐标为 $x_{\mathrm{q}} = -20.0\mathrm{m}$, $y_{\mathrm{q}} = 1.20\mathrm{m}$, $z_{\mathrm{q}} = 2.86\mathrm{m}$,卸载前舰船处于正浮状态,求卸载后舰船的浮态与初稳度。

解:卸下汽轮机后的浮态与初稳度的计算过程与结果如下:

$$\delta T = \frac{q}{\rho g A_{\mathrm{w}}} = \frac{-50.0}{1.025 \times 925} = -0.053(\mathrm{m})$$

$$\delta h = \frac{q}{P+q}\left(T + \frac{\delta T}{2} - h - z_{\mathrm{q}}\right) =$$

$$\frac{-50.0}{2295 - 50.0} \times \left(3.63 - \frac{0.053}{2} - 1.03 - 2.86\right) = 0.006(\mathrm{m})$$

$$h_1 = h + \delta h = 1.03 + 0.006 = 1.036(\mathrm{m})$$

$$H_1 = \frac{P}{P+q}H = \frac{2295}{2295 - 50.0} \times 273 = 279(\mathrm{m})$$

$$\theta = \frac{q y_{\mathrm{q}}}{P \cdot h} = \frac{-50.0 \times 1.20}{2295 \times 1.036} = -0.025(\mathrm{rad}) = -1.45°$$

$$\phi = \frac{q(x_{\mathrm{q}} - x_{\mathrm{f}})}{PH} = \frac{-50 \times [-20 - (-4.75)]}{2295 \times 273} = 0.0012(\mathrm{rad}) = 0.07°$$

$$T_{\mathrm{S}} = T + \delta T + \left(\frac{L}{2} - x_{\mathrm{f}}\right)\phi =$$

$$3.63 + (-0.053) + \left[\frac{110}{2} - (-4.75)\right] \times 0.0012 = 3.650(\mathrm{m})$$

$$T_{\mathrm{W}} = T + \delta T - \left(\frac{L}{2} + x_{\mathrm{f}}\right)\phi =$$

$$3.63 + (-0.053) - \left[\frac{110}{2} + (-4.75)\right] \times 0.0012 = 3.577(\mathrm{m})$$

3.4.3 自由液面对初稳度的影响

液舱里的水或油没有装满会出现液体表面,称为自由液面。如果液舱存在自由液面,舰船倾斜时该液舱的液体会流动,最终自由液面与倾斜水线平行,如图 3-8 所示。此时将有一小楔形容积的流体从 g_1' 移至 g_2' 处。载荷的这种移动相当于有一附加力偶矩作用于船上,该附加力矩记作 m_f,可以表示为

$$m_f = \rho_1 g \delta v \cdot \overline{g_1' g_2'} \qquad (3-56)$$

比较图 3-8 与图 3-4 可知,m_f 与船形稳度力矩 m_φ 数量结构上是类似的,可以相互比拟,于是按式(3-17)类推,m_f 应按下式确定:

$$m_f = \rho_1 g \cdot i_x \cdot \theta \qquad (3-57)$$

式中:ρ_1 为液体密度;i_x 为自由液面对过其自身形心纵向轴的惯性矩。

记入自由液面影响后扶正力矩应为

$$\bar{m} = P \cdot h \cdot \theta - \rho_1 i_x \theta = P\left(h - \frac{\rho_1 i_x}{\rho V}\right)\theta = P \cdot h_1 \cdot \theta \qquad (3-58)$$

故自由液面对舰船的稳度产生不利影响,其影响可以归结为稳心高减小了。由式(3-58)得记入自由液面影响的横稳心高 h_1 为

$$h_1 = h + \delta h = h - \frac{\rho_1 i_x}{\rho V} \qquad (3-59)$$

$$\delta h = -\frac{\rho_1 i_x}{\rho V}$$

类似地,自由液面对纵稳度的影响由下式确定:

$$H_1 = H - \frac{\rho_1 i_y}{\rho V} \qquad (3-60)$$

式中:i_y 为自由液面对过其自身形心的横向轴惯性矩。

在舰船使用中要防止自由液面对稳度带来的不利影响,例如,液舱应尽量装满或完全抽干,舱底的液体也要尽量抽干。在舰船设计中可以采用增加纵向舱壁的措施以减小自由液面对横稳性的不利影响。如图 3-9 所示,将原来的液舱以一道纵向舱壁分隔为左、右对称的两个液舱,自由液面对横稳性的影响将显著减小,可以通过应用式(3-59)对自由液面影响计算得出这个结论,读者作为习题可自行验证。现从力矩叠加的概念对这一结论说明如下:

如图 3-9 所示,在分舱前自由液面倾斜产生的附加力偶矩可表示为式(3-56),分舱后自由液面倾斜产生的附加力矩为

$$m_{f分} = \rho_1 g \frac{\delta v}{2} \cdot \overline{g_1'' g_4''} - \rho_1 g \frac{\delta v}{2} \cdot \overline{g_2'' g_3''} = \rho_1 g \delta v \frac{\overline{g_1'' g_4''} - \overline{g_2'' g_3''}}{2} \qquad (3-61)$$

由图易见式(3-61)中的 $\dfrac{\overline{g_1'' g_4''} - \overline{g_2'' g_3''}}{2}$ 远小于式(3-56)中的 $\overline{g_1' g_2'}$,故分舱后的自由液面对横稳性的影响远小于分舱前的影响。

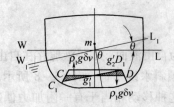
图 3-8 液舱内的自由液面对稳性影响

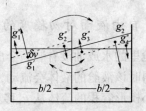
图 3-9 增加纵向舱壁对自由
液面附加力矩的影响

例 3-7 如图 3-10 所示,已知某船排水量 $P = 2000\text{t}$,两舷舱装满燃油,共 46.0t,燃油舱形心高 $z_1 = 3.45\text{m}$,现将舷舱的燃油导移至两不连通的底舱,舷舱导空后底舱未装满,底舱自由液面长 $l = 7.75\text{m}$,宽 $b = 3.40\text{m}$,燃油重心高 $z_2 = 0.60\text{m}$,燃油密度 $\rho = 0.95\text{t/m}^3$。燃油导移前舰船的横稳心高 $h = 0.65\text{m}$,求燃油导移后的横稳心高 h_1。

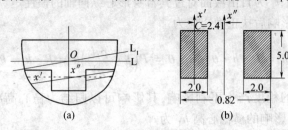
图 3-10

解: 此时要考虑两种因素对横稳心高的影响:燃油下移,底舱出现自由液面。燃油下移横稳心高增加量为

$$\delta h_1 = \frac{q(z_2 - z_1)}{P} = \frac{46.0 \times (3.45 - 0.6)}{2000} = 0.066(\text{m})$$

底舱自由液面使横稳心高减小量为

$$\delta h_2 = -\frac{\rho_1 i_x}{\rho V} = -\frac{0.95 \times 2 \times \frac{1}{12} \times 7.75 \times 3.4^3}{2000} = -0.024(\text{m})$$

燃油导移后最终的横稳心高为

$$h_1 = h + \delta h_1 + \delta h_2 = 0.65 + 0.066 - 0.024 = 0.692(\text{m})$$

3.4.4 悬挂载荷对初稳度的影响

如图 3-11 所示,设舰船浮于水线 WL,有一重量为 q,重心在 B 之载荷悬挂于 A 点,悬挂线 AB 长度为 l。当舰船倾斜后悬挂载荷的位置也会移动至 B_1,悬挂载荷移动后悬挂线将垂直于倾斜水线 W_1L_1,载荷移动产生的附加倾斜力矩记作 m_h,则有:

$$m_h = q \cdot \overline{BB_1} = ql\sin\theta = ql\theta \qquad (3-62)$$

记入附加倾斜力矩后的扶正力矩为

$$\overline{m} = P \cdot h \cdot \theta - q \cdot l \cdot \theta = P\left(h - \frac{q}{P}l\right)\theta = Ph_1\theta \qquad (3-63)$$

$$h_1 = h - \frac{q}{P}l \qquad (3-64)$$

可见,悬挂载荷对稳度的影响是不利的,这种影响也相当于减小了有效的横稳心高。另一方面,可以证明悬挂载荷对稳度的影响与将悬挂载荷移动到悬挂支点对稳度的影响是相当的。事实上,如图 3-11 所示,将悬挂载荷 q 由其重心位置 B 移动到悬挂支点 A,舰船的重心高度将增加

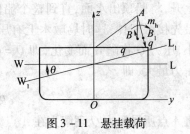

图 3-11 悬挂载荷

$$\delta z_g = \frac{q}{P} l$$

从而

$$\delta h = -\frac{q}{P} l$$

将上式与式(3-64)比较得,将载荷悬挂于支点 A 与将悬挂载荷由其重心 B 铅垂移动到支点 A 引起的横稳心高减小量相等。进一步还可知悬挂载荷对稳度的影响跟悬挂点的高度有关,跟悬挂线长度无关。例如,用起重机吊起船上的物体,吊起时刻物体成为悬挂载荷,h 减小,而物体在上升过程中 h 不再进一步变化。基于此,也将悬挂点称为悬挂载荷的"虚重心",悬挂载荷对稳度的影响只与虚重心有关而与悬挂载荷的实际重心无关。

例 3-8 求舰船用吊杆吊起 $q=8t$ 的小艇时的横倾角。如图 3-12 所示,已知舰船排水量 $P=3000t$,吃水 $T=3.5m$,吊杆顶端在水线以上的高度 $l=12.0m$,吊杆顶端距对称面的距离 $b=8.0m$,舰船原横稳心高 $h=0.75m$。

解:小艇一离开水面即成为悬挂载荷,其对稳度的影响与将小艇置于虚重心(即悬挂点)对稳度的影响是相当的,故可在虚重心处增加一载荷来计算稳度的变化,此时

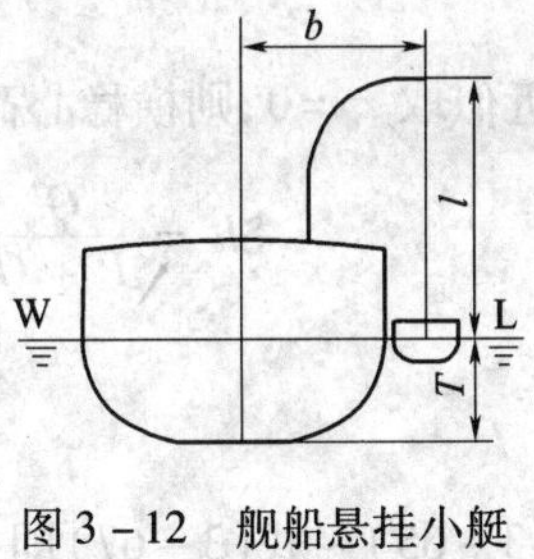

$$z_q = T + l = 3.5 + 12.0 = 15.5m$$

$$\delta T = \frac{q}{\rho g A_W} = \frac{8}{1.025 \times 1200} = 0.007(\text{m})$$

$$\delta h = \frac{q}{P+q}\left(T + \frac{\delta T}{2} - h - z_q\right) =$$

图 3-12 舰船悬挂小艇

$$\frac{8.0}{3000+8.0} \times \left(3.5 + \frac{0.007}{2} - 0.75 - 15.5\right) = -0.034(\text{m})$$

$$h_1 = h + \delta h = 0.75 - 0.034 = 0.716(\text{m})$$

$$\theta = \frac{qy_q}{(P+q)\cdot h} = \frac{8.0 \times 8.0}{(3000+8) \times 0.716} = 0.0297(\text{rad}) = 1.7°$$

3.4.5 舰船坐落于坞墩木时舰船的稳度

舰船进坞时一般为空载状态,舰船将出现尾倾角 ϕ。如图 3-13 所示,此时舰船的基线与坞墩木有一夹角,记作 $\alpha = \alpha_0$。当船坞向外排水时舰船向坞墩下沉,直到舰船底部开始落在坞墩木的 A 点上;随着船坞继续排水,船体的运动过程可以看作是坞墩木

51

上升,将船顶出水面,直到整个船体底部落在坞墩木上。如图 3 – 13 所示,坞墩木 A 点最先接触船体,这时坞墩木上有压力 Q 作用在 A 点;然后船体绕 A 点转动,α 角不断减小,压力 Q 将随 α 而变化,即 $Q = Q(\alpha)$。当整个船底坐落于坞墩之前的瞬时,A 点所受压力最大,即

$$\alpha \to 0, Q = Q_{max} = Q'$$

将 A 点所受压力 Q 理解为在 A 点减小了载荷 Q,如前所述减小载荷会引起稳度变化,现讨论压力 Q' 和相应的稳度变化量近似计算方法。

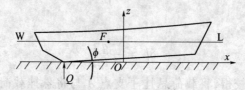

图 3 – 13　坞墩对船底的作用力

舰船由船底开始坐落在坞墩木 A 点到整个船底坐落在坞墩木上的过程中,可认为舰船的纵倾角变化了 α_0,据增减小量载荷后浮态、稳度变化量计算公式(3 – 53)可得:

$$\alpha_0 = \frac{Q'(x_q - x_f)}{P \cdot H}$$

式中:x_q 为减小载荷的纵向坐标,即船底 A 点的纵向坐标。在此近似取为 $x_q = -\dfrac{L}{2}$,则有

$$Q' = \frac{PH\alpha_0}{-L/2 - x_f} = -\frac{PH\alpha_0}{L/2 + x_f} \qquad (3 - 65)$$

若近似取 $z_q = 0$,则横稳心高的变化量为

$$\delta h = \frac{Q'}{P + Q'}\Big[T + \frac{\delta T}{2} - h - z_q \Big] = -\frac{|Q'|}{P - |Q'|}\Big[T + \frac{\delta T}{2} - h \Big] \qquad (3 - 66)$$

$$\delta T = -\frac{|Q'|}{\rho g A_w} \qquad (3 - 67)$$

式(3 – 65)~式(3 – 67)即为舰船落坞时坞墩木上的压力与舰船稳度计算方法。需指出按上述各式计算 Q' 与 δh 是一种近似的工程计算方法,因为上述诸式是在初稳性问题的条件下导出的,如应用了"等容倾斜"、"小量载荷"假设,且取 $x_q = -\dfrac{L}{2}$,这些均为近似的工程处理方法。经进一步分析可知,上述近似处理方法在工程中是可行的。

由于在式(3 – 66)中 $T + \dfrac{\delta T}{2} > h$,故 $\delta h < 0$,即落坞时横稳心高总是减小的。为避免落坞时稳度损失过大,由式(3 – 65)和式(3 – 66)可知,进坞前应卸载以减小排水量 P,并调整浮态以减小纵倾。

例 3 – 9　已知某船船长 $L = 100\text{m}$,进坞时排水量 $P = 1710\text{t}$,首吃水 $T_s = 2.70\text{m}$,尾吃水 $T_w = 3.30\text{m}$,水线面面积 $A_w = 750\text{m}^2$,漂心纵向坐标 $x_f = -1.0\text{m}$,横稳心高 $h = 0.70\text{m}$,纵稳心高 $H = 150.0\text{m}$,坞墩木表面为水平的。试估算船落坞时坞墩木所受压力的最大值与横稳度的变化。

52

解:平均吃水为

$$T = \frac{T_\mathrm{S} + T_\mathrm{w}}{2} = \frac{3.30 + 2.70}{2} = 3.0(\mathrm{m})$$

纵倾角为

$$\phi_0 = \frac{T_\mathrm{w} - T_\mathrm{S}}{2} = \frac{3.30 - 2.70}{2} = 0.006(\mathrm{rad})$$

落坞前舰船基线与坞墩木的夹角为

$$\alpha_0 = \phi_0 = 0.006(\mathrm{rad})$$

由式(3-65)得:

$$Q' = -\frac{PH\alpha_0}{L/2 + x_\mathrm{f}} = -\frac{1710 \times 150.0 \times 0.006}{100/2 - 1.0} = -31.4(\mathrm{t})$$

$$\delta T = -\frac{|Q'|}{\rho g A_\mathrm{w}} = -\frac{31.4}{1.025 \times 750} = 0.041(\mathrm{m})$$

横稳心高变化量为

$$\delta h = -\frac{|Q'|}{P - |Q'|}\left[T + \frac{\delta T}{2} - h\right] =$$

$$-\frac{31.4}{1710 - 31.4} \times \left(3.0 - \frac{0.041}{2} - 0.70\right) = -0.043(\mathrm{m})$$

3.5 倾斜试验

倾斜试验的目的是确定重心高度 z_g。舰船的重心高度是十分重要的参数,与舰船航行安全密切相关,需尽量精确的确定。一般计算出的重心高度与舰船实际的重心高度有偏差,而通过倾斜试验测算出来的重心高度更接近舰船实际的重心高度。

3.5.1 试验原理

由式(3-1a)可得重心高度与横稳心高的关系:

$$z_\mathrm{g} = r + z_\mathrm{c} - h \tag{3-68}$$

式中:r、z_c 均可以由静水力曲线较为精确地求出,故只要确定了 h 便可以按式(3-68)较为精确地确定重心高度 z_g,倾斜试验直接测算的参数正是 h。如图3-14所示,在正浮的舰船上横向移动载荷 q,移动距离为 d,则舰船将产生横倾角 θ。移动载荷产生的倾斜力矩与舰船倾斜后产生的扶正力矩应满足下述平衡条件:

$$q \cdot d \cdot \cos\theta = P \cdot h \cdot \sin\theta \tag{3-69}$$

式(3-69)与式(3-24)是类似的,只是式(3-69)中的倾斜力矩与扶正力矩表达更为精确,由式(3-69)可得:

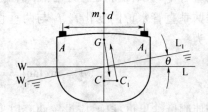

图3-14 舰船倾斜试验原理

$$h = \frac{q \cdot d}{P \cdot \tan\theta} \qquad (3-70)$$

式中：移动载荷的重量 q 在试验前设定并称出，其布置位置在试验前确定；其移动距离 d 也在试验前设定并量出；排水量按吃水在静水力曲线上查出；θ 则在倾斜试验过程中测出，θ 的测量方法可采用 U 形管、悬锤与陀螺仪等。上述各参数确定后即可以按式 (3-70) 计算试验状态下的横稳心高 h。

3.5.2 试验方法

试验应在风力不大于 2 级的晴天进行，最好在船坞进行。载荷移动前先观测首、中、尾的吃水，以求出舰船的试验排水量。试验所用的移动载荷分为 2 组或 3 组，布置于首、中、尾较为宽敞的区域，各组均为 2 项载荷，分别置于左、右两侧，为数据处理方便各项载荷重量应尽量接近。图 3-15 是移动载荷布置示意图，图中矩形填充图案表示载荷布置位置，矩形框图表示相应载荷移动后的位置。为使测量结果尽量准确，移动载荷的重量应不超过舰船排水量的 3%，且移动载荷产生的力矩应使舰船产生 2°~4° 的横倾角。在倾斜试验前各项载荷的重量、移动距离以及布置位置需经过精心计算确定。另外，各组载荷应往复移动数次，取各次载荷移动所得结果的平均值作为最终测量结果。

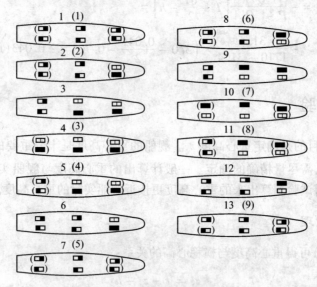

图 3-15　倾斜试验中载荷移动

横倾角以 U 形管测量较为方便。如图 3-16 所示，当舰船产生了横倾，U 形管两侧垂直管中的水位将发生变化，紧靠垂直管的外壁装有标尺以测量垂直管水位的变化。据两垂直管水位的变化 t_1、t_2 与两垂直管之间的距离 k 即可求出舰船的横倾角，计算公式为

$$\theta = \arctan\left(\frac{t_2 - t_1}{k}\right) = \arctan\left(\frac{\mid t_2 \mid + \mid t_2 \mid}{k}\right) \qquad (3-71)$$

为使测量结果更准确，应设置两套以上 U 形管，取两套 U 形管测量结果的平均值作为最终测量结果。

54

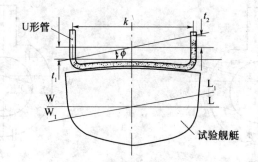

图 3 – 16 倾斜试验的 U 形管

倾斜试验的具体要求、测量过程与数据处理方法详见有关技术标准,如 GJB 350.2—87《水面战斗舰艇系泊和航行试验规程》[5,6]等。

3.6 潜艇的初稳性

在潜艇的初稳性中既有与水面舰船共同的一般概念、原理和规律,也有与水面舰船不同或水面舰船不涉及的内容。本节主要讨论与水面舰船不同或水面舰船不涉及的内容,对潜艇水面初稳性与水下初稳性分别予以讨论。

3.6.1 水面初稳性

潜艇在水面状态的初稳性处理方法与水面舰船是类似的,对其中相同的内容不再重复,主要介绍主压载水舱自由液面对潜艇水面初稳性的影响。

潜艇有大量的主压载水舱,其自由液面对初稳性有较大影响。除首、尾主压载水舱外,其余都分为左、右两舷舱。舱内的自由液面有以下 3 种情况。

1. 通海阀关闭

如图 3 – 17 所示,当潜艇横倾时,两舷舱内的水只能在舱内流动,自由液面的对初稳性的影响可表示为

$$\delta h_{\mathrm{fl}} = \frac{-2\rho i_x}{\rho \nabla} = \frac{-2i_x}{\nabla} \tag{3 - 72}$$

式中:∇ 为潜艇的排水体积;i_x 为一舷主压载水液面对其自身横倾轴横向惯性矩。

2. 通海阀和通气阀都打开

如图 3 – 18 所示,艇横倾时左右舷两舱的水是连通的,主压载水液面绕通过 O 点的纵轴旋转,最终液面与 W_1L_1 水线平行,故

$$\delta h_{\mathrm{f2}} = \frac{-2i_{Ox}}{\nabla} \tag{3 - 73}$$

式中:i_{Ox} 为一舷主压载水液面对过 O 纵向轴的横向惯性矩;δh_{f2} 表示此时自由液面的对艇初稳性的影响。

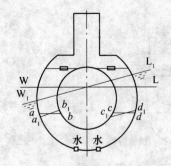

图 3 – 17　主压载水舱的自由液面

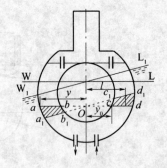

图 3 – 18　主压载水舱的自由液面

3. 通海阀开启,通气阀关闭

如图 3 – 19 所示,此时两舷舱也是连通的,但由于通气阀是关闭的,当艇倾斜时左、右舷主压载水体积不能自由变化,其变化要受到波义耳定律的限定,故最终两舷舱主压载水液面尽管仍与 W_1L_1 水线平行,但并不在同一水平面上。

分两步讨论上述液面对初稳性的影响。第 1 步,假设通海阀是关闭的,此时自由液面对初稳性的影响如同第 1 种情况,横稳心高变化为如式(3 – 72)所示;第 2 步,打开通气阀,此时左舷主压载水液面下降(图 3 – 19),由 $a'b'$ 下降至 a_1b_1,右舷主压载水液面上升,由 $c'd'$ 上升至 c_1d_1,这将引起重心移动,由图中的 G 移至 G_1,由重心移动定理得:

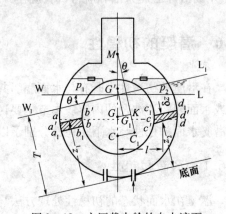

图 3 – 19　主压载水舱的自由液面

$$\overline{GG_1} = \frac{\delta v 2l}{\nabla} \tag{3 – 74}$$

另由图 3 – 19 可知,重心的移动使回复力臂减小 $\overline{GG_1}$,相当于横稳心高减小了 $\overline{GG'}$,故

$$\delta h'_{\text{B}} = -\overline{GG'} = -\frac{\overline{GG_1}}{\sin\theta} = -\frac{2vl}{\nabla\sin\theta} \tag{3 – 75}$$

当 θ 为小角度时 $v \approx s \times \delta z$,式(3 – 75)可写为

$$\delta h'_{\text{B}} = -\frac{2s\delta z l}{\nabla\sin\theta} \tag{3 – 76}$$

式中:s 为主压载水液面 ab 的面积;δz 为水层厚度。

水层厚度 δz 的计算要用到波义耳气体定律,假设艇在正浮状态下两舷舱内空气压力、容积分别为 p_0、v_0,倾斜后左舷舱的空气压力为 p_1,右舷舱内空气压力为 p_2,于是按波义耳气体定律对左舷舱有

$$p_0 v_0 = p_1 (v_0 + s\delta z) \tag{3 – 77}$$

对右舷舱有

$$p_0 v_0 = p_2 (v_0 - s\delta z) \tag{3 – 78}$$

综合式(3-77)和式(3-78)可得

$$p_2 - p_1 = \frac{p_0 v_0 \left[(v_0 + s\delta z) - (v_0 - s\delta z) \right]}{v_0^2 - (s\delta z)^2} = \frac{2 p_0 v_0 s\delta z}{v_0^2 - (s\delta z)^2} \tag{3-79}$$

式(3-79)中$(s\delta z)^2$是高阶小量,与v_0^2比可以忽略不计,故

$$p_2 - p_1 = \frac{2 p_0 s\delta z}{v_0} \tag{3-80}$$

另外按舷外水压与按舱内水压求得的通海阀处压力应该相等,由此可得

$$p_1 + (z_1 - \delta z)\rho g = p_a + T\rho g \tag{3-81}$$

$$p_2 + (z_2 + \delta z)\rho g = p_a + T\rho g \tag{3-82}$$

式中:T为艇的吃水;p_a为大气压力。

由式(3-81)和式(3-82)可得

$$p_2 - p_1 = (z_2 - z_1 - 2\delta z)\rho g \tag{3-83}$$

而由图3-19可得

$$(z_2 - z_1) = 2l\sin\theta$$

将上式代入式(3-83)可得

$$p_2 - p_1 = (2l\sin\theta_1 - 2\delta z)\rho g \tag{3-84}$$

比较式(3-80)和式(3-84)可得

$$\delta z = \frac{l\sin\theta}{\dfrac{p_0 s}{\rho v_0 g} + 1}$$

将上式代入式(3-76)可得

$$\delta h'_ß = -\frac{2sl}{\nabla \sin\theta} \times \frac{l\sin\theta}{\dfrac{p_0 s}{\rho v_0 g} + 1} = -\frac{2sl^2}{\nabla} \times \frac{1}{\dfrac{p_0 s}{\rho v_0 g} + 1} \tag{3-85}$$

综合两个步骤中横稳心高的变化可得

$$\delta h_ß = \delta h_{f1} + \delta h'_ß = -\frac{2 i_x + 2sl^2 \bigg/ \left(\dfrac{p_0 s}{\rho v_0 g} + 1 \right)}{\nabla} \tag{3-86}$$

令

$$\beta = \frac{1}{\dfrac{p_0 s}{\rho v_0 g} + 1}$$

则式(3-86)可写为更简洁的表达式,即

$$\delta h_ß = -\frac{2 i_x + 2s\beta l^2}{\nabla} \tag{3-87}$$

$\delta h_ß$即为第3种主压载水对艇初稳性的影响。若取式中的$\beta = 0$,则所得结果就是第1种情况下的稳度减小量表达式;若取$\beta = 1$则相应结果为第2种情况下的稳度减小量表达式,β取值为$0 \sim 1$之间数值。故主压载水3种自由液面对艇初稳性影响可以归结为统一的表达式,即式(3-87)的右端项。由以上分析还可知$|\delta h_{f2}| > |\delta h_ß| > |\delta h_{f1}|$,即第2种主压载水液面对初稳性影响最大,第3种主压载水液面的影响其次。

3.6.2 水下稳性与潜浮稳度图

潜艇在水下状态的稳性以及在下潜、上浮过程中的稳性与水面状态的稳性大不相同。

1. 水下状态稳性

潜艇在水下状态没有水线面,即水线面面积、水线面惯性矩均为 0,相应的稳心半径 r、R 也都为 0,故水下状态的横稳心 m、纵稳心 M 都与浮心 C 重合,从而浮心到重心间的距离就是潜艇水下状态的横稳心高和纵稳心高,二者是相等的,即

$$h_\downarrow = H_\downarrow = z_{c\downarrow} - z_{g\downarrow} \qquad (3-88)$$

如图 3-20 所示,艇在水下状态的扶正力矩为

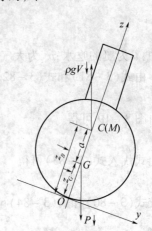

$$\overline{m}_\downarrow = \triangle_\downarrow (z_{c\downarrow} - z_{g\downarrow})\sin\theta \qquad (3-89)$$

$$\overline{M}_\downarrow = \triangle_\downarrow (z_{c\downarrow} - z_{g\downarrow})\sin\phi \qquad (3-90)$$

当考虑自由液面影响时,水下状态的稳性高可以表示为

$$h_\downarrow = z_{c\downarrow} - z_{g\downarrow} + \Delta r_1$$

$$H_\downarrow = z_{c\downarrow} - z_{g\downarrow} + \Delta r_2$$

而水上状态时则为

$$h_\uparrow = z_{c\uparrow} + r_\uparrow - z_{g\uparrow} + \Delta r_1 + \Delta r_3$$

$$H_\uparrow = z_{c\uparrow} + r_\uparrow - z_{g\uparrow} + \Delta r_2 + \Delta r_4$$

图 3-20 潜艇在水下时的稳性

式中:$\Delta r_1 = -\dfrac{\sum \rho_1 i_x}{\rho \bigtriangledown}$,潜艇内部液舱的自由液面对 h 的修正值;$\Delta r_2 = -\dfrac{\sum \rho_1 i_y}{\rho \bigtriangledown}$,潜艇内部液舱的自由液面对 H 的修正值;$\Delta r_3 = -\dfrac{\sum i_x}{\bigtriangledown}$,主压载水舱余水自由液面对 h 的修正值;$\Delta r_4 = -\dfrac{\sum i_y}{\bigtriangledown}$,主压载水舱余水自由液面对 H 的修正值。

一般 $\Delta r_1 \sim \Delta r_4$ 约为 0.01m ~ 0.05m,且对纵稳心高的修正量略大于对横稳心高的修正量。

由上述各式可知,潜艇水下稳性具有如下特点:

(1) 水下的浮心和重心位置是固定的(不考虑潜艇均衡中所指的浮心、重心位置变化),故潜艇水下的 $h_\downarrow$、$H_\downarrow$ 也是固定的。

(2) 水下扶正力矩计算公式不受倾斜角度的限制,可直接应用于大倾角问题,另外水下状态的纵倾角也有可能超出 10°~15°,可达几十度。

(3) 水下平衡稳定的条件是浮心在重心的上方,亦即稳心在重心的上方。

(4) 潜艇水上纵稳心高很大,但水下的纵稳心高却很小,故潜艇水下纵稳性很差,极易产生纵向失稳和大的纵倾。潜艇在水下航行时,如有纵倾则可能使艇航行至安全深度以上或极限深度以下,故潜艇必须谨慎操控,用车(航速)、舵、气水(注排水、移水)严格控制艇的纵倾。

在讨论潜艇水下稳性时也可以采用增加重量法和损失浮力法两种方法。这两种方法

得出的扶正力矩是相同的,但各自的水下稳心高是不相等的。对于水下横稳性,按增加重量法和损失浮力法扶正力矩表达式为

$$\overline{m}_{\downarrow} = \triangle_{\downarrow}(z_{c\downarrow} - z_{g\downarrow})\sin\theta \tag{3-91}$$

$$\overline{m}_{\downarrow} = \triangle_{\uparrow}(z_{c0} - z_{g\uparrow})\sin\theta = \rho g \nabla_0 (z_{c0} - z_{g\uparrow})\sin\theta \tag{3-92}$$

由上述两式可得

$$\triangle_{\downarrow}(z_{c\downarrow} - z_{g\downarrow}) = \rho g \nabla_0 (z_{c0} - z_{g\uparrow}) = \triangle_0 (z_{c0} - z_{g\uparrow}) \tag{3-93}$$

由式(3-93)可知

$$(z_{c\downarrow} - z_{g\downarrow}) \neq (z_{c0} - z_{g\uparrow})$$

即按增加重量的观点与按失去浮力的观点所得稳心高不相等,还可以进一步看出水下稳心高与水下排水量成反比。式(3-93)及其导出的定性结果可推广用于下潜、上浮过程中,即

$$\triangle(z_c - z_g) = \triangle_0 (z_c' - z_{g\uparrow}) \tag{3-94}$$

2. 潜浮稳性与潜浮稳度图

潜艇在下潜和上浮过程中,重心 G、浮心 C 和稳心 $m(M)$ 都在不断变化,同时主压载水舱中的大量自由液面对潜浮初稳性产生不利影响,故潜浮稳性是变化的,与水面水下稳性都有所不同。为考察潜浮初稳性的变化,可绘制 ∇、z_g、z_c、z_m、$(\delta h_f + \delta h_{fl})$ 随吃水 T 变化的关系曲线,该曲线图称为潜浮稳度图。图3-21为某艇的潜浮稳度图,前已提及潜艇下潜、上浮分为一次和二次下潜、上浮,图中虚线即为二次下潜、上浮的有关曲线。根据"潜浮稳度图"可以方便地求出任一吃水下的初稳心高 h。

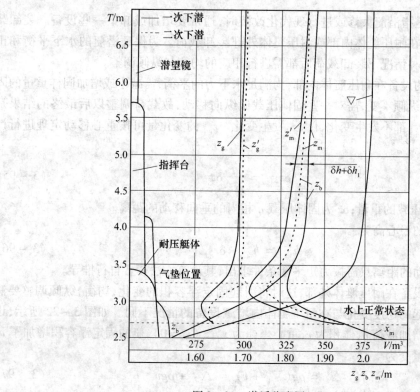

图 3-21　潜浮稳度图

59

例 3 – 10 已知某艇的潜浮稳度图如图 3 – 21 所示,试计算吃水 T 为 5.4m、3.5m 和水面正常排水量下的横稳心高和排水量,计入自由液面的影响,按两次下潜进行计算。

解:按潜浮稳度图查出 $T = 5.4$m 时:

$$(\delta h_f + \delta h_{fl}) = 0.022(m)$$

$$z_m = 1.869(m)$$

$$z'_m = z_m - (\delta h_f + \delta h_{fl}) = 1.869 - 0.022 = 1.847(m)$$

$$z'_g = 1.713(m)$$

$$h = z'_m - z'_g = 1.847 - 1.712 = 0.135(m)$$

$$\nabla = 378(m^3)$$

其余两种状态的横稳心高和排水量读者自行计算。

由潜浮稳度图可以看到,初稳心高最小的时机是耐压艇体即将全部入水的时刻。此时水线面已很小,横稳心半径接近为 0,$m(M)$ 接近与 C 重合,故 $m(M)$ 处于最低的位置;而主压载水舱尚未注满,自由液面仍然存在,艇的重心高度又接近最大值,所以这一时刻初稳心高最小,通常将这种状态称为潜浮稳度图的"颈部"。国家军用标准 GJB 4000—2000《舰船通用规范.0 组舰船总体与管理》对"颈部"的初稳心高最小值有明确的要求。

3.6.3 装卸载荷对潜艇初稳性的影响

装卸载荷是指潜艇大修或进行现代化改装时,通常要增加或卸下一些设备。装卸载荷有两种情况:在耐压艇体内部或耐压艇体外部装卸载荷。为保证潜艇的水下平衡和正浮状态,在这两种情况下装卸载荷后都需进行相应的均衡与纵倾调整。

若增减的设备在耐压艇体内部,为满足水下力的平衡,需减小或增加同样重量的固体压载;为保持纵倾不变,需对一些固体压载做纵向移动,故载荷调整以后最终的结果是艇的 $\triangle_\downarrow$、$x_{g\downarrow}$、$y_{g\downarrow}$ 都不发生变化,仅 $z_{g\downarrow}$ 发生变化。$z_{g\downarrow}$ 的变化量可按重心移动定理进行计算,即

$$\delta z_{g\downarrow} = \frac{q}{\triangle_\downarrow}\delta z \tag{3-95}$$

式中:q 为固体压载的重量;δz 为固体压载 q 相当的垂向移动的距离。

从而新的初稳心高为

$$h_{1\downarrow} = h_\downarrow - \delta z_{g\downarrow} \tag{3-96}$$

至于 q 纵向移动的距离只需按力矩平衡条件求出,其计算方法读者自行推导。

若增减的设备在耐压艇体外部,这时将引起固定浮容积的变化,均衡、纵倾调整要满足的条件及引起的稳度变化与在耐压艇体内增减设备的情况不同。如图 3 – 22 所示,设在耐压艇体外增加载荷 q,体积为 v,重心坐标为 x_q,$z_q (y_q = 0)$,艇的固定浮容积增加了 v,于是艇的排水量变为

$$\triangle_1 = \rho g(\nabla_0 + v) = \triangle_\uparrow + \rho g v \tag{3-97}$$

式中:∇_0 为增加设备前的固定浮容积。

60

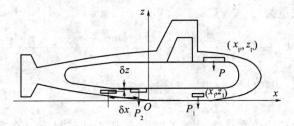

图 3 - 22 装卸载荷及均衡

该设备的重 q 与其产生的浮力 $\rho g v$ 并不相等,令 q_1 为两者之差值,即

$$q_1 = \rho g v - q \tag{3-98}$$

为满足水下力的平衡必须在艇上增加重力 q_1,假定其重心坐标为 x_1、z_1($y_1 = 0$),于是重力与浮力的平衡关系为

$$\triangle_{\uparrow} + q + q_1 = \rho g(\nabla_0 + v) \tag{3-99}$$

此外在艇上增加设备和固定压载后将产生纵倾力矩 $q_1 x - (\rho g v - q)$,为保证艇在水下处于正浮状态,必须再次均衡进行纵倾调整,即需纵向移动固体压载。设需移动的固体压载重为 q_2,移动的纵向距离为 δx,则艇在水下正浮需满足的力矩平衡条件为

$$q_2 \delta x + q_1 x_1 - (\rho g v - q) x_{\mathrm{q}} = 0$$

$$q_2 = \frac{(\rho g v - q) x_{\mathrm{q}} - q_1 x_1}{\delta x}$$

将式(3 - 98)代入上式得

$$q_2 = \frac{(\rho g v - q)(x_{\mathrm{q}} - x_1)}{\delta x} \tag{3-100}$$

式(3 - 99)和式(3 - 100)即为艇增加设备并均衡、纵倾调整后需满足的力和力矩平衡方程。现还需进一步讨论艇增加设备、均衡纵倾调整后初稳心高的变化。设艇原来的排水量为 $\triangle_{\uparrow}$,浮心垂向坐标为 z_{c_0},重心垂向坐标为 $z_{\mathrm{g}\uparrow}$。增加设备 $q(x_{\mathrm{q}},0,z_{\mathrm{q}})$、增加固体压载 $q_1(x_1,0,z_1)$、固体压载 q_2 移动($\delta x,0,\delta z$)后,艇的总重量为($\triangle_{\uparrow} + q + q_1$),其浮心垂向坐标 z_{c_1} 和重心垂向坐标 z_{g_1} 可按重心计算公式计算(详见第 2 章,且将浮力、浮心比拟为重量、重心),表示如下:

$$z_{\mathrm{c}1} = \frac{\nabla_0 z_{\mathrm{c}_0} + v z_{\mathrm{q}}}{\nabla_0 + v} = \frac{\triangle_{\uparrow} z_{\mathrm{c}_0} + \rho g v z_{\mathrm{q}}}{\triangle_{\uparrow} + \rho g v} \tag{3-101}$$

$$z_{\mathrm{g}_1} = \frac{\triangle_{\uparrow} z_{\mathrm{g}\uparrow} + q z_{\mathrm{q}} + q_1 z_1 + q_2 \delta z}{\triangle_{\uparrow} + q + q_1} = \frac{\triangle_{\uparrow} z_{\mathrm{g}\uparrow} + \rho g v z_1 + q(z_{\mathrm{q}} - z_1) + q_2 \delta z}{\triangle_{\uparrow} + \rho g v}$$

$$\tag{3-102}$$

由此可得新的初稳心高为

$$h_1^{'} = z_{\mathrm{c}_1} - z_{\mathrm{g}_1} = \frac{\triangle_{\uparrow}(z_{\mathrm{c}_0} - z_{\mathrm{g}\uparrow}) + \rho g v(z_{\mathrm{q}} - z_1) - q(z_{\mathrm{q}} - z_1) - q_2 \delta z}{\triangle_{\uparrow} + \rho g v} =$$

$$\frac{\triangle_{\uparrow} h_{\downarrow}}{\triangle_1} + \frac{(\rho g v - q)(z_{\mathrm{q}} - z_1) - q_2 \delta z}{\triangle_1} \tag{3-103}$$

61

水下初稳心高变化量为

$$\delta h = h_{1\downarrow} - h_{\downarrow} = \frac{\triangle_\uparrow h_\downarrow}{\triangle_1} - h_\downarrow + \frac{(\rho g v - q)(z_q - z_1) - q_2 \delta z}{\triangle_1} =$$

$$\frac{-\rho g v h_\downarrow}{\triangle_1} + \frac{(\rho g v - q)(z_q - z_1) - q_2 \delta z}{\triangle_1} \qquad (3-104)$$

若固体压载仅纵向移动而在高度不变,即 $\delta z = 0$,则上式可写为较简单的形式:

$$\delta h = \frac{-\rho g v h_\downarrow}{\triangle_1} + \frac{(\rho g v - q)(z_q - z_1)}{\triangle_1} \qquad (3-105)$$

如上所述,即为艇上装卸载荷时需采取的均衡、纵向调整措施,以及装卸载荷均衡、纵向调整后的新初稳心高计算方法。

习 题

1. 两木质柱体尺寸和漂浮状态如图 3-23 所示。水的密度为 $\rho = 1 \text{t/m}^3$,木柱密度 $\rho_1 = 0.5 \text{t/m}^3$。

(1) 求两木质柱体的吃水、浮力及浮心坐标 (x_c, y_c, z_c);

(2) 试证明只有一长棱向上时,木块方能稳定地漂浮于水面。

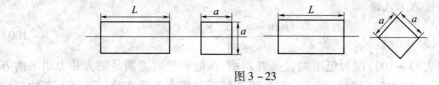

图 3-23

2. 已知某驱逐舰静水力曲线如图 2-12 所示,重心为 $G(-1.2, 0, 4.6)$,舰船为正浮状态。试求 $T = 3.60 \text{m}$ 时的横稳心高 h。

3. 已知某猎潜艇其静水力曲线如图 3-24,艇的重心高 $z_g = 2.7 \text{m}$,吃水 $T = 2.2 \text{m}$,若外力使艇横倾 $0.5°$,求此时艇的复原力矩 (取 $\rho = 1.025 \text{t/m}^3$)。

4. 某驱逐舰 $L = 110 \text{m}$,吃水 $T = 3.5 \text{m}$ 时重心高 $z_g = 4.8 \text{m}$。试求该舰此时的横倾 $1°$ 力矩及纵倾 1cm 力矩,静水力曲线如图 3-25 所示。

5. 已知某船首吃水 $T_S = 5.65 \text{m}$,尾吃水 $T_W = 5.97 \text{m}$,纵倾 1cm 力矩 $M_{1cm} = 272 \text{t} \cdot \text{m}$,问必须把多少燃油从尾舱导移到相距 156m 之首舱才能使舰船扶正?

6. 某驱逐舰 $L = 110 \text{m}$,$T = 3 \text{m}$。今在舰上有载荷 $q = 15 t$ 自 $A(20, 3, 3)$ 移至 $B(-20, -2, 6)$ 设载荷移动前舰重心高 $z_g = 4.75 \text{m}$,求载荷移动后的浮态(倾角及首、尾吃水)与初稳度,静水力曲线如图 3-25 所示。

7. 某护卫舰排水量 $P = 1000 t$,吃水 $T = 2.8 \text{m}$,水线面面积中心纵坐标 $x_f = -2 \text{m}$,水线面面积 $S = 582 \text{m}^2$,横稳心高 $h = 0.8 \text{m}$,今在舰上增加两块载荷,其中一块 $q_1 = 20 t$,其重心位置为 $(4, 0, 2.5)$,另一块 $q_2 = 40 t$,问应加在何处才能使该舰不产生横倾、纵倾且横稳心高也不变?

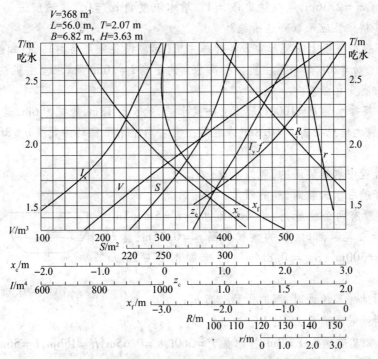

图 3 - 24 ××艇的静水力曲线

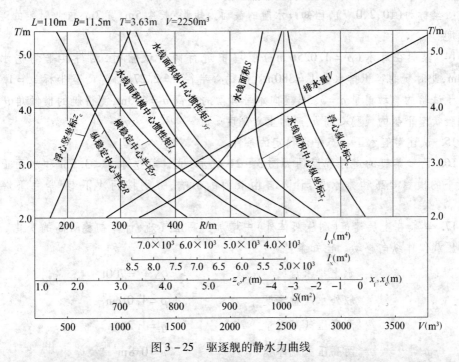

图 3 - 25 驱逐舰的静水力曲线

8. 某驱逐舰 $L = 110\text{m}$，$T = 3.5\text{m}$，$z_g = 4.65\text{m}$，$q_1 = 50\text{t}$，加在 $(20, 1.2, 2.86)$ 处，$q_2 = -20\text{t}$，减在 $(-10.0, -2.05, 3.56)$ 处，求舰的浮态及初稳度，静水力曲线如图 3 - 25 所示。

9. 已知某猎潜艇 $L = 56\text{m}$，静水力曲线如图 3 - 24 所示，艇进坞前经卸载后，其平均

吃水 $T = 2\mathrm{m}$, $z_\mathrm{g} = 2.36\mathrm{m}$, 尾纵倾角 $\phi_0 = 1°$, 墩木坡度角 $\alpha_0 = 0°$, 求该艇进坞时的初稳度。如欲提高其初稳性应采取哪些措施?

10. 某舰在甲板上安装起重设备起吊主机(起重设备重可略去)。已知舰排水量 $P = 2000\mathrm{t}$, 主机重 $q = 20\mathrm{t}$, 起吊前主机重心离悬点的距离 $l = 10\mathrm{m}$。试求当主机被吊起 $2\mathrm{m}$ 时, 舰的横稳心高变化量。

11. 某舰排水量 $P = 1000\mathrm{t}$, 舰上有一淡水舱, 舱长为 $6\mathrm{m}$, 舱宽为 $6\mathrm{m}$, 若舱内装水, 当水装满时, 舰之横稳心高 $h = 0.8\mathrm{m}$, 今在舰上自右向左水平移动的载荷 $q = 8\mathrm{t}$, 移动距离为 $5\mathrm{m}$。求:

(1) 若舱中水是装满的, 舰的倾角;

(2) 若舱中水未装满, 舰的倾角。

12. 某舰有两个油舱, 油舱尺寸都为 $l \times b = 5\mathrm{m} \times 3\mathrm{m}$。当两个油舱未装满油时, 舰的横稳心高 $h = 0.75\mathrm{m}$, 排水容积为 $V = 300\mathrm{m}^3$, $\rho_{油} = 0.8\mathrm{t/m}^3$, 油舱如图 3-26 所示。求:

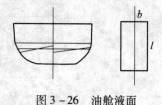

图 3-26 油舱液面

(1) 两油舱不连通时, 舰的横稳心高 h_1;

(2) 两油舱连通时, 舰的 h_1。

13. 已知某艇吃水 $T = 2\mathrm{m}$, 排水量 $P = 360\mathrm{t}$, $h = 0.65\mathrm{m}$, $H = 136\mathrm{m}$, $L = 56\mathrm{m}$, $X_\mathrm{f} = -2\mathrm{m}$, $q_{cm} = 2.8\mathrm{t/cm}$。艇出航后首部原已装满水的水舱, 用去了淡水 $q = 5.6\mathrm{t}$, 其用去淡水的容积中心坐标为 $(10, 2, 0.7)$, 已知淡水舱的截面为矩形:长 $4.5\mathrm{m}$, 宽 $3\mathrm{m}$, 求此时艇的浮态及初稳度。

14. 某艇在海水 ($\rho = 1.025\mathrm{t/m}^3$) 船坞中进行倾斜试验时, 测得其平均吃水 $T = 2.10\mathrm{m}$, 此时艇的容积排水量 $V = 380\mathrm{m}^3$, 横稳心半径 $r = 2.27\mathrm{m}$, 浮心竖坐标 $z_\mathrm{c} = 1.21\mathrm{m}$。设用于试验的移动重量 $q = 3.5\mathrm{t}$, 横向水平移动的距离 $a = 4.0\mathrm{m}$, 测得艇的横倾角 $\theta = 3°$, 求试验状态下艇的横稳心高 h、艇的重心高度 z_g。

15. 试述潜艇水下状态平衡稳定的条件。

16. 已知某艇的潜浮稳度图如图 3-21 所示, 试计算吃水 $T = 3.5\mathrm{m}$ 和水面正常排水量下的横稳心高和排水量, 计入自由液面的影响, 分别按两次下潜、紧急下潜进行计算。

17. 某艇在上层建筑(耐压艇体外)中增加两高压气瓶, 计算初稳心高的变化。假设固体压载仅作纵向移动。已知条件为:

水上排水量 $\triangle \uparrow = 700\mathrm{t}$

舷外水质量密度 $\rho = 1.0\mathrm{t/m}^3$

两高压气瓶重量 $q = 1.2\mathrm{t}$

两高压气瓶体积 $v = 0.8\mathrm{m}^3$

两高压气瓶重心垂向位置 $z_\mathrm{q} = 5.5\mathrm{m}$

水下初稳性高 $h \downarrow = 0.2\mathrm{m}$

潜艇重心的垂向位置 $z_\mathrm{g} \uparrow = 2.6\mathrm{m}$

固体压载的垂向位置　　　　　　　　$z_1 = 0.5\text{m}$

18. 某小型潜艇水下排水量 $\triangle_{\downarrow} = 300\text{t}$，在该艇耐压艇体内增加一设备，重 $q = 1.2\text{t}$，$z_q = 3.0\text{m}, x_q = -1.0\text{m}$，为实现增加设备后的艇水下均衡，将减小位于 $x_1 = 1.0\text{m}, z_1 = 0.3\text{m}$ 的固体压载 q_1，并在 $x_1 = 1.0\text{m}$ 处沿纵向水平移动固体压载 $q_2 = 1.0\text{t}$，求减小的固体压载重量 q_1，固体压载 q_2 移动的距离，并求增加设备后艇的初稳性变化量。

第4章 大角稳性

在初稳性中一般限定倾斜角度不大于 15°,而舰船在实际使用中倾斜角度常会超过此限度,例如,舰船在风浪中航行或在武器发射时后坐力作用下横倾角就常会超过此限度。因此无论是舰船设计者还是舰船使用者,仅考虑舰船初稳性是不够的,还必须要考虑舰船的大角稳性。舰船的大角稳性,即舰船大角倾斜下的稳性,包括舰船在各种外力作用下的倾斜角度、舰船在不翻沉的条件下能承受的最大外力矩等。在大角稳性中具有代表性的工程问题是舰船的抗风浪性计算,即舰船在风浪作用下所产生的倾角、是否翻沉,能承受的最大风浪等问题。

水面舰船与潜艇静力学有着共同的力学基础,本章仍然先讨论水面舰船大角稳性问题,包括大角稳度扶正力矩的表达方法、有关规律与确定方法;舰船在静倾斜力矩、动倾斜力矩作用下倾斜角的确定;舰船能承受的最大静倾斜力矩、动倾斜力矩的确定;大角稳度的主要影响因素;并给出具有重要工程意义的舰船抗风浪性概念及其计算方法。最后一节说明潜艇大角稳性的特殊性。

4.1 静稳度曲线与船形稳度力臂插值曲线

4.1.1 静稳度曲线

舰船的横倾角大于一定数值后初稳度的扶正力矩公式就不再适用。在推导初稳度扶正力矩公式时作了两项假设:一是倾斜轴与对称轴重合;二是稳定中心 m 点不变。只有在小角度倾斜的情况下这两项假设才成立,倾斜角度大了,这两项假设都不成立,所以不能用初稳度的扶正力矩公式确定大角倾斜时的扶正力矩。

如图 4-1 所示,大角度倾斜时的扶正力矩为

$$m_\theta = P \cdot l_\theta \tag{4-1}$$

式中:m_θ 为大角横倾下的扶正力矩;l_θ 为 $\overline{m_\theta}$ 的力臂,与初稳性问题不同,现 $l_\theta \neq h \cdot \theta$,故 m_θ 不能表示为式(3-12)的形式。如图 4-1 所示,l_θ 可以表示为

$$l_\theta = \overline{CN} - \overline{CH} = \overline{CN} - \overline{GC}\sin\theta = l_\varphi - a\sin\theta \tag{4-2}$$

于是

$$m_\theta = P \cdot l_\theta = P \cdot l_\varphi - P \cdot a \cdot \sin\theta = m_{\varphi\theta} - m_{p\theta} \tag{4-3}$$

式中

$$m_{\varphi\theta} = P \cdot l_\varphi \tag{4-4}$$

$$m_{p\theta} = P \cdot a \cdot \sin\theta \tag{4-5}$$

显然,从物理意义上说,式(4-4)和式(4-5)中 $m_{\varphi\theta}$、$m_{p\theta}$ 与初稳度的船形稳度力矩、重量稳度力矩的概念是相同的,现仍然称 $m_{\varphi\theta}$、$m_{p\theta}$ 为船形稳度力矩与重量稳度力矩,且称 $a \cdot \sin\theta$ 为重量稳度臂,$l_{\varphi\theta}$ 为船形稳度臂,而称 l_θ 为稳度臂。其中 $m_{p\theta}$ 不但物理概念与初稳度的 m_p 物理概念相同,其表达式也与 m_p 的精确表达式相同;只是在大角稳性中 $m_{\varphi\theta}$、$l_{\varphi\theta}$ 不能给出解析式表达式了,因而 m_θ、l_θ 也不能用解析表达式表示,这一点与初稳性是全然不同的。可以用函数曲线表示 $\overline{m}_\theta$、l_θ 随 θ 变化的关系,这种函数曲线就是静稳度曲线。

静稳度曲线即 $m_\theta = m_\theta(\theta)$ 或 $l_\theta = l_\theta(\theta)$ 曲线,相当于初稳度的扶正力矩公式,可以用来分析求解各种大角稳度问题。$\overline{m}_\theta$ 与 l_θ 间只相差一常数系数,故在曲线图上通常以一条曲线表示这两种关系,如图4-2所示。

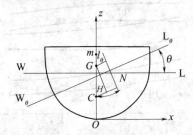

图4-1 大角倾斜下的扶正力矩

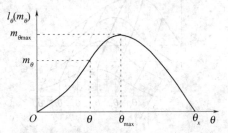

图4-2 静稳度曲线示意

图4-2所示曲线样式体现了一般的完好舰船静稳度曲线的性状。由图可见,当 $\theta = 0°$ 与 $\theta = \theta_x$ 时,$m_\theta = 0$,将 $0 \sim \theta_x$ 称为稳定范围,舰船在稳定范围内的平衡位置都具有回复能力;当 $\theta = \theta_{max}$ 时,$m_\theta = m_{\theta max}$,$\theta_{max}$ 称为最大静力倾角,$m_{\theta max}$ 称为最大静倾斜力矩。按初稳性一章的分析,当 $\theta < 15°$ 时,$m_\theta = P \cdot h \cdot \theta$,$l_\theta = h \cdot \theta$。故静稳度曲线的初段应近似为直线形,该直线也称为静稳度曲线的初切线,其斜率即为横稳心高 h,在静稳度曲线上 h 可以表示为

$$h = \left.\frac{l_\theta}{\theta}\right|_{\theta < 15°} \tag{4-6}$$

按式(4-6),并依据静稳度曲线初切线斜率的概念,可以由静稳度曲线量取 h;按此概念也可以反过来据初稳性计算得出的 h 校验静稳度曲线的数据及其绘制是否准确,辅助静稳度曲线作图。

绘制静稳度曲线的原始数据要据船体型值计算,其基本原理是计算倾斜水线下的排水体积与形心,具体计算过程较为复杂,一般是由设计部门编程计算,现有各种版本的计算程序[7]。

由式(4-1)~式(4-5)可见,当船上的载荷变化时,静稳度曲线会变化。确定不同载荷下的静稳度曲线,这项工作对舰船使用者来说是重要的。

4.1.2 船形稳度力臂插值曲线与各种装载下静稳度曲线计算

确定不同载荷下的静稳度曲线需要用到船形稳度臂插值曲线。船形稳度臂 $l_{\varphi\theta}$ 是随排水量 V 与横倾角 θ 变化的,即 $l_{\varphi\theta} = f(V, \theta)$,可以将上述二元函数关系表示为函数曲面,如图4-3所示。也可以采用一组函数曲线表示上述函数关系,如图4-4所示,图中每一

条曲线都表示某一确定的横倾角下 $l_{\varphi\theta}$ 随 V 变化的关系,不同的曲线表示不同横倾角下的 $l_{\varphi\theta}$ 随 V 变化的关系,该曲线组即称为船形稳度臂值插值曲线,是表示船形稳度臂 $l_{\varphi\theta}$ 随排水量 V 与横倾角 θ 变化关系的曲线组。

船形稳度臂插值曲线是根据型线图计算绘制出来的,可以看作静稳度曲线计算绘制的一个主要步骤(或一个主要计算模块),如前所述,一般由设计部门计算好,作为技术资料交付舰船使用部门。若已知舰船的排水量,如图 4-4 所示,$V=V_1$,即可据船形稳度臂插值曲线求出该排水量下的船形稳度臂曲线,即 $l_{\varphi\theta}=l_{\varphi\theta}(\theta)$ 曲线。若已知舰船的装载状态,即可据船形稳度臂插值曲线进一步求出相应静稳度曲线。

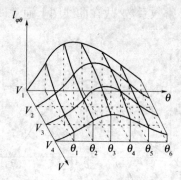

图 4-3 不同 θ 和 V 时的 $l_{\varphi\theta}$

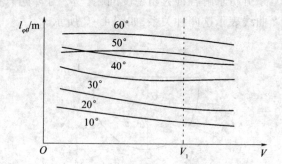

图 4-4 船形稳度臂值曲线示意

例 4-1 已知某舰的船形稳度力臂插值曲线如图 4-5 所示,求该舰排水量 $V=2318\text{m}^3$、$z_c=2.25\text{m}$、$z_g=4.56\text{m}$ 时的静稳度曲线。

解:按以下各个步骤进行计算和绘图。

(1) 由船形稳度臂插值曲线求得各 θ 下的船形稳度臂 $l_{\varphi\theta}$,计算结果如表 4-1 所列。

(2) 计算各 θ 下的 $a\sin\theta$。

$$a = z_g - z_c = 4.65 - 2.25 = 2.40\text{m}$$

$$a\sin\theta = 2.4\sin\theta$$

计算结果如表 4-1 所列。

(3) 计算各 θ 下的 l_{θ}。

$$l_{\theta} = l_{\varphi\theta} - a\sin\theta$$

计算结果如表 4-1 所列。

(4) 作船形稳度臂曲线 $l_{\varphi\theta}$—θ 曲线与静稳度曲线 l_{θ}—θ 曲线。

据表 4-1 中 $l_{\varphi\theta}$—θ 曲线与 l_{θ}—θ 曲线的数据作相应的曲线,如图 4-6 所示。

表 4-1 静稳度曲线计算结果

$\theta/(°)$	0	10	20	30	40	50	60	70	80	90
$l_{\varphi\theta}/\text{m}$	0.0	0.60	1.18	1.74	2.17	2.45	2.58	2.59	2.47	2.25
$a\sin\theta/\text{m}$	0.0	0.42	0.82	1.20	1.54	1.84	2.08	2.25	2.30	2.40
$l_{\theta}=l_{\varphi\theta}-a\sin\theta/\text{m}$	0.0	0.18	0.36	0.54	0.63	0.61	0.50	0.34	0.11	-0.15

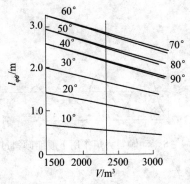

图 4-5　某舰船形稳度臂插值曲线

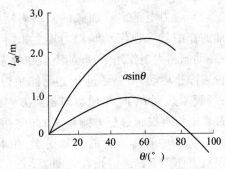

图 4-6　静稳度曲线计算

4.2　静倾斜力矩作用下舰船的倾斜

在大角稳性中要考虑两种倾斜力矩,分别是缓慢加载的静倾斜力矩与突然加载的动倾斜力矩。静倾斜力矩记作 m_{kp},其特征可以归纳如下:

(1) 由 0 缓慢增加到 m_{kp};

(2) 在舰船倾斜过程中角速度与角加速度均视作 0,即 $\dot{\theta}=0$,$\ddot{\theta}=0$;

(3) 当 $m_{kp}=m_{\theta}$ 时,舰船停止倾斜。

上述 3 个特征是相互关联的,故舰船所受力矩只需满足其中一条即为静倾斜力矩。在初稳性一章中讨论的倾斜力矩均视作静倾斜力矩。

在静倾斜力矩作用下,舰船产生的倾角叫做静力倾角,记作 θ_{st}。与初稳性一致,确定 θ_{st} 的条件仍然是静倾斜力矩等于扶正力矩,即

$$m_{kp} = m_{\theta}（或\ l_{kp} = l_{\theta}） \tag{4-7}$$

式中:l_{kp} 为静倾斜力矩的力臂,$l_{kp}=\dfrac{m_{kp}}{P}$。

按式(4-7)所示确定 θ_{st} 的条件,需在静稳度曲线上查值确定 θ_{st},如图 4-7 所示,图中纵坐标上标出的 m_{kp} 为已知的静倾斜力矩,横坐标上查出的 θ_{st} 即为所求静力倾角。

当 $m_{kpmax}=m_{\theta max}$,$\theta_{st}=\theta_{max}$,式中的 m_{kpmax} 即为舰船能承受的最大静倾斜力矩,θ_{max} 为舰船允许达到的最大静力倾角。正因为如此,将 $m_{\theta max}$(或 m_{kpmax})称为最大静倾斜力矩,θ_{max} 称为最大静力倾角。$m_{\theta max}$ 与 θ_{max} 是舰船大角稳度的重要指标,

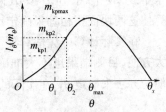

图 4-7　静稳度曲线的意义

在有关技术标准中对水面舰船和潜艇水面状态的 θ_{max} 数值有明确的要求。

4.3　动倾斜力矩作用下舰船的倾斜

动倾斜力矩作记 m_{kpd},其特征可以归纳如下:

(1) 由 0 突然增加到 m_{kpd},且保持 m_{kpd} 为常数;

(2) 在舰船倾斜过程中,$\dot{\theta}\neq0$,$\ddot{\theta}\neq0$;

（3）$m_{kpd} = m_\theta$，舰船不停止倾斜。

动倾斜力矩是突然加载的倾斜力矩，阵风对舰船的作用就应视作动倾斜力矩。如图 4 - 8 所示，在动倾斜力矩作用下，舰船不会在静力倾角 θ_{st} 的位置停止运动，而是越过 θ_{st} 达到倾角为 θ_d 的位置；当舰船达到 θ_d 时即开始向相反方向运动，在此过程中将再次越过静力倾角 θ_{st}；如此，舰船以静力倾角 θ_{st} 为中心作短暂的往复摇摆，在水和空气的阻尼力作用下最终静止在 θ_{st} 处。

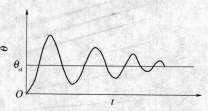

图 4 - 8　动倾斜力矩作用下舰船倾斜过程

将 θ_d 称为动力倾角，即舰船在动倾斜力矩作用下能达到的倾角。在动倾斜力矩作用下舰船航行的安全性是与动力倾角 θ_d 相关的，需确定动力倾角 θ_d。由动倾斜力矩、动力倾角的概念以及功能转换原理可知，确定动力倾角的条件是舰船倾斜过程中动倾斜力矩作的功与扶正力矩作的功相等，即

$$T_1 = T_2 \qquad (4 - 8)$$

式中：T_1、T_2 为动倾斜力矩与扶正斜力矩作的功，可表示为

$$T_1 = \int_0^{\theta_d} m_{kpd} d\theta = m_{kpd} \cdot \theta_d \qquad (4 - 9)$$

$$T_2 = \int_0^{\theta_d} m_\theta d\theta \qquad (4 - 10)$$

如图 4 - 9（a）所示，T_1、T_2 在静稳度曲线上分别表示图中的矩形 $OADQ$ 的面积、静稳度曲线围成的图形 OCQ 的面积，故式（4 - 8）即表示上述两图形的面积相等，扣除两块面积的公共部分后即可得到图 4 - 9（a）中水平线 AD 上、下 BCD、OAB 两部分面积相等，可通过估算使这两块面积相等来确定动力倾角 θ_d。

在实际计算中凭估算使上述两块阴影面积相等不大方便，目测结果也不大准确，可以采用更为准确与方便的方法来确定 θ_d，在实际的工程计算中一般是采用动稳度曲线计算 θ_d。

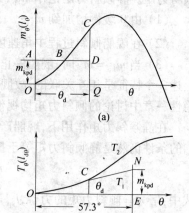

图 4 - 9　动力倾角计算

（a）静稳度曲线；（b）动稳度曲线。

4.4　动稳度曲线

由上述确定动力倾角的过程可知，舰船抵抗动倾斜力矩的能力应以舰船倾斜过程中扶正力矩的功来表征。将舰船由正浮状态倾斜到某个角度的过程中扶正力矩的功称为舰船的动稳度，记作 T_θ，它表征舰船抵抗动倾斜力矩的能力。动稳度 T_θ 是随 θ 变化的，可以表示为

$$T_\theta = \int_0^\theta m_\theta d\theta = P \int_0^\theta l_\theta d\theta = P l_{d\theta} \qquad (4 - 11)$$

式中:$l_{d\theta}$为动稳度臂,可表示为

$$l_{d\theta}^{'} = \frac{T_{\theta}^{'}}{P} = \int_{0}^{\theta} l_{\theta} d\theta \qquad (4-12)$$

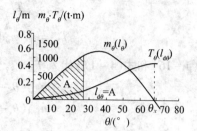

T_{θ} 或 $l_{d\theta}$ 随 θ 变化的关系曲线即动稳度曲线,与静稳度曲线类似,这两种变化关系在动稳度曲线上可以用一条曲线表示。动稳度曲线是静稳度曲线的积分曲线,故已知静稳度曲线即可以用近似积分法计算并绘制出动稳度曲线。动稳度曲线的典型样式如图 4-10 所示,一旦得出了动稳度曲线,即可用动稳度曲线计算舰船的动力倾角。

图 4-10 动稳度曲线与静稳度曲线的关系

4.5 动力倾角计算

在 4.2 节中针对初始位置为正浮状态的情况讨论了以静稳度曲线确定动力倾角的方法,在实际计算中以动稳度曲线计算动力倾角更为方便;此外,在实际中会遇到初始位置具有瞬间横倾的情况,现讨论各种情况下舰船的动力倾角的计算方法。

1. 初始位置为正浮状态

如前所述,此时确定动力倾角的条件为

$$T_1 = T_2 \qquad (4-13)$$

$$T_1 = m_{kpd} \cdot \theta \qquad (4-14)$$

$$T_2 = T(\theta) \qquad (4-15)$$

如图 4-9(b)所示,在动稳度曲线上式(4-14)中 T_1 随 θ 变化关系曲线为过坐标系原点、斜率为 m_{kpd} 的直线,式(4-15) T_2 随 θ 变化关系曲线即为动稳度曲线,$T_1 = T_2$ 的解即为上述两条线的交点 C。只需在动稳度曲线上绘出直线 T_1,直线 T_1 与动稳度曲线 $T(\theta)$ 的交点 C 对应的横倾角即为动力倾角 θ_d。故在动稳度曲线上计算 θ_d 的方法可以归纳如下:

(1)从坐标原点 O 起沿 θ 轴的正方向量取 57.3°(1rad)得 E 点;

(2)过 E 点作 θ 轴的垂线并在该垂线上截取 $EN = m_{kpd}$(直线 T_1 的斜率);

(3)连接 ON 即得 T_1 直线;

(4)由 ON 与动稳度曲线 $T(\theta)$ 的交点量取动力倾角 θ_d。

2. 初始位置为瞬间左倾

此时初始瞬间横倾角 $\theta_0 < 0$。如图 4-11 和图 4-12 所示,当舰船在风浪中摇摆到了最大左倾角 θ_0 的位置,正待返回(向右倾斜)时舰船受到了向右的突风作用,求舰船的动力倾角 θ_d,这就是初始位置为瞬间左倾时求 θ_d 的问题。现在确定 θ_d 的条件仍然是 $T_1 = T_2$,T_1、T_2 仍然表示动倾斜力矩与扶正力矩在舰船倾斜过程中做的功,只是现在舰船开始倾斜的位置不是正浮状态,而是(瞬间)左倾 θ_0 的位

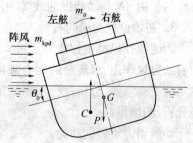

图 4-11 复原力矩与
网倾力矩的共同作用

置,故动倾斜力矩与扶正力矩作的功应分别按以下两式确定:

$$T_1 = m_{kpd}(\theta - \theta_0) \tag{4-16}$$

$$T_2 = \int_{\theta_0}^{\theta} m_\theta \mathrm{d}\theta = \int_{\theta_0}^{0} m_\theta \mathrm{d}\theta + \int_{0}^{\theta} m_\theta \mathrm{d}\theta \tag{4-17}$$

将式(4-16)和式(4-17)代入 $T_1 = T_2$ 可得

$$m_{kpd}(\theta - \theta_0) = T_\theta(\theta) + \delta A \tag{4-18}$$

$$m_{kpd}(\theta - \theta_0) - \delta A = T_\theta(\theta) \tag{4-19}$$

式中: $\delta A = \int_{\theta_0}^{0} m_\theta \mathrm{d}\theta$ 为常数,即不随 θ 变化。

在式(4-16)和式(4-17)中 T_1、T_2 的自变量起始点是 $\theta_0 < 0°$,故为求解能量平衡方程式(4-18)或式(4-19)需将静、动稳度曲线左边 θ_0 至 0°部分绘出,由 T_1、T_2 函数的奇偶性可知向左延拓后的静、动稳度曲线如图 4-12(a)、(b)所示。式(4-18)和式(4-19)中的 δA 在静稳度曲线图 4-12(a)中表示为 θ_0 轴下、m_θ 轴左的面积,δA 含义为舰船由 θ_0 向右摆到 0°过程中向右的扶正力矩做的功。由面积正负的意义以及 δA 含义可知 δA 为负,于是式(4-19)也可写作

$$m_{kpd}(\theta - \theta_0) + |\delta A| = T_\theta(\theta) \tag{4-20}$$

由动稳度曲线与静稳度曲线间的关系可知,$|\delta A|$ 为动稳度曲线在 θ_0 点的取值,如图 4-12(b)所示,$|\delta A|$ 即表示为动稳度曲线在 θ_0 点距离 θ 轴的高度。于是,与初始位置为正浮时的情况类似,在静稳度曲线上 T_1 仍然表示高度为 m_{kpd} 的水平直线段下一矩形面积,T_2 仍表示静稳度曲线的一部分与 θ 轴所围成的面积。而在动稳度曲线上式(4-20)左端的函数关系则表示过 $(-\theta_0, |\delta A|)$ 点、斜率为 m_{kpd} 的直线 $f(\theta)$。

据以上分析,式(4-20)表示的功能平衡关系(功能原理)在静稳度曲线上表现为图 4-12(a)中高度为 m_{kpd} 的水平直线段上下两阴影面积相等,按此条件即可求出动力倾角 θ_d。在静稳度曲线上计算 θ_d 仍然存在估算图形面积不方便的问题,故在实际工程中常据动稳度曲线进行计算,在动稳度曲线上式(4-20)表示的功能平衡点为图 4-12(b)中 $f(\theta)$ 直线与动稳度曲线 $T_\theta(\theta)$ 的交点 C,求出该交点即可得到动力倾角 θ_d,故初始瞬间横倾角 $\theta_0 < 0°$ 的条件下在动稳度曲线上求动力倾角的计算过程可归纳如下:

(1) 从 $A(\theta_0, |\delta A|)$ 点起沿 θ 轴的正方向量取 57.3°(1rad)得 E 点;

(2) 过 E 点作 θ 轴的垂线并在该垂线上截取 $EN = m_{kpd}$,m_{kpd} 为直线 $f(\theta)$ 的斜率;

(3) 连接 AN 即得 $f(\theta)$ 直线;

(4) 由 AN 与动稳度曲线 $T(\theta)$ 的交点量取动力倾角 θ_d。

3. 初始位置为瞬间右倾

当舰船在风浪中摇摆到了最大右倾角 θ_0 的位置,正待返回(向左倾斜)时舰船受到了向右的突风作用,求舰船的动力倾角 θ_d,这就是初始位置为瞬间右倾的情况。此时求 θ_d 的功能平衡条件、分析过程与初始位置为瞬间左倾的情况类似,只需注意到现在 $\theta_0 > 0°$。经分析、归纳得:

动倾斜力矩做的功为

$$T_1 = m_{kpd}(\theta - \theta_0) \tag{4-21}$$

扶正力矩做的功为

$$T_2 = \int_{\theta_0}^{\theta} \overline{m}_\theta \mathrm{d}\theta = \int_0^{\theta} \overline{m}_\theta \mathrm{d}\theta - \int_0^{\theta_0} \overline{m}_\theta \mathrm{d}\theta \qquad (4-22)$$

图解 θ_d 所用的功能平衡方程为

$$m_{kpd}(\theta - \theta_0) + \int_0^{\theta_0} \overline{m}_\theta \mathrm{d}\theta = T_\theta(\theta) \qquad (4-23)$$

据式(4-21)~式(4-23)的意义即可得在静、动稳度曲线上求解 θ_d 的方法。如图 4-13(a)所示,在静稳度曲线上仍是据高度为 m_{kpd} 的水平直线段上下的阴影面积相等来确定 θ_d;如 4-13(b)所示在动稳度曲线上确定 θ_d 的步骤如下:

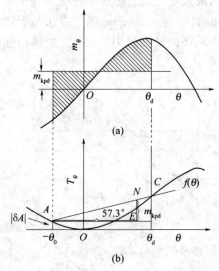

图 4-12　动力倾角计算(初始位置瞬间左倾)　　　图 4-13　动力倾角计算(初始位置瞬间右倾)
　　(a)静稳度曲线;(b)动稳度曲线。　　　　　　　　(a)静稳度曲线;(b)动稳度曲线。

(1) 从 $A(\theta_0, \int_0^{\theta} m_\theta \mathrm{d}\theta)$ 点起沿 θ 轴的正方向量取 57.3°(1rad)得 E 点;

(2) 过 E 点作 θ 轴的垂线并在该垂线上截取 $EN = m_{kpd}$, m_{kpd} 为直线 $f(\theta)$ 的斜率;

(3) 连接 AN 即得 $f(\theta)$ 直线;

(4) 由 AN 与动稳度曲线 $T(\theta)$ 的交点量取动力倾角 θ_d。

4.6　最大动倾斜力矩计算

舰船在风浪中航行时最大能承受多大的风力,这个问题在舰船设计与使用中都是十分重要的。求解这个问题实质上就是求解舰船能承受的最大动倾斜力矩,它是舰船抗风浪性计算的基本内容。显然,求解最大动倾斜力矩的功能平衡关系与4.5节中分析得出的功能平衡关系是相同的。

先考虑比较简单的一种情况,即初始位置为正浮的情况,如图 4-14(a)所示,在静稳度曲线上求解最大动倾斜力矩的方法是作水平线 FK,使水平线上的阴影面积 GHK 与水平线下的阴影面积 FGO 相等,水平线至 θ 轴的高度 OF 即代表此时的最大动倾斜力矩 m_{kpdmax}。如图 4-14(b)所示,在动稳度曲线上求最大动倾斜力矩的方法是过坐标原点 O 作动稳度曲线的切线 OK,再由 O 点开始在水平量取57.3°得 E 点, E 点到直线 OK 的距离

$\overline{EN}$即代表最大动倾斜力矩 m_{kpdmax}。最大动倾斜力矩对应的动力倾角 θ_{dmax} 即为最大动力倾角,图 4 – 14(a)、(b)中 K 点对应的倾角即为最大动力倾角 θ_{dmax}。

通过对舰船在动倾斜力矩作用下倾斜过程中的功能平衡关系定性分析可知,4.5 节中初始位置为瞬间左倾的情况下舰船能承受的最大动倾斜力矩最小,在舰船抗风浪性计算中通常是将这种状态视作最为危险的状态。现说明这种情况下舰船能承受的最大动倾斜力矩的计算方法,如图 4 – 15(a)所示,在静稳度曲线上仍然是估算使水平线 FK 以上曲线所围全面积(阴影面积)与水平线以下的面积(阴影面积)相等,则 FK 到 θ 轴的距离即代表最大动倾斜力矩 m_{kpdmax}。如图 4 – 15(b)所示,最大动倾斜力矩在动稳度曲线上由过 $A(-\theta_0, |\delta A|)$ 点并与动稳度曲线相切的直线 AK 的斜率确定,斜率的确定方法与上述各种情况相同,图 4 – 15(b)中直线段 EN 的长度即表示最大动倾斜力矩 m_{kpdmax}。静稳度曲线与动稳度曲线上 K 点对应的倾角为最大动力倾角 θ_{dmax}。

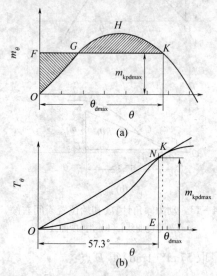

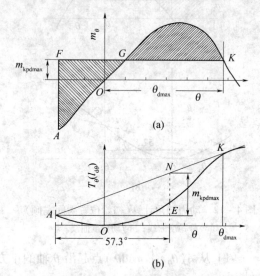

图 4 – 14　正浮状态下舰船最大动倾斜力矩　　图 4 – 15　有初始横倾角下舰船最大动倾斜力矩

在上述两种情况下,只要舰船实际遭受的动倾斜力矩大于最大动倾斜力矩,理论上说舰船就要翻沉。另外还有一种情况,如图 4 – 16 所示,甲板(或上层建筑)上有非水密开口,E 点表示非水密开口的位置,若倾斜水线在到达最大动力倾角 θ_{dmax} 之前就淹过非水密开口而开始进水,即图 4 – 16 中 $\theta_E < \theta_{\text{dmax}}$,这时就要以 θ_E 为依据计算舰船的最大动倾斜力矩,θ_E 称为进水角。在有进水角的情况下,舰船原理课程中是使静、动稳度曲线中止在进水角处来反映进水角对大角稳度的影响,如图 4 – 17(a)、(b)所示。于是,在静稳度曲线上计算最大动倾斜力矩的方法仍然是通过目测在图 4 – 17(a)上作水平线 FK,使水平线上、下的阴影面积相等,水平线的高度即代表最大动倾斜力矩;在动稳度曲线上是在图 4 – 17(b)上连接 A 与动稳度曲线的中止点 K 得直线 AK,直线 AK 的斜率即表征最大动倾斜力矩,斜率的确定方法如前前述,图 4 – 17(b)中直线段 EN 的长度即表征最大动倾斜力矩。

对有进水角的情况当舰船遭受的实际动倾斜力矩大于按上述方法计算出的最大动值则表明舰船将要进水,此时如采取有效的稳性维护、防救抗沉措施舰船并不一定翻沉,在"舰船生命力"课程中将详细研究舰船的稳性维护与防救抗沉等问题;而在本课程中,一

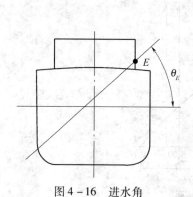

图4-16 进水角   图4-17 进水角下的最小倾覆力矩

旦出现这种情况理论上即认为稳性丧失了,事实上在舰船设计论证以及舰船使用中都是要避免出现这种情况的。

上述最大动倾斜力矩确定方法即是舰船抗风浪性计算的基础。在实际的抗风浪性计算中通常是按照有关的标准、规范进行计算,如《船舶与海上设施法定检验规则·非国际航行海船法定检验技术规则》(简称《法规》)[8]、GJB4000—2000均对水面舰船的抗风浪性的计算过程作了具体规定。这两种规范中抗风浪性计算的基本原理都是上述最大动倾斜力矩计算方法,但具体的计算过程不完全相同,《法规》计算的结论性参数是稳性衡准数 K,要求 K 不小于 1;而 GJB4000—2000 计算的结论性参数是舰船能承受的极限风速 U_{ult},要求 U_{ult} 不小于规定值。

4.7 表示大角稳度的特征量与大角稳度的影响因素

4.7.1 表示大角稳度的特征量

在初稳性中,稳度表示方法较为简单,可用横稳心高 h 等参数作为表示初稳度的特征量。在大角稳性中表示稳度的参数较多,主要有静稳度曲线的各特征量、包括静稳度曲线初切线斜率、最大静倾斜力矩与最大静力倾角、稳度消失角与稳定范围、动稳度储量等。

(1)静稳度曲线初切线斜率:如前所述静稳度曲线(l_θ 曲线)的在原点处切线斜率即为横稳心高 h。由 h 与静稳度曲线的关系可知,h 越大舰船的大角稳度越好,故 h 也是表示大角稳度的特征量,如图4-18所示。

(2)$m_{\theta max}(l_{\theta max})$ 和 θ_{max}:如图4-18所示,静稳度曲线峰点 B 的取值,称为最大静倾斜力矩(力臂) $m_{\theta max}(l_{\theta max})$、最大静力倾角 θ_{max}。$m_{\theta max}$ 表示舰船能承受的最大静倾斜力矩,也是舰船能提供的最大扶正力矩;θ_{max} 是与 $m_{\theta max}$ 相对应的静力倾角。$m_{\theta max}(l_{\theta max})$、$\theta_{max}$ 越大舰船的大角稳度越好。

(3)稳度消失角与稳定范围:图4-18中 D 点对应的角度 θ_x 称为稳度消失角,[0,

θ_x]称为稳定范围。当舰船的倾斜角度超过了稳度消失角则扶正力矩为负的,这时舰船已不再具有扶正能力,即平衡位置是不稳定的;而倾斜角度在稳定范围[0,θ_x]以内,扶正力矩总是正的。稳度消失角与稳定范围也是越大稳度越好,在有关的技术规范中对稳度消失角 θ_x 也有要求。

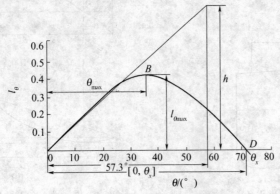

图 4-18 静稳度曲线

（4）动稳度储量:静稳度曲线下的全面积称为正浮状态的动稳度储量。动稳度储量越大,则舰船抵抗动倾斜力矩的能力越强,可见动稳度储量也是越大稳度越好。

此外舰船水线以上的侧投影面积 A_f 及其形心高度 z_f 对舰船的抗风浪性也有重要的影响,例如,A_f、z_f 数值越大,舰船在正横风力作用下引起的倾斜力矩也越大,舰船将产生更大的动力倾角 θ_d。尽管从稳度定义来说 A_f、z_f 不属于表征舰船大角稳度的参数,但在工程实际中常与表征大角稳性的特征量并列而被看成是与大角稳性有关的参数。

4.7.2 大角稳度的影响因素

影响大角稳度的主要因素有重量重心、船形以及自由液面等,其对大角稳度影响的物理概念、定性规律有的与对初稳度的影响是类似的,但有的参数只在讨论舰船大角稳度时才涉及,现对大角稳度的各种影响因素分析如下。

1. 重量重心的影响

重量重心对大角稳度的影响分为载荷移动与载荷增减的情况来考虑。

1）载荷垂向移动使重心升高

假设 δz_g 为重心高度增加量。此时船形稳度臂不变,重量稳度臂将增加 $\delta z_g \sin\theta$,于是稳度臂将变化为

$$l_{\theta_1} = l_{\varphi_\theta} - (a + \delta z_g)\sin\theta = l_{\varphi_\theta} - a\sin\theta - \delta z_g\sin\theta = l_\theta - \delta z_g\sin\theta \quad (4-24)$$

式中:l_θ、$l_{\theta 1}$ 为重心升高前、后的稳度臂。

由此可见重心升高后稳度臂减小,变化前后的静稳度曲线如图 4-19 所示。由图还可见,重心升高后舰船的消失角与稳定范围也变小。所以垂向移动载荷后舰船的大角稳度变差。

2）载荷横向移动使重心横移

如图 4-20 所示,重心横移后新的重心位置以 G_1 表示,δy_g 为重心横向偏移距离。在舰船倾斜过程中重力作用线将通过新的重心位置 G_1,稳度臂将减小 $GG_1\cos\theta = \delta y_g\cos\theta$,重

76

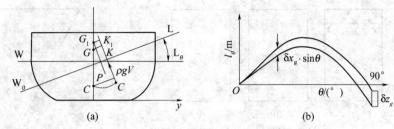

图 4 – 19　载荷铅垂移动对大角稳性影响

心横移后新的稳度臂为

$$l_{\theta 1} = l_{\theta} - \delta y_{g} \cos\theta \qquad (4-25)$$

由式(4 – 25)可得重心横移后的静稳度曲线,如图 4 – 20 所示,重心横移后舰船的稳度臂减小,而且舰船有一初始横倾角 θ_{0},从而使舰船的稳定范围减小。故因载荷横向偏移而出现了初始横倾对大角稳性是不利的,由此可见消除横倾保持舰船正常浮态的重要性,国家军用标准 GJB4000—2000 规定水面舰船正常排水量的横倾角不得超过 ±0.5°,潜艇水上正常状态和水上燃油超载状态的横倾角也不得超过 ±0.5°。

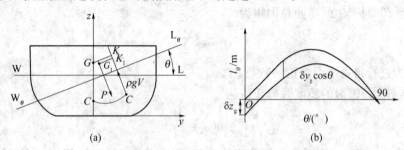

图 4 – 20　载荷水平横向移动对大角稳性影响

3)载荷增减

载荷增减会使 l_{θ} 变化,其变化量要通过计算确定,即载荷增减对静稳度曲线(即大角稳度)的影响要通过计算确定,其计算方法参见 4.1 节。与增减载荷对初稳度的影响类似,增减载荷有可能使 l_{θ} 增大,也有可能使之减小。

2. 自由液面的影响

自由液面对大角稳度的影响是不利的,将减小稳度臂 l_{θ},其对大角稳度影响的机制与自由液面对初稳度的影响是相同的。但在大角稳性中自由液面对稳度影响的大小与液位深度、液舱横截面形状有关,这一点与初稳性不同。如图 4 – 21 所示,自由液面形状相同、液位深度不同的 3 个液体舱,在小角度倾斜时,即在初稳性中,液体移动产生的附加倾斜力矩是相同的;而在大角度倾斜时,液体移动产生的附加倾斜力矩是不相同的,显然,图 4 –21(b)中液面近似位于舱室高度一半时附加力矩大,而液舱接近装满或接近用干时附加力矩小。如图 4 – 22 所示,若自由液面形状相同,矩形横截面液舱与三角形横截面液舱的自由液面对初稳度的影响是相同的,但对大角稳度的影响却不相同,矩形横截面液舱自由液面比三角形横截面液舱自由液面对大角稳度影响大。

此外,自由液面对初稳度影响的大小可以采用简单的解析式确定,而在大角稳性中自由液面对稳度影响的大小却不能如初稳性中那样以简单的解析式表示。经研究后提出了几种大角稳性自由液面对稳度影响的处理方法,其中包括 GJB4000—2000 中推荐的"M30

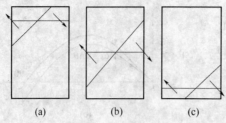

图4-21 液舱不同深度下自由液面影响

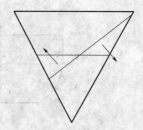

图4-22 三角形横截面液舱自由液面影响

方法"。"M30方法"的步骤如下:

（1）在各液体舱形心附近取一等效横剖面,其面积乘以舱长与实际舱容相近,且横倾后横剖面形心的移动距离与液体重心移动距离也相近。

（2）利用作简单几何图形形心的方法,求取各等效横剖面半截液面 ab 下的形心 g 和横倾30°时液面 cd 下的形心 g_1,如图4-23所示。

（3）设各舱液体重心 g 沿水平方向移动的距离为 e_i,半截液体重量为 w_i;则各舱半截液面横倾30°时产生的横倾总力矩为

$$M_{30} = \sum_1^n w_i e_i$$

式中:n 为进行自由液面修正的舱数。

（4）横倾30°时的稳度臂修正值为

$$\delta l_{30} = \frac{M_{30}}{P}$$

（5）当 $\theta = 0° \sim 30°$ 时静稳度曲线修正值(减小值)δl 按线性规律确定,$\theta = 0°$ 时取 $\delta l = 0$,$\theta = 30°$ 时取 $\delta l = \delta l_{30}$;当 $\theta > 30°$ 时均取 $\delta l = \delta l_{30}$。

按"M30方法"得出的修正前后静稳度曲线如图4-24所示。以上介绍的是"M30方法"的基本计算过程,GJB4000—2000还给出了该项修正的有关细则,应用时可参阅原文。

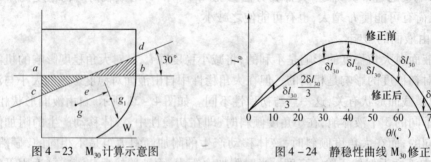

图4-23 M_{30} 计算示意图 图4-24 静稳性曲线 M_{30} 修正

3. 船形影响

船形稳度力矩取决于水线下船体几何形状,故与水下船体几何形状有关的各种船型要素对大角稳度都有影响,现只讨论干舷高度与船宽对大角稳度的影响,事实上通常认为这两个参数是对大角稳度影响大的参数。

1）干舷高度

如图4-25所示,假设舰船干舷高由 F_{I} 增加到 F_{II},而排水量、船形的其他部分、重心高度均保持不变,讨论此时干舷高度增加对舰船大角稳度的影响。如图4-25所示,若按干舷

78

高度 F_I 舰船横倾达到 $W_\theta L_\theta$ 的位置,则按干舷高度 F_{II} 在同一个横倾角下倾斜水线应下降到 $W_\theta' L_\theta'$ 的位置,按两倾斜水线下容积相等的条件,倾斜水线 $W_\theta' L_\theta'$ 以上划单阴影线所示水密容积与 $W_\theta' L_\theta'$ 以下划双阴影线所示水密容积应相等。倾斜水线这种变化相当于将 $W_\theta' L_\theta'$ 水线以上阴影处排水体积移到了 $W_\theta' L_\theta'$ 水线以下,即相当于舰船上附加了一使船回复的力矩 δm,这将使舰船的扶正力矩增大,舰船干舷高度对静稳度曲线的影响如图 4—26 所示,可见当 $\theta > \theta_H$ 时干舷高度增加改善了舰船的大角稳度。但干舷高度大小对初稳性无影响。

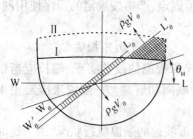
图 4—25　干舷高度对大角稳性的影响

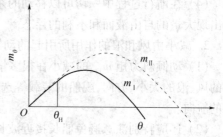
图 4—26　干舷高度对静稳度曲线的影响

2）船宽

仍然假设只有船宽变化,而舰船其他与稳度相关的因素保持不变。船宽增大,水线面惯性矩将增大,这时横稳心高 h 增大,故船宽增大对提高舰船的初稳度是有利的。如前所述,h 既表征初稳度也是表征大角稳度的参数。在静稳度曲线上看,船宽增大静稳度曲线初切线斜率将增大;从对船形稳度力矩的影响考虑,船宽增大出水楔形移至入水楔形处形成的力矩增大(图 4—1),故船形稳度力矩增大,按假设重量稳度力矩保持不变,故此时扶正力矩将增大。另一方面,船宽增大后甲板边缘入水时的倾斜角度将减小,故与扶正力矩最大值对应的倾斜角度将减小,即最大静力倾角减小。综合以上分析,船宽增大前后的静稳度曲线如图 4—27 所示。尽管船宽增大并非所有表征大角稳度的特征量都改善,但工程上通常认为增加船宽对改善初稳性和大角稳性都是有利的。顺便指出,船宽对舰船的横摇性能也有较大的影响,通常船宽增加对横摇性能是不利的,在设计中需综合考虑船宽对各种性能的影响以选择适宜的船宽。

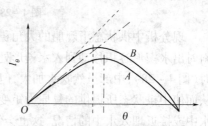
图 4—27　船宽对静稳度曲线的影响

4.8　舰船稳性保持与倾斜舰船的扶正

4.8.1　舰船稳性保持

即使舰船的设计、建造满足了稳性标准和规范的要求,若装载、操纵、使用不当也有可能使舰船稳性恶化而发生倾覆事故,在舰船使用过程中保持良好的稳性状态是十分重要的。一方面,有关部门除颁发了舰船的设计、建造规范以外,还颁发了舰船使用安全条例。如中国海军颁发了《海军水面舰艇稳性保持条例》,供部队参照执行,这类条例通常是稳性理论与舰船航行、使用、维修实践相结合的产物,特别是在总结了大量稳性事故的经验教训的基础上提出的,有重要的技术指导意义,且有很强的法规意义,故在舰船使用过程中应严格遵守这类规章条例。另一方面,定性地说,在稳性保持方面应注意以下事项。

1. 合理装载增大舰船所能承受的最大动倾斜力矩 m_{kpdmax}

(1)"压载"对于保持舰船稳性起着十分重要的作用,在舰船使用和修理过程中都不得随意更动或取消;

(2)初始横倾对稳性不利,应进行调整使其基本消除,除非很小,不超过 $0.5°$;

(3)不得随意将低位的载荷移向高位,也不得随意向高位增加载荷;

(4)在航行过程中一切可以移动的东西都必须固定,严格按规定的程序使用油水,以免出现大量的自由液面和不利的浮态。

2. 减小由风和浪的作用所引起的动倾斜力矩 m_{kpd} 与扶正力矩损失

(1)动倾斜力矩 m_{kpd} 的减小在很多情况下由操纵舰船的技艺实现,船长应当根据当时的风、浪的大小、方向,舰船的装载等选择恰当的航向和航速。一般说来应避免正横风浪的航向。

(2)还应特别注意避免船长接近波长、航速接近波速的顺浪航行状况,因为这时可能出现舰船中部长时间处于波峰上(中拱)的状态,在中拱状态下舰船的扶正力矩将明显减小,舰船大角稳性的各种特征值都变差,如图4-28所示。

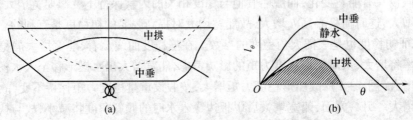

图4-28 波浪中舰船静稳性曲线

现分析中拱状态下舰船的大角稳性变差的原因。如所周知,复原力矩本质上是由倾斜时出水楔形容积移动到入水楔形处产生的船形稳度力矩提供的,当舰船处于中拱状态时(图4-28),中部虽然吃水加大,但水线面增大不多,而首、尾端的水线面则显著减小,从而使中拱状态所提供的复原力矩变小;对一些干舷高度较小的舰船,还会出现中部埋入水中或接近埋入水中的情况,这也会使复原力矩减小。综上所述,则不难理解在中拱状态下舰船的大角稳性为什么会恶化了。

(3)另外,当顺浪航行且航速接近波速时,除了有出现中拱状态的危险外,舵也可能随来流速度的减小而降低或丧失舵效,从而失去保持航向的能力,在横向力的干扰下舰船容易被迫处于正横浪的危险状态下。这也是舰船在风浪中稳性恶化的原因之一,应注意避免、防止顺浪航向。

最后还应当指出,按传统的观点,舰船在正横浪中航行是稳性最危险的状态,但不少船舶丧失稳性导致倾覆却是在尾斜浪(波浪传播方向与舰船航行方向夹角小于90°)或顺浪航行状态,其中稳性恶化的部分原因前面已作分析。至于在尾斜浪中航行的舰船,除了会出现类似于顺浪航行时的稳性问题外,还会出现"横甩"现象,这是一种舰船在尾斜浪中航行时突然舵失去操纵能力、伴随舰船转向、横倾的现象,严重时会引起舰船的倾覆。横甩也是对在波浪中航行舰船稳性构成严重威胁的因素,舰船设计者与使用者都应当予以关注。现今的舰船稳性规范仍然是以横风横浪为假定前提,但舰船在波浪中的稳性研究是当今造船界的重要研究方向,随着这方面研究的深入,其研究成果在船舶设计建造规范与安全使用条例中都会有所反映和应用。

4.8.2 倾斜舰船扶正

在两种情况下舰船会出现横倾,一种情况是重心偏移了对称面,而横稳心高 h 是正的;另一种情况是在正浮状态横稳心高 h 是负的,而重心位置在对称面上。这两种情况下舰船的静稳度曲线如图 4-29 和图 4-30 所示,图中清楚地表示出在两种情况下正浮状态都不是平衡位置,前者在正浮状态力矩不平衡;后者在正浮状态平衡不稳定(实际上也是不能平衡的),二者的平衡位置分别在图 4-29 和图 4-30 中的 θ_1 处。

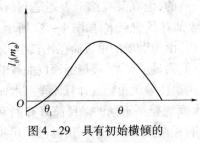

图 4-29　具有初始横倾的
静稳度曲线(载荷偏移引起)

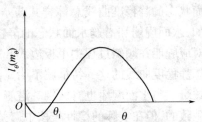

图 4-30　具有初始横倾的静稳度曲线
(正浮稳定中心高为负值引起)

在这两种情况下,横倾的产生原因不同,要用不同的方法来扶正。对第 1 种情况,$h > 0$,$y_g \neq 0$,只要移动载荷,使 $y_g = 0$,舰船即可以回复正浮状态;对第 2 种情况,$y_g = 0$,$h < 0$,需设法增大 h,使其恢复为正值,舰船即可自动回复正浮。在此特别指出对第 2 种情况不能横移载荷,只能增大横稳心高,否则有可能出现更严重的状况。如图 4-31 所示,假设由于舰船正浮状态的横稳心高 $h < 0$,舰船初始位置为左倾 $\theta_1(\theta = -\theta_1)$,此时若试图右移载荷扶正舰船,则起初舰船将沿静稳度曲线向右转动(扶正);当舰船转动至 $-\theta_m$ 时继续右移载荷,则向左的扶正力矩将小于向右移动载荷的倾斜力矩 m_m 而不能实现力矩平衡,从而舰船将在 m_m 的作用下向右转动(开始向正浮位置扶正,后越过正浮位置而向右倾斜),该 m_m 具有动倾斜力矩的性质。如前所述,在该动倾斜力矩作用下舰船向右倾斜的动力倾角应按功能平衡的条件确定,即按图中高度为 m_m 的水平线上、下阴影面积相等来确定动力倾角 θ_d,而相应的静力倾角应由水平线与静稳度曲线的交点确定为 θ_2,θ_d 与 θ_2 均大于初始横倾角 $|\pm\theta_1|$,于是不难理解对横稳心高 $h < 0$ 引起的横倾采用横移载荷的措施不但不能达到扶正的目的,还将引起更为严重的后果。

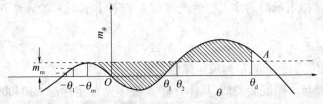

图 4-31　错误扶正方法产生的动力倾角

至于如何判断舰船的横倾是属于第 1 种情况还是第 2 种情况,如发现舰船稳定地向一侧倾斜,再结合考察当时的装载情况,则不难作出是第 1 种情况引起倾斜的判断,而发现舰船在风浪等因素的作用下倾斜方向会发生变化,结合考察当时的装载情况(如出现大面积自由液面,不存在不对称载荷等),则不难作出属第 2 种情况引起倾斜的判断。最后指出,上述两种横倾状态一般是在舰船破损进水时出现,完好的舰船是不会(也不允许)出现上述情况。

4.9　潜艇的大角稳性

潜艇水面状态的大角稳性的基本概念、原理与一般水面舰船的大角稳性是相同的。只是艇体外形与一般水面舰船有所区别,尤其是潜艇水线以上部分艇体外形与一般的水面舰船区别较为明显,潜艇艇形的特殊性在其水面状态的静稳度曲线上有所反应。潜艇水面状态的静稳度曲线总体样式与水面舰船是一致的,但在某些细节上还是有所不同。例如,水面舰船和潜艇水面状态的静稳度曲线一般都有反曲点 E,如图 4 - 32 所示,这一点对应舰船在倾斜过程中甲板边线开始入水的时机,由于潜艇的甲板面积比较小,其水面状态静稳度曲线的这一特征就不明显,不如水面舰船明显。又如,潜艇静稳度曲线的特征值数量上与水面舰船也有区别。潜艇水面状态抗风浪性等大角稳度计算原理与水面舰船是一致的,但在实际的稳性校核中遵循的标准与水面舰船是不同的。目前只有国家军用标准给出了潜艇水面状态大角稳度计算、校核的有关规定,如国家军用标准 GJB4000—2000 对潜艇水面状态的大角稳度有如下规定。

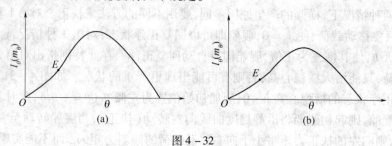

图 4 - 32
(a)水面舰船静稳度曲线反曲点;(b)潜艇水面状态静稳度曲线反曲点。

(1) 潜艇正常排水量时的静稳度曲线应满足下列要求:
① 正常排水量小于 1000t 时最大复原力臂不小于 0.18m;
② 正常排水量大于 1000t 时最大复原力臂不小于 0.21m;
③ 最大复原力臂对应的横倾角不小于 40°;
④ 静稳度曲线的稳度消失角不小于 65°等。
(2) 潜艇正常排水量时的水上稳性衡准数 K 应不小于 1,K 的计算方法如下:

$$K = \frac{l_c}{l_v} \tag{4 - 26}$$

式中:l_c 为最小倾覆力臂(m);l_v 为风压倾侧力臂(m)。

l_c 的计算原理与水面舰船类似,具体计算方法详见军用标准 GJB4000—2000;l_v 与潜艇水上部分相当受风面积 A_v、相当受风面积中心 z_v、潜艇重心垂向坐标 z_g、潜艇正常排水量 Δ_n 以及风压 p 有关,上述各参数的具体计算方法详见 GJB4000—2000。

至于潜艇水下状态的大角稳性却可以得到与其初稳性类似的简单解析表达式。如图 3 - 19 所示,潜艇水下状态没有水面,其大角稳度扶正力矩表达式与初稳度扶正力矩表达

82

式相同,即

横稳性: $$m_\theta = \triangle_\downarrow (z_{c\downarrow} - z_{g\downarrow})\sin\theta \qquad (4-27)$$

纵稳性: $$M_\phi = \triangle_\downarrow (z_{c\downarrow} - z_{g\downarrow})\sin\phi \qquad (4-28)$$

以上两式是水下横稳性、纵稳性扶正力矩公式,不受倾斜角度的限制,可直接应用于水下大角稳性问题,从中可见水下静稳度曲线为正弦曲线。另外需特别指出的是,潜艇水下状态有可能出现大的纵倾角,即潜艇水下状态的纵稳性并不局限于初稳性问题。

习　题

1. 已知某舰容积排水量 $V = 3000\mathrm{m}^3$,由其形状稳性臂插入曲线查得下列数值:

$\theta/(°)$	0	20	40	60	80
$l_{\varphi\theta}/m$	0	1.1	1.8	2.2	2.0

若 $z_g = 4.75\mathrm{m}, z_c = 2.6\mathrm{m}$,求该舰在载重状态下的静稳度曲线(绘出草图)。

2. 已知某艇正常排水量 $P = 384.4\mathrm{t}, z_g = 3.05\mathrm{m}$,相应的动、静稳性曲线如图 4-33 所示。试求:

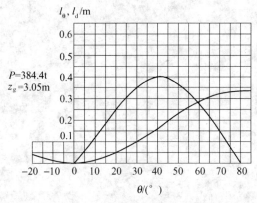

图 4-33　××艇静、动稳性曲线图

(1) 当艇受到 $m_{kp} = 96.1\mathrm{t \cdot m}$ 作用时的 θ_{ct};

(2) 当艇受到 $m_{kpd} = 96.1\mathrm{t \cdot m}$ 作用时的 θ_d;

(3) 欲使艇横倾至 $-24°$,需从右舷移至左舷的燃油重量(两燃油中心之距为 3m);

(4) 该艇所能承受的 m_{kpmax} 和 m_{kpdmax};

(5) 艇处于正浮时,若因作战与生活的需要, $\theta_d \leqslant 40°$,求此时能承受的 m_{kpd};

(6) 该艇横倾至左舷 20°,正欲返回时,左舷吹来阵风,风压力矩 $m_{kpd} = 50\mathrm{t \cdot m}$,求 θ_d,并说明该艇在阵风下是否安全。

3. 有一圆柱形浮筒,半径为 R,长为 $L > 2R$,吃水 $T < R$,重量排水量为 P,坐标系如图 4-34 所示,设重心坐标为 $(0, 0, T)$,写出浮筒的静稳度曲线函数表达式。

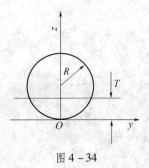

图 4-34

4. 已知某排水量为368t的舰艇静稳度曲线数据如下：

$\theta/(°)$	0	10	20	30	40	50	60	70
l_θ/m	0.0	0.377	0.517	0.525	0.435	0.308	0.165	0.01

试计算艇横倾50°的动稳度。

5. 对直舷船在甲板边缘入水与底部出水之前，静稳度曲线可表示为 $l_\theta = (h + \frac{r}{2}\tan^2\theta)\sin\theta$，该式也称为直舷公式。今有一均质正方形横截面木材，密度为 $\rho_1 = 0.7t/m^3$，将该木材置于淡水中，试问在图4-35所示坐标系下木材能否正浮，若不能试按直舷公式计算初始横倾角，并绘出木材的静稳度曲线。

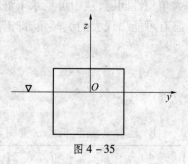

图4-35

6. 试通过对水面舰船船体受力分析说明静稳度曲线上的反曲点相应于甲板边缘入水时机。

7. 某艇水上正常排水量为 $\triangle_\uparrow = 800t$，按固定排水量法求得水下初稳心高为 $h_\downarrow = 0.2m$，试绘出该艇水下状态的静稳度曲线。

第 5 章   舰船不沉性

无论是在战斗中还是在日常执行勤务中,舰船都可能发生破损进水的情况。破损进水必然会引起舰船吃水的增加,横倾、纵倾和稳度的变化。吃水增加如不太显著则对航行和战斗的影响不会很大,最不利的是稳性的严重恶化,以致使舰船倾覆。不仅如此,横倾和纵倾的增加也会对舰船的航海和战斗性能造成影响。倾角越大,航海和战斗性能的损失也越大,超过一定的角度,火炮、导弹等武器的使用就会发生困难,甚至失去效用。

通常,将舰船破损进水后,仍能浮于水面而不倾覆,以保证舰船继续航行和作战的能力,称为舰船不沉性。也可以将不沉性看作破损舰船的浮性和稳性。不沉性是舰船的重要性能之一。

舰船的不沉性是用水密舱壁将船体分隔成适当数量的舱室来保证的,要求当一舱或数舱进水后,舰船的下沉不超过规定的极限位置,并保证一定的稳性。因此,这里的不沉性问题包括两个方面:一方面是舰船在一舱或数舱进水后浮态及稳性的计算;另一方面是从保证船舶抗沉性的要求出发,计算分舱的极限长度,即可浸长度计算。

本章首先讨论破损舱的分类和渗透系数的确定,然后重点讨论舱室破损进水后舰船浮态和稳性的计算以及可浸长度的计算,最后讨论潜艇水面和水下的不沉性。

5.1   破损舱的分类和渗透系数

5.1.1   破损舱的分类

根据破损舱进水的特征,通常将破损舱分为如下 3 种。

(1) 第一类舱:不管进水舱是否与舷外水相连,只要进水舱全部灌满,这类舱就称为第一类舱,如图 5-1(a)所示。通常此类舱的顶部位于水线以下,破损进水后,水全部充满舱室,不存在自由液面。

(2) 第二类舱:舱室局部被淹,且不与舷外水相通,称为第二类舱,如图 5-1(b)所示。此类舱室存在自由液面。这种情况相当于破损舱的破洞已经堵塞,但水未被抽干,或是舱室未破损而是从邻舱漫延来的水,或是为了调整倾斜倾差而人为灌注又未灌满的舱柜。

(3) 第三类舱:舱室局部被淹,且与舷外水相连通,称为第三类舱,如图 5-1(c)所示。此类舱不仅存在自由液面,而且随着倾斜的变化,进水量也将发生变化,舱内水始终与舷外水保持同一水平面。

5.1.2   渗透系数

在抗沉计算中,进水舱的进水容积应该是进水的实际容积,而不是进水舱的理论容积。进水舱的理论容积 v_T 是指按船体型线所计算的舱室容积。进水舱的实际容积 v 是指从理论容积中扣除舱室内物件和船体构件所占去的容积后,实际能进水的容积。

进水舱实际容积(v)与理论容积(v_T)之比称为进水舱的体积渗透率或体积渗透系数,记为 μ_v,可表示为

$$\mu_v = v/v_T \tag{5-1}$$

除上述体积渗透率之外,尚有面积渗透率,表示实际进水面积与空舱面积之比。一般地说,各个舱渗透率的值不是同一个常数,对于进水舱的不同淹水水位,渗透率也是不相同的。对于同一水位,各种渗透率也是不相同的。但在不沉性计算中,为了计算方便,忽略了这些微小的差别,近似地认为在任意水位时各种渗透率全都相等,统一用体积渗透率计算。

对于不同类型的舱室,体积渗透率 μ_v 的大小有所不同。油舱、舷舱、双层底一般为 0.97,住舱一般为 0.96,机舱一般为 0.80~0.85,炉舱一般为 0.70~0.85,小型舰船之机舱一般为 0.75,弹药舱一般为 0.9。

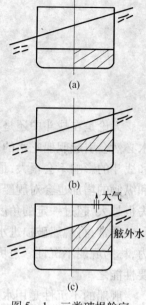

图 5-1　三类破损舱室

5.2　破损舱进水后舰船浮态和稳性的变化

5.2.1　增加载荷法与损失浮力法

在抗沉计算中,对于舱室的破损进水通常有两种不同的考虑方法,即增加载荷法和损失浮力法。

(1)增加载荷法:把破损后进入舱室的水看作增加的液体载荷,舰船破损后的浮态和稳度就可以按增加液体载荷的情形来计算。应用此方法,舰船在破损后重量、排水量都要增加,重心和浮心的位置也要改变。

(2)损失浮力法(不变排水量法):将舰体破损时淹入舱内的水看成是舷外水的一部分。通俗地说,就是将舰体舱内淹水部分的容积从舰体内扣除。此时,舰船并没有增加载荷,舰船的重量排水量不变,重心位置也不变;但舰体扣除了一部分容积,失去了部分浮力,损失的浮力由增加吃水所提供的浮力来补偿,且舰体水下部分体积的形状也发生了变化。损失浮力法也称不变排水量法。

用损失浮力法时,由于舰船重量和重心位置不变,使计算方便。因此,在不沉性计算中,特别是第三类舱的计算中,多采用损失浮力法。

5.2.2　破损舱进水后舰船浮态和稳性的变化

1. 第一类舱破损进水后舰船浮态和稳性的变化

如图 5-2 所示,设舱室进水前舰船漂浮于 WL 水线,舱室进水后舰船产生倾斜倾差,漂浮于 W_1L_1 水线。设进水舱的容积为 v,容积中心坐标为(x_v, y_v, z_v),下面用两种不同的方法计算破损进水后舰船浮态和稳度的变化。

86

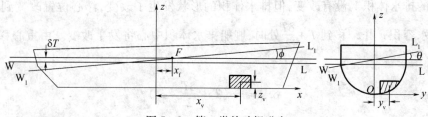

图 5-2 第一类舱破损进水

1）增加载荷法

对于第一类舱进水,用增加载荷法计算时,如同增加固体载荷一样。由前面章节关于"在任意位置装卸"的结果中可直接得舰船浮态和稳度的变化如下:

（1）增加载荷的重量为

$$q = \gamma v$$

（2）平均吃水的增量为

$$\delta T = \frac{q}{\gamma S} = \frac{v}{S}$$

（3）初稳度的增量为

$$\delta h = \frac{v}{V + v}\left(T + \frac{\delta T}{2} - h - z_v\right), \delta H \approx \frac{-v}{V + v}H$$

（4）新的稳度为

$$h_1 = h + \delta h; H_1 = H + \delta H$$

（5）倾斜和倾差的改变为

$$\theta = \frac{vy_v}{(V + v)h_1}; \phi = \frac{v(x_v - x_f)}{(V + v)H_1}$$

$$T_{S1} = T_S + \delta T + \left(\frac{L}{2} - x_f\right)\phi$$

$$T_{W1} = T_W + \delta T - \left(\frac{L}{2} + x_f\right)\phi$$

$$\Delta_1 = T_{S1} - T_{W1}$$

2）损失浮力法

用损失浮力法计算时,先假设在$(x_f, 0, z_v)$处进水,进水容积为 v,如图 5-3 所示。

由于进水舱是小量舱,吃水增量 δT 很小,故两水线间的体积可以看成为柱体,则其容积 $v = S\delta T$,所以吃水的增量为

$$\delta T = \frac{q}{\rho g S} = \frac{v}{S} \qquad (5-2)$$

初稳度的增量为

$$\delta h = \delta z_c + \delta r - \delta z_g \qquad (5-3)$$

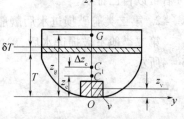

图 5-3 损失浮力法

设原水线下的排水体积为 V,体积中心即为浮心 C。今失去了进水舱的容积 v,其容积中心为$(x_f, 0, z_v)$,补偿的容积层为 v,其容积中心为$\left(x_f, 0, T + \frac{\delta T}{2}\right)$。

87

总的排水体积 V 没有改变,但排水体积的形状发生了改变,浮心位置改变到 C_1。相当于进水容积 v 由 z_v 移到 $T + \dfrac{\delta T}{2}$ 处时,舰船排水体积中心将发生改变。由重心移动定理可知:

$$\delta z_c = \frac{v}{V}\left(T + \frac{\delta T}{2} - z_v\right) \tag{5-4}$$

由于吃水增量很小,水线面面积和形状都可看成没有改变,水线面面积惯性矩 I_x 也没有改变,因此横稳定中心半径增量 $\delta r = 0$。重心位置没有改变,即 $\delta z_g = 0$。则初稳度的增量为

$$\delta h = \delta z_c + \delta r - \delta z_g = \frac{v}{V}\left(T + \frac{\delta T}{2} - z_v\right) \tag{5-5}$$

$$h_1 = h + \delta h \tag{5-6}$$

同理可得:

$$\delta H = \frac{v}{V}\left(T + \frac{\delta T}{2} - z_v\right) \tag{5-7}$$

$$H_1 = H + \delta H \approx H \tag{5-8}$$

再将进水重量由 $(x_f, 0, z_v)$ 移到 (x_v, y_v, z_v),则得到倾斜倾差为

$$\theta = \frac{v y_v}{V h_1} \tag{5-9}$$

$$\phi = \frac{v(x_v - x_f)}{VH} \tag{5-10}$$

$$T_{S1} = T_S + \Delta T + \left(\frac{L}{2} - x_f\right)\phi \tag{5-11}$$

$$T_{W1} = T_W + \delta T - \left(\frac{L}{2} + x_f\right)\phi$$

$$\Delta_1 = T_{S1} - T_{W1} \tag{5-12}$$

将上述计算结果进行比较可见,两种计算方法所得的相对量值稳定中心高不同,两者相差的倍数为 $\dfrac{V}{V+v}$;但绝对量值吃水、倾斜角、倾差角、稳定系数、扶正力矩等则完全相同,读者可以自己证明。

2. 第二类舱破损进水后舰船浮态和稳性的变化

第二类舱室破损进水后,舱室未被灌满,存在自由液面,且不与船外水相连通,如图 5-4 所示。

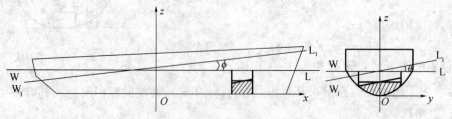

图 5-4 第二类舱破损进水

这类舱对舰船稳度的影响,与第一类舱相比较,按损失浮力法计算时,除了由于舰船水下体积形状改变使浮心位置改变而引起的稳性变化外,还多了一个自由液面的影响。因此,用损失浮力法计算第二类舱进水后对浮态和稳度的影响时,可在第一类舱计算结果的基础上,计及自由液面的影响即可。其计算公式如下:

平均吃水的增量为

$$\delta T = \frac{v}{A_{\mathrm{w}}}\qquad\qquad(5-13)$$

$$\delta h = \frac{v}{V}\left(T + \frac{\delta T}{2} - z_{\mathrm{v}}\right) - \frac{i_x}{V}, \delta H = \frac{v}{V}\left(T + \frac{\delta T}{2} - z_{\mathrm{v}}\right) - \frac{i_y}{V}\qquad(5-14)$$

式中:i_x 为进水舱自由液面对平行于 x 轴之中心轴的面积惯性矩,i_y 为进水舱自由液面对平行于 y 轴之中心轴的面积惯性矩。

其他计算公式与第一类舱进水时的公式相同。

3. 第三类舱破损进水后舰船浮态和稳性的变化

第三类舱进水后不仅存在自由液面,而且进水舱与舷外水相连通,使进水量随着舰船倾斜的改变而改变,从而增加了计算的复杂性。计算第三类舱破损进水后对舰船浮态和稳度的变化,用损失浮力法较为方便。

如图 5-5 所示,第三类舱破损进水时,舰船由原来的正直平衡位置水线 WL 倾斜到新的平衡位置水线 W_1L_1,进水舱内的水面始终与舷外水面保持一致。

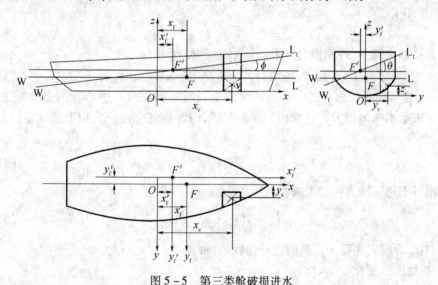

图 5-5 第三类舱破损进水

设初始水线下进水舱的容积为 v,进水面积为 s。用失浮法计算时,将进水舱容积 v 从舰船排水体积中扣除,看成是舷外水的一部分,则舰船水线面面积也要扣除进水面积 s,得到舰船水线面的有效面积,即

$$A'_{\mathrm{w}} = A_{\mathrm{w}} - s\qquad\qquad(5-15)$$

式中:A_{w} 为舰船原水线面面积(m^2);s 为进水舱面积,通常称损失面积(m^2),A'_{w} 为舰船破损进水后水线面的有效面积(m^2)。

1）平均吃水的变化

进水舱失去的容积为 v，由吃水增加的容积得到补偿。吃水增加的容积为

$$v = A_W \delta T = (A_W - s) \delta T$$

则得

$$\delta T = \frac{v}{A_W - s} \tag{5-16}$$

2）水线面面积要素的变化

水线面面积去掉了一块损失面积，成为水线面有效面积，则面积中心将发生变化。设水线面有效面积中心 $F'(x'_f, y'_f)$，损失面积中心坐标为 (x_s, y_s)，根据力矩定理可求得：

$$x'_f = \frac{A_W x_f - s x_s}{A_W} \tag{5-17}$$

$$y'_f = -\frac{s y_s}{A_W} \tag{5-18}$$

式中：x_f 为水线面面积原面积中心纵坐标（m）。

有效面积对其中心轴 x'_f 轴和 y'_f 轴（图 5-5）的惯性矩也要改变。先讨论 x 轴方向惯性矩的变化。设水线面面积对 x 轴的惯性矩为 I_x，有效面积对 x'_f 轴的惯性矩为 I'_x，损失面积本身惯性矩为 i_{sx}。根据惯性矩移轴定理，设损失面积对 x 轴的惯性矩为

$$i_x = i_{sx} + s y_s^2$$

有效面积对 x 轴的惯性矩 $(I_x)_{S'}$ 等于水线面面积对 x 轴的惯性矩 I_x 减去损失面积对 x 轴的惯性矩 i_x，即

$$(I_x)_{S'} = I_x - i_x = I_x - (i_{sx} + s y_s^2) \tag{5-19}$$

根据移轴定理，有效面积对其中心轴 x'_f 轴的惯性矩为

$$I'_x = (I_x)_{S'} - A'_W y'^2_f = I_x - (i_{sx} + s y_s^2 + A'_W y'^2_f) \tag{5-20}$$

$I_x - I'_x$ 为水线面面积对其中心轴的惯性矩与有效面积对其中心轴的惯性矩之差，这个差值是由于水线面损失了一块面积而引起的，因此称这个差值为损失惯性矩，记为 i_{px}，则

$$i_{px} = I_x - I'_x = i_{sx} + s y_s^2 + A'_W y'^2_f = i_{sx} + s y_s^2 \left(1 + \frac{s}{A'_W}\right) \tag{5-21}$$

同理可求得 y 轴方向的损失惯性矩为

$$i_{py} = i_{sy} + s(x_s - x_f)^2 \left(1 + \frac{s}{A'_W}\right) \tag{5-22}$$

式中：i_{sy} 为损失面积 y 方向的自身惯性矩（m^4）。

3）初稳度的变化

初稳度的增量为

$$\delta h = \delta z_c + \delta r - \delta z_g \tag{5-23}$$

$$\delta z_c = \frac{v}{V}\left(T + \frac{\delta T}{2} - z_v\right) \tag{5-24}$$

用损失浮力法时，重心位置不变，即

$$\delta z_g = 0$$

$$\delta r = \frac{I'_x}{V} - \frac{I_x}{V} = \frac{I'_x - I_x}{V} = \frac{-(I_x - I'_x)}{V} = -\frac{i_{px}}{V} \tag{5-25}$$

90

由此可得：

$$\delta h = \frac{v}{V}(T + \frac{\delta T}{2} - z_{\mathrm{v}}) - \frac{i_{\mathrm{px}}}{V}$$

同理可得：

$$\delta H = \frac{v}{V}(T + \frac{\delta T}{2} - z_{\mathrm{v}}) - \frac{i_{\mathrm{py}}}{V}$$

$$h_1 = h + \delta h \tag{5-26}$$

$$H_1 = H + \delta H \tag{5-27}$$

4）倾斜倾差的变化

根据平衡条件，倾斜力矩等于扶正力矩，可得：

$$\theta = \frac{v(y_{\mathrm{v}} - y'_{\mathrm{f}})}{Vh_1}, \phi = \frac{v(x_{\mathrm{v}} - x'_{\mathrm{f}})}{VH_1} \tag{5-28}$$

首、尾吃水增量为

$$\delta T_{\mathrm{s}} = \delta T + (\frac{L}{2} - x'_{\mathrm{f}})\phi \tag{5-29}$$

$$\delta T_{\mathrm{w}} = \delta T - (\frac{L}{2} + x'_{\mathrm{f}})\phi \tag{5-30}$$

5）计算实例

下面通过实例计算，说明第三类舱破损进水后对舰船浮态和初稳度的影响。

例 5-1 已知某护卫舰 $V = 1226\mathrm{m}^3$，$L = 88\mathrm{m}$，$T = 2.93\mathrm{m}$，$S = 680\mathrm{m}$，$x_{\mathrm{f}} = -5.1\mathrm{m}$，$h = 1.01\mathrm{m}$，$H = 239\mathrm{m}$。战斗中左舷前电站破损进水，破损舱诸元为：舱长 $l = 5.5\mathrm{m}$，舱宽 $b = 3.64\mathrm{m}$，$v = 23\mathrm{m}^3$，$x_{\mathrm{v}} = 6\mathrm{m}$，$y_{\mathrm{v}} = -2\mathrm{m}$，$z_{\mathrm{v}} = 2.1\mathrm{m}$，$s = 20\mathrm{m}^2$，$x_{\mathrm{s}} = 6\mathrm{m}$，$y_{\mathrm{s}} = -2.17\mathrm{m}$。求破损进水后该舰浮态和稳度的变化。

解：电站破损进水属于第三类舱，按第三类舱进水公式进行计算。

（1）平均吃水的变化

$$\delta T = \frac{v}{A_{\mathrm{W}} - s} = \frac{23}{680 - 20} = 0.035(\mathrm{m})$$

（2）水线面诸元变化有效面积为

$$A'_{\mathrm{W}} = A_{\mathrm{W}} - s = 680 - 20 = 660(\mathrm{m}^2)$$

有效面积中心坐标为

$$x'_{\mathrm{f}} = \frac{A_{\mathrm{W}}x_{\mathrm{f}} - sx_{\mathrm{s}}}{A'_{\mathrm{W}}} = \frac{680 \times (-5.1) - 20 \times 6}{660} = -5.44(\mathrm{m})$$

$$y'_{\mathrm{f}} = -\frac{sy_{\mathrm{s}}}{A'_{\mathrm{W}}} = -\frac{20 \times (-2.17)}{660} = 0.066(\mathrm{m})$$

损失惯性矩为

$$i_{\mathrm{px}} = i_{\mathrm{sx}} + sy_{\mathrm{s}}^2(1 + \frac{s}{A'_{\mathrm{W}}}) = \frac{5.5 \times 3.64^3}{12} + 20 \times (-2.17)^2 \times (1 + \frac{20}{660}) =$$

$$22.1 + 97.0 = 119.1(\mathrm{m}^4)$$

$$i_{\mathrm{py}} = i_{\mathrm{sy}} + s(x_{\mathrm{s}} - x_{\mathrm{f}})^2(1 + \frac{s}{A'_{\mathrm{W}}}) = \frac{(5.5)^3 \times 3.64}{12} + 20 \times (6 + 5.1)^2 \times (1 + \frac{20}{660}) =$$

$$50.5 + 2538.9 = 2589.4(\text{m}^4)$$

（3）初稳度变化

$$\delta h = \frac{v}{V}(T + \frac{\delta T}{2} - z_v) - \frac{i_{px}}{V} = \frac{23}{1226} \times (2.93 + \frac{0.035}{2} - 2.1) - \frac{119}{1226} =$$
$$0.016 - 0.097 = -0.081(\text{m})$$

$$\delta H = \frac{v}{V}(T + \frac{\delta T}{2} - z_v) - \frac{i_{py}}{V} = \frac{23}{1226} \times (2.93 + \frac{0.035}{2} - 2.1) - \frac{2589.4}{1226} =$$
$$0.016 - 2.112 = -2.096(\text{m})$$

$$h_1 = h + \delta h = 1.01 - 0.081 = 0.93(\text{m})$$
$$H_1 = H + \delta H = 239 - 2.1 = 236.9(\text{m})$$

（4）倾斜倾差变化

$$\theta = \frac{v(y_v - y_f')}{Vh_1} = \frac{23 \times (-2 - 0.066)}{1226 \times 0.93} = -0.042(\text{rad}) =$$
$$(-0.042) \times 57.3° = -2.4°$$

$$\phi = \frac{v(y_v - y_f')}{VH_1} = \frac{23 \times (6 + 5.44)}{1226 \times 237} = 0.001(\text{rad})$$

（5）首、尾吃水变化

$$\delta T_S = \delta T + (\frac{L}{2} - x_f')\phi = 0.035 + (\frac{88}{2} + 5.44) \times 0.001 = 0.084(\text{m})$$

$$\delta T_W = \delta T - (\frac{L}{2} + x_f')\phi = 0.035 - (\frac{88}{2} - 5.44) \times 0.001 = -0.004(\text{m})$$

4. 舱组破损进水时舰船浮态和稳性的变化

实际破损进水情况,常常不会是单一类型的单一舱室破损进水,而是不同类型的一组舱室破损进水,即舱组进水。舱组进水时舰船浮态和稳度可采用等量舱的方法。

等量舱的定义:用一个假想的单舱代替一组进水舱,使这个假想的单舱进水后所引起的舰船浮态和稳性的变化,与所讨论的舱组进水后引起的舰船浮态和稳性的变化相同,这个假想的单舱称为等量舱。

等量舱的类型由舱组中最高类型的舱确定。例如,舱组中包括第一类进水舱与第二类进水舱,则等量舱应按第二类舱确定;舱组中包括第一类进水舱、第二类进水舱与第三类进水舱时,则等量舱应按第三类进水舱确定。

只要确定了等量舱的舱室诸元,则可按单舱进水的计算公式进行计算。首先计算等量舱的舱室诸元。

等量舱的浸水容积为舱组浸水容积的总和,即

$$v = \sum_{1,2,3} v_i \tag{5-31}$$

式中:和号下的注脚1,2,3表示舱组中的第一、二、三类进水舱;v_i是某个进水舱的浸水容积。

等量舱的浸水容积中心为舱组浸水容积的合中心,即

$$x_v = \frac{\sum\limits_{1,2,3} v_i x_{vi}}{v}, y_v = \frac{\sum\limits_{1,2,3} v_i y_{vi}}{v}, z_v = \frac{\sum\limits_{1,2,3} v_i z_{vi}}{v} \tag{5-32}$$

式中：x_v、y_v、z_v 为等量舱浸水容积中心坐标（m）；x_{vi}、y_{vi}、z_{vi} 为舱组中各进水舱浸水容积中心坐标（m）。

水线面损失面积，为舱组中第三类进水舱浸水面积之和，即

$$s = \sum_3 s_i \qquad (5-33)$$

式中：s_i 为舱组中第三类进水舱之浸水面积（m^2）；和号下的注脚 3 表示舱组中的第三类进水舱。

水线面损失面积的面积中心为舱组中第三类进水舱的浸水面积合中心，即

$$x_s = \frac{1}{s} \sum_3 s_i x_{vi}, \quad y_s = \frac{1}{s} \sum_3 s_i y_{vi} \qquad (5-34)$$

式中：x_s、y_s 为等量舱浸水面积中心坐标（m）；x_{si}、y_{si} 为舱组中第三类进水舱各舱浸水面积中心坐标（m）。

某些场合下，水线面有效面积的面积中心坐标和水线面面积损失惯性矩也需进行计算。将所得到的数据代入有关公式，便可以计算出在一组舱室破损后的浮态和稳性。等量舱法按其原理而言是一种精确的方法，它正确地反映了舱组进水对舰船浮态和稳性的总的影响。但因计算中采用了一些假设，致使计算结果具有一定的近似性。

5.3 可浸长度与许用舱长的计算

5.3.1 可浸长度的计算

当船体破损后，海水进入船舱，船身即下沉。《海船法定检验技术规则》规定，民用船舶的下沉极限是在舱壁甲板上表面的边线以下 76mm 处，也就是说，船舶在破损后至少应有 76mm 的干舷。在船舶侧视图上，舱壁甲板边线以下 76mm 处的一条曲线（与甲板边线相平行）称为安全限界线（简称限界线），如图 5-6 所示。限界线上各点的切线表示所允许的最高破舱水线（或称极限破舱水线）。

为了不使船舶沉没，其下沉应不超过一定的限度，这就需要对船舱的长度有所限制。船舱的最大许可长度称为可浸长度，它表示进水以后船舶的极限破舱水线恰与限界线相切。船舱在船长方向的位置不同，其可浸长度也不同。

1. 可浸长度计算的基本原理

如图 5-6 所示，舰船原浮于设计水线 WL，排水量 γV，浮心纵向位置为 x_c，设某舱破损进水后舰船恰浮于海损水线 W_1L_1，其排水量为 V_1，浮心纵向位置为 x_c'，若破舱的进水

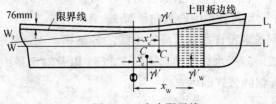

图 5-6 安全限界线

体积为 v_0，容积形心纵向位置为 x_0，则舰船浮于海损水线 W_1L_1 时必有如下关系：

$$\begin{cases} V_1 = V + v_0 \\ V_1 x'_c = V x_c + v_0 x_0 \end{cases}$$

或

$$\begin{cases} v_0 = V_1 - V \\ x_0 = \dfrac{M_1 - M}{v_0} \end{cases}$$

式中：$M_1 = V_1 x'_c$ 为极限海损水线 W_1L_1 以下的排水体积 V_1 对于横中剖面的体积静矩；$M = V x_c$ 为设计水线 WL 以下的排水体积 V 对于横中剖面的体积静矩。

上式中的 V、M、V_1 可以根据邦戎曲线用近似计算法求得，这样舰船的进水体积 v_0 及其容积中心纵向位置 x_0 便可算出。

所以，可浸长度 $l_{浸}$ 的计算问题便可归纳为：在已知船舱进水体积 v_0 及其容积中心纵向位置 x_0 的情况下，如何求出这个船舱的长度和位置。

2. 可浸长度曲线的具体计算

1）绘制极限破损水线（图 5-7）

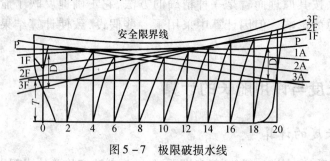

图 5-7　极限破损水线

（1）先绘制限界线。在船侧由甲板线面下量 76mm 处画一条舱壁甲板线的平行线，即为限界线。

（2）绘制水平极限破损水线 P。从限界线的最低点画一条水平的极限破损水线 P。

（3）绘制其他极限破损水线。在首、尾垂线处分别自 P 线向下量取一段距离 d，其数值可按下式求得：

$$d = 1.6H - 1.5T$$

式中：H 为舰体型深（船中处的甲板高）；T 为设计吃水。

然后在距离 d 内取 2 个或 3 个等分点，并从各等分点作与限界线相切的纵倾极限海损水线 1F、2F、3F、1A、2A、3A 等，如图 5-7 所示。

通常极限破损水线约取 7 条～10 条，其中尾倾线 3 条～5 条，水平线 1 条，首倾水线 3 条或 4 条。这些极限海损长度相应于沿船长方向不同舱室进水时舰船的最大下沉限度。

2）计算进水体积 v_0 及其容积中心纵向位置 x_0

在邦戎曲线上分别量取设计水线及海损水线的各站横剖面面积，并用近似计算法算出相应于设计水线和极限海损水线的排水体积 V 和 V_1 以及对于横中剖面的体积静矩 M 和 M_1，这样根据前面介绍的公式即可求出：

$$v_w = V_1 - V$$

$$x_w = (M_1 - M)/v_w$$

将结果绘制成 v_w—x_w 曲线,如图 5-8 所示。

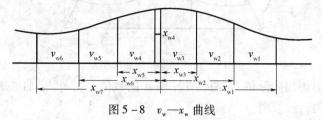

图 5-8 v_w—x_w 曲线

3）计算进水舱的可浸长度

设某极限海损水线 W_1L_1 的破舱进水体积为 v_w,其容积中心纵向位置为 x_w。现在的问题是如何求出破舱的长度 $l_{浸}$ 和位置,当该舱破损后进水体积为 v_w 而容积中心又恰好在 x_w 的处,对于这种计算一般采用图解法。下面具体介绍此法:先画出极限破损水线 W_1L_1 在 x_w 附近一段的横剖面面积曲线及该段的积分曲线,如图 5-9 所示。在 x_w 处作一垂线与积分曲线交于 O 点,在该垂线上截取 $CD = v_w$,并使面积 AOC 等于面积 BOD,则 A 点和 B 点间的水平距离即为可浸长度 $l_{浸}$,同时该舱中点到横中剖面的距离 x 也可在该图上量出。由此法求得的舱长和位置,即能满足该舱破损后进水体积为 v_w 而容积中心在 x_w 条件。

应用同样方法,即可求出其他各条极限破损水线的舱室可浸长度及其位置。

一般来说,由于这种方法需要绘制每一海损水线的横剖面积曲线,因此计算和绘图工作过于繁杂。实践表明:进水舱通常总是在其相应破损水线与限界线相切的切点附近,故破损水线下的横剖面积曲线与限界线下的横剖面积曲线在进水舱附近几乎相同。

因此在实际计算中,常用限界线的横剖面积曲线及其积分曲线来代替所有破损水线的横剖面积曲线及积分曲线,如图 5-10 所示,这样便可迅速地求出所有的进水舱长度及其位置。在进水舱附近,限界线下的横剖面积略大于破损水线下的横剖面积,故这样计算所得之可浸长度略小于实际长度,偏于安全,是允许的。

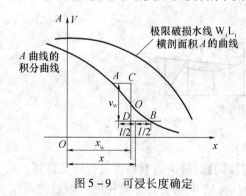

图 5-9 可浸长度确定

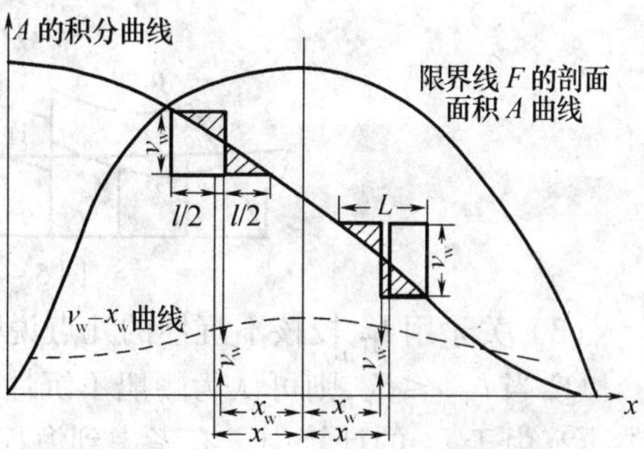

图 5-10 可浸长度近似计算

4）绘制可浸长度曲线

根据上面计算的各进水舱的可浸长度及其中点位置,在船体侧视图上标出各进水舱的中点并向上作垂线,然后截取相应的可浸长度为纵坐标并连成曲线,即可得可浸长度曲线,如图 5-11 所示。

由此所得 $l_{浸}$ 曲线都是假定进水舱的渗透率 $\mu = 1.00$。

事实上各进水舱的 μ 总是小于 1.00（各舱段的渗透率在设计文件中均可查得）,所以

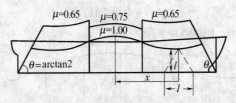

图 5-11   可浸长度曲线绘制

在图 5-11 中还需画出实际的 $l_浸$ 曲线并注明 μ 的数值。另外 $l_浸$ 曲线的两端被首、尾垂线处 $\theta = \arctan 2$ 的斜线限制。

5.3.2   许用舱长的计算

（1）分舱因素：舰船的不沉性是由水密舱壁将船体分隔成适当数量的舱室来保证的。若直接用 $l_浸$ 曲线来检验舰船的横舱布置是否满足不沉性的要求，未免过于粗略，因为它不能体现出对各类舰船在抗沉性方面的要求的不同。为此采用一个分舱因素 $F(F \leqslant 1.00)$ 来决定许用舱长，这样就有：

$$l_许 = l_浸 \times F$$

式中：$l_许$ 为许用舱长；$l_浸$ 为可浸长度；F 为分舱因素。

关于分舱因素的取值与舰船的抗沉性要求有关：对于一舱制船，$1.0 \geqslant F > 0.5$；二舱制船，$0.5 \geqslant F > 0.33$；三舱制船，$0.33 \geqslant F > 0.25$。

假设水密舱壁的布置距离恰为许用长度，这时：

$F = 1.0$ 时，$l_许 = l_浸$，即船在一舱破损后恰能浮于极限海损水线而不致沉没。

$F = 0.5$ 时，$l_许 = l_浸/2$，船在相邻两舱破损后恰能浮于极限海损水线。

$F = 0.33$ 时，$l_许 = l_浸/3$，船在相邻三舱破损后恰能浮于极限海损水线。

（2）许用舱长 $l_许$ 在分舱因素 F 确定后，就可根据下式直接求出许用舱长 $l_许$ 曲线（图 5-12）：

$$l_许 = F \times l_浸$$

可浸长度

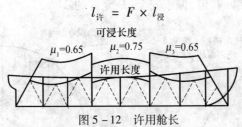

图 5-12   许用舱长

（3）关于用 $l_许$ 校核不沉性的几点说明：

① 当 $l_{实际} \leqslant l_许$，则可认为舰船不沉性满足要求。

② 由于 $l_许$ 的计算中没有考虑到海损后的稳性问题，故尚需对稳性进行校核计算。

可浸长度法一般用于校核民用船舶和军辅舰船，战斗舰艇的分舱长度一般是按照实际布置的需要来确定的。

5.4   潜艇水面不沉性

潜艇在一定的破损情况下，例如，一个耐压隔舱及其相邻的一个或两个主压载水舱破损进水后，仍然具有足够的浮性和稳性以及其他航海性能的能力，称为其水面不沉性。

96

潜艇破损进水后,必将引起吃水增大,储备浮力减小,造成纵倾和横倾,导致艇的稳性减小以及浮态的变化。

5.4.1 失事潜艇的浮态和稳性的计算

1. 当失事潜艇横倾角不大时

对于失事潜艇,当其横倾角和纵倾角不大时($\theta < 10°$, $\phi < 0.5°$),可以利用潜艇的静水力曲线计算其进水后的浮态和稳性。

假设进水破损的隔舱和相邻主压载水舱的水的体积为 $\sum v_i$,形心在(x_i, y_i, z_i)处,则可以按下述步骤进行计算。

(1) 确定失事潜艇的排水量:

$$\rho \nabla_1 = \rho \nabla + \rho \sum v_i$$

(2) 计算潜艇新的重心坐标:

$$x_{g1} = \frac{\nabla x_g + \sum v_i x_i}{\nabla_1}, y_{g1} = \frac{\nabla y_g + \sum v_i y_i}{\nabla_1}, z_{g1} = \frac{\nabla z_g + \sum v_i z_i}{\nabla_1}$$

实际计算中,上述两步计算可以列成载荷计算表实施计算,如表 5-1 所列。

表 5-1 失事潜艇载荷计算表

载 荷 名 称		容积/m³	纵 向		垂 向		横 向	
			力臂/m	力矩(N·m)	力臂/m	力矩/(N·m)	力臂/m	力矩/(N·m)
正常载荷								
破损进水隔舱 No:								
淹没的主压载水舱	No:							
	No:							
共计		∇_1	x_{g1}	M_{zq}	z_{g1}	X_{chq}	y_{g1}	M_{hq}

(3) 潜艇的储备浮力。

储备浮容积为:

$$\delta \nabla = \nabla_\downarrow - \nabla_1$$

储备浮力占排水量的百分比为

$$\frac{\nabla_\downarrow - \nabla_1}{\nabla_1} \times 100\%$$

式中:$\nabla_\downarrow$ 为潜艇的水下排水体积。

(4) 静水力曲线图中相关数据。

根据潜艇进水后的排水量,查找静水力曲线图中的相关数据,得出平均吃水 T_1、浮心垂向坐标 z_{c1}、横稳心半径 r_1 和纵稳心半径 R_1 的值。

(5) 计算潜艇的横稳心高 h_1 和纵稳心高 H_1:

$$h_1 = z_{c1} + r_1 - z_{g1} - \delta h \tag{5-35}$$

$$H_1 = z_{c1} + R_1 - z_{g1} - \delta H \tag{5-36}$$

式中:δh、δH 分别为自由液面对横稳心高和纵稳心高的影响。

(6) 确定潜艇的横倾角和纵倾角:

$$\theta = 57.3 \frac{M_{\text{hq}}}{\rho \nabla_1 g h_1}, \phi = 57.3 \frac{M_{\text{zq}}}{\rho \nabla_1 g H_1} \quad (5-37)$$

（7）计算潜艇的首、尾吃水：

$$T_{\text{S}} = T_1 + (\frac{L}{2} - x_{\text{f}})\tan\phi, T_{\text{W}} = T_1 + (\frac{L}{2} + x_{\text{f}})\tan\phi \quad (5-38)$$

2. 当失事潜艇的横倾角小，而纵倾角较大时

当失事潜艇的横倾角处于小倾角范围内，而纵倾角较大（$0.5° < \phi < 9°$）时，可根据型线图和包括凸体在内的横剖面面积曲线，计算得出的水上抗沉图解（图 5-13）和浮力与稳度万能图解（图 5-14）来计算潜艇进水后的浮态和稳性。

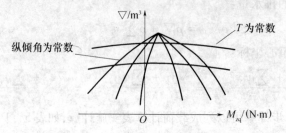

图 5-13　水上抗沉图解

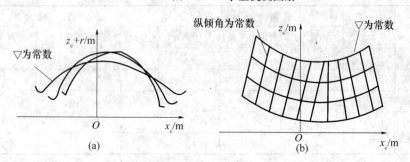

图 5-14　浮力与稳度万能图解

水上抗沉性图解是在以纵倾力矩 M_{zq} 为横坐标，以排水体积 ∇ 为纵坐标的直角坐标系内，绘制的平均吃水 T 和纵倾角 ϕ 的等值曲线。图解上每一点给出在一定排水体积 ∇ 和纵倾力矩 M_{zq} 数值下，艇的平均吃水和纵倾角 ϕ 值。

浮力与稳度万能图解由两个曲线图组成：一个曲线图是绘制在以浮心的纵向坐标 x_{c} 为横坐标，以浮心的垂向坐标 z_{c} 为纵坐标的直角坐标系内的排水体积 ∇ 和纵倾角 ϕ 的等值曲线，图上每一点给出在一定的浮心位置 x_{c}、z_{c} 的数值下，潜艇的排水体积 ∇ 和纵倾角 ϕ 的值；另一个曲线图是在以浮心的纵向坐标 x_{c} 为横坐标，以 $z_{\text{c}} + r$ 为纵坐标的直角坐标系内绘制的排水体积 ∇ 的等值线，曲线上的点给出一定的浮心位置 x_{c} 和 $z_{\text{c}} + r$ 数值下的排水体积 ∇ 的值。

利用水上抗沉性图解和浮力与稳度万能图解确定失事潜艇的浮态和稳度的方法如下：

（1）确定失事潜艇的排水量和重心位置。同样，由表 5-1 计算潜艇进水后的排水体积 ∇_1 和纵倾力矩 M_{zq}。在水上抗沉性图解上可内插求得平均吃水 T 和纵倾角 ϕ。由已知的 ∇_1、ϕ 值在浮力与稳度万能图解的下图中插值得到 x_{c}、z_{c}，然后，由求得到 x_{c}，∇_1 值

在浮力与稳度万能图解的上图中求得 $z_c + r$ 值。

（2）失事潜艇其他要素的计算。潜艇进水后其他有关浮性和稳性的参数，仍可参照上面当失事潜艇横倾角不大时的相关计算公式进行计算。

5.4.2 失事潜艇的扶正

对失事潜艇，必须尽可能地堵住破口和排空失事隔舱，并采取措施进行扶正，以使潜艇在失事后，最大限度地恢复其原有的航海性能。一般当失事潜艇的纵倾角大于 $0.5° \sim 1°$、横倾角大于 $2.5° \sim 3°$ 时，则需要对失事潜艇进行扶正，即把纵倾和横倾角尽可能减小。通常采用下面 3 种扶正方法或这 3 种扶正方法的组合：

（1）在潜艇内部移动载荷；

（2）排出一些载荷；

（3）向未破损的主压载水舱注水。

第 1 种方法不消耗潜艇的储备浮力；第 2 种方法会使储备浮力有所增加。但这两种方法占用的时间较长，且因艇内可移动或排除的载荷是有限的，因此很少采用。第 3 种方法是事先假设有代表性的失事情况进行扶正计算，向未破损的主压载水舱注水，使造成的纵倾和横倾与失事造成的纵倾和横倾方向相反，这样艇的储备浮力会进一步减小，但是，可以改善艇的稳性、操纵性、快速性和摇摆等水上航行性能。扶正后，潜艇的储备浮力应足以保证安全航行，其稳性应不小于潜势状态的稳性值。由于事先进行了有针对性的扶正计算，在潜艇失事时，可以立即采取相应措施，在较短时间内扶正潜艇。

在设计中，通常将水面抗沉性计算结果编制成水面抗沉性表，供潜艇航行中参考使用，如表 5－2 所列。这里的抗沉性是指采取抗损措施后所得的特性。

表 5－2　水面抗沉性表

	方案	1	2	3	4	5	6
破损后情况	破损舱名称						
	排水量						
	储备浮力						
	首吃水						
	尾吃水						
	横倾角						
	纵倾角						
	横稳性高						
	纵稳性高						
	横倾 $1°$ 力矩						
	纵倾 $1°$ 力矩						

方案	1	2	3	4	5	6
扶正舱名称						
排水量						
储备浮力						
首吃水						
尾吃水						
横倾角						
纵倾角						
横稳性高						
纵稳性高						
横倾1°力矩						
纵倾1°力矩						

（第一列合并单元格标注：扶正后情况）

5.5 潜艇水下抗沉性

与水面抗沉性类似,当耐压隔舱及其相邻的一个或两个主压载水舱破损进水后,在采取一定措施后,潜艇仍具有上浮、下潜和水下操纵航行的能力称为水下抗沉性。

在潜艇设计阶段就应采取措施保证潜艇的水下抗沉性,这些措施包括:使潜艇壳体具有足够的坚固性和水密性;设置耐压的水密舱壁将耐压艇体分成数个水密舱段;保证具有足够的储备浮力;主压载水舱沿艇长合理分布;保证具有足够的高压空气的储备量及有效的主压载水舱吹除系统;具有足够的横稳性和纵稳性;装备有效的疏水设备等。

5.5.1 潜艇水下抗沉的基本措施

潜艇在水下破损进水后,其后果是迅速产生负浮力和纵倾力矩,使破损潜艇碰撞海底或超越极限深度而沉没;如果艇内还存在大面积自由液面,则可能会使破损潜艇因丧失稳度而倾覆。为此,潜艇水下抗沉的主要措施是:迅速进行堵漏、封舱和支顶、排水和平衡潜艇4项抗沉活动,以阻止艇内进水,限制进水在艇内漫延,消除负浮力和纵倾力矩,恢复潜艇战斗力和生命力,这就是人们通常说的潜艇水下的静力抗沉。

如果潜艇在水下破损进水后,首先利用车、舵、气,再结合上述4项抗沉斗争活动,操纵潜艇迅速建立起正浮力和纵向扶正力矩,以消除负浮力和纵倾力矩,挽救潜艇免遭沉没得危险,这就是人们通常称之为的潜艇水下的动力抗沉。

潜艇水下抗沉涉及的内容较多,其中包括堵漏、封舱和支顶、排水和平衡潜艇的相关计算和具体措施、高压气在抗沉中的应用计算、潜艇水下破损进水后可以上浮(或下潜)最大深度的确定、破损潜艇从水下自行上浮的条件等很多内容。考虑到本书的篇幅有限,本书只对潜艇从水下自行上浮的条件作简要介绍。

5.5.2 潜艇从水下自行上浮的条件

1. 必须设置耐压隔舱,增加水下抗沉的允许深度

根据抗沉性要求,将耐压艇体各舱段的隔舱壁做成耐压的水密隔壁,限制耐压艇体破损时的进水范围。当潜艇的水密舱段在水下破损时,其水密舱壁也要与耐压壳体承受同样大小的深水压力,如水密舱壁与耐压壳体是等强度的,则在极限深度以内,壳体破损后水密舱壁是安全的,但由于多种原因,潜艇耐压舱壁的强度一般比耐压壳体强度低,因而限制了水下抗沉性的允许深度。为了增加水下抗沉性的允许深度,一旦当某一耐压舱段破损进水时,可以采用向相邻舱段输入高压空气的办法,提高相邻舱段内的空气压力,以支撑破损舱段的水密舱壁。充气压力的大小,视耐压水密舱壁的强度,以及空气隔舱中艇员生理上对压缩空气适应得程度而定。如耐压水密舱壁的可承受压力为 p_1,潜艇所处水深为 h,则破损舱的水密舱壁所承受的压力为

$$p = p_a + 0.1\rho gh \qquad (5-39)$$

相邻舱段内的空气压力 p_d 应满足的关系:

$$p_d \geqslant p_a + 0.1\rho gh - p_1 \qquad (5-40)$$

同时,它应在舱中艇员所能承受的范围之内。

2. 保证失事潜艇自行上浮所需的浮力

失事潜艇要能从水下自行上浮,必须有足够的浮力克服破损舱段中灌进的水的重力,以及坐沉海底时泥浆对艇体的吸力(在极限深度内)。这个升力是靠压缩空气吹除必要的未破损的主压载水舱的水来获得的。该升力 F_L 应大于进水破损舱段的水的重力 ρvg、海底吸力 F_1 以及潜艇失事前的剩余浮力 ΔQ 的和,即

$$F_L > \rho vg + F_1 + \Delta Q$$

海底吸力与海底的物理性质,潜艇坐沉海底的姿态,即倾角大小以及剩余浮力的大小、进水量等有关,一般可按下式估算:

$$F_1 = K(\Delta Q + \rho vg)$$

式中:K 为吸力系数,由表 5-3 给出。

表 5-3 海底吸力系数

海　底	吸力系数	海　底	吸力系数
岩石带有鹅卵石和砂	0 ~ 0.05	淤泥下面有软的黏土	0.15 ~ 0.2
大砂	0.05 ~ 0.1	淤泥带有黏稠的黏土	0.2 ~ 0.25
鹅卵石带细砂	0.1 ~ 0.15	黏稠的黏土带有砂或贝壳	0.25 ~ 0.45
细砂	0.15 ~ 0.2		

3. 无纵倾或小纵倾上浮

潜艇的水下纵稳心高与横稳心高相等,耐压壳体破损进水造成的纵倾角可能远大于横倾角,所以对潜艇水下纵稳性必须予以高度重视,而要求潜艇自水下能无纵倾或小纵倾上浮,就必须在潜艇克服下沉力,脱离海底上浮之前,先迅速进行均衡,使吹除主压载水舱造成的纵倾力矩与破损进水造成的纵倾力矩能全部或部分抵消,尽可能减小纵倾角。

习　题

1. 何谓舰船不沉性。

2. 简述水面舰艇破损舱的基本类型和主要特征。

3. 简述渗透率的类型和含义。

4. 简述限界线的含义。

5. 何谓可浸长度、可浸长度曲线？

6. 分舱因素、许用舱长、二舱制船、三舱制船各表示什么含义？

7. 简述潜艇静力抗沉和动力抗沉的基本措施。

8. 某艇 $T = 2.27\text{m}$，重量排水量 $P = 336\text{t}$，后机舱破损进水，进水量 $q = 27\text{t}$，进水容积中心 $z_q = 0.3\text{m}$，舱长 $l = 7.5\text{m}$，宽 $b = 6.0\text{m}$，试问进水后对艇稳度有何影响（已知 $q_{cm} = 2.3\text{t/cm}$，$h = 0.62\text{m}$，$\rho_{海水} = 1.025\text{t/m}^3$）？

9. 计算驱逐舰尾部右舷 175 号 ~ 183 号肋骨间之舱油舱破损后的浮态和稳度。

破损舱诸元为：$v = 28\text{m}^3$，$x_v = -28\text{m}$，$y_v = 3.0\text{m}$，$z_v = 2.4\text{m}$，$s = 10\text{m}^2$，$x_s = -28\text{m}$，$y_s = 3.1\text{m}$，$i_{sx} = 1.9\text{m}^4$，$i_{sy} = 37\text{m}^4$。

破损前舰船之诸元为：$V = 2262\text{m}^3$，$T = 3.63\text{m}$，$S = 925\text{m}^2$，$x_f = -5.02\text{m}$，$x_c = -2.1\text{m}$，$z_c = 2.25\text{m}$，$h = 1.0\text{m}$，$H = 291.6\text{m}$，$L = 110\text{m}$。

10. 某舰 V、T、h 已知，今某舱破损进水后，堵住了破口，舱室未全部充满水。已知进水量为 $v\left(v < \dfrac{V}{10}\right)$，进水容积中心在 (x_v, y_v, z_v)，自由液面惯性矩 i_x，舰艇平均吃水变化 ΔT，试证明增加载荷法与失去浮力法所求得进水对舰艇横倾斜角 θ 相同。

第6章 舰 船 阻 力

舰船航行时会受到阻力,舰船的推进器(一般装在船后,如螺旋桨)由主机带动运转的过程中从主机吸收能量并发出推力,从而克服舰船向前航行时所受到的阻力。当推进器的有效推力与舰船的阻力达到平衡时,舰船即保持一定航速匀速直线航行。本章研究舰船在匀速直线运动时所受到的阻力性能,通常称舰船阻力性能。作为学科,舰船阻力的内容非常丰富,舰船设计建造维修、驾驶指挥乃至管理经营都需要本学科的知识。本学科现仍在发展,并且是当前船舶与海洋工程学科中研究最活跃的领域之一。本章择要讨论以下几方面的问题:阻力的产生原因与分类方法;阻力随航速变化的关系;阻力(主机功率)估算方法;水深与船型等因素对阻力的影响;最后简要介绍潜艇阻力特性。

舰船快速性取决于船体的阻力性能与推进器的推进性能以及它们之间的相互影响,从这个角度上说本章研究舰船快速性的一个方面。对军舰,快速性既是重要的航海性能又是重要的战技性能,良好的快速性是军舰在进攻和防御中掌握主动的重要因素,它同时意味着航速高、能耗低以及续航力大。可见,在军舰设计与使用中确保具有良好的快速性有重要的军事、经济意义;而在舰船建造完成后,通过实船试航测量舰船是否达到了快速性指标是交船验收的重要内容。

从本章开始所讨论的内容属于舰船动力学。舰船动力学与舰船静力学的研究方法有所不同,在舰船静力学中主要采用理论分析与计算的方法,而在舰船动力学中需采用理论分析、数值计算、试验以及经验公式相结合的方法。

6.1 阻力产生的原因与分类方法

对舰船阻力分类的目的是为了研究和处理阻力问题方便,不同的阻力有不同的产生机制与特性,研究和处理方法也不相同。本节主要根据阻力的产生原因对阻力分类,先讨论各种阻力的产生原因,再给出阻力的分类方法。

6.1.1 阻力产生的原因

1. 摩擦阻力产生的原因

在讨论舰船阻力中,通常以运动转换的观点考察船体周围水流的运动以及船体所受到的水动力,即将匀速向前直线运动的船体看作静止不动的,水流从正前方远处向船体匀速流动。水流绕船体流动时会显示出黏性作用,在船体表面附近的一个薄层里这种黏性作用对水流运动和受力有明显的影响,这个薄层叫做边界层,如图 6-1 所示。边界层以外的区域黏性影响则不明显,可以忽略。故边界层的外缘将水流分为两个区域:边界层内部区域,黏性影响不可忽略;边界层外部区域,黏性影响可以忽略。而边界层内也分为两区域,物体表面上的边界层区域与尾流区(图 6-1)。摩擦阻力正是由于物面边界层内水流的黏性作用引起的:边界层内部水流微团之间有黏性切应力作用,水流微团与物体表面之间也存在切应力 τ_0,物面切应力 τ_0 在运动方向上的分量之和就构成摩擦阻力,如图 6-2 所示。摩擦阻力记作 R_f,可以表示为

$$R_f = \int_S \tau_0 \cos(\hat{\tau}_0, V) \mathrm{d}x \qquad (6-1)$$

摩擦阻力是水的黏性作用产生的,故属于一种黏性阻力。

图 6-1 边界层概念

Ⅰ—理想流体区;Ⅱ—物面边界层;Ⅲ—尾流。

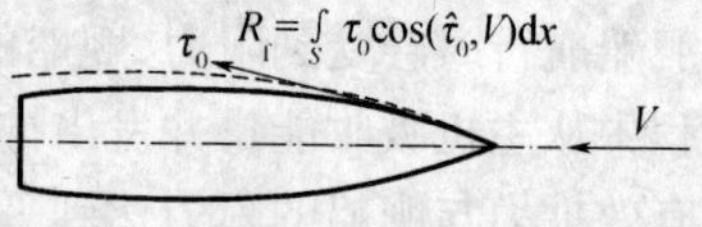

图 6-2 摩擦阻力产生原因示意图

2. 形状阻力产生的原因

边界层内水流的黏性作用还会产生另外一种阻力,即形状阻力。在水中运动物体分为两类:一类比较粗纯,叫做非流线体;另一类比较细长,叫做流线体,如图 6-3 和图 6-4 所示。这两类物体形状阻力产生机制不完全相同,现分别讨论这两类物体的形状阻力产生原因。

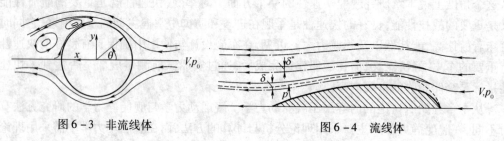

图 6-3 非流线体

图 6-4 流线体

当水流流过物体时,边界层内水流的黏性作用会使边界层内水流速度降低,越是靠近物面,水流速度降低越严重,事实上物面上的水流速度可视作 0。对非流线体,由于物体后部曲面曲度较大,边界层内运动水流所含动能不足以维持水流沿物面流动到尾端点,故从后体某点起,边界层内水流脱离物面而出现边界层分离现象。边界层分离点后的区域将形成一系列的旋涡,分离点后的旋涡随水流流向下游的尾流区,如图 6-3 所示。尾部旋涡区水流压力显著减小,故在分离点后物体表面压力明显下降。而靠近首部的区域压力受黏性影响不大,也不会产生旋涡。由图 6-5 可了解非流线体物面压力沿纵向的分布状况[9],对图中的二维圆柱体,在前体计入黏性影响的实际水流压力分布与不计黏性影响的理想流体压力分布很接近,在后体二者却有很大的差别,黏性流体中后体物面压力明显降低。理想流体中圆柱体物面压力分布是前后对称,合压力为 0,与此相应的阻力为 0,进一步由流体力学理论可知,理想流体中运动的任何形状物体,物面合压力均为 0。于是黏性流体中前体物面压力高于后体,从而产生首、尾压力差,以无因次形式表示为 $\dfrac{p - p_0}{1/2 \rho V^2}$,非流线体的形状阻力就是这种首、尾压力差构成的。非流线体的形状阻力主要由尾部流场旋涡引起,有时也称为涡旋阻力,记作 R_e。

流线体构形较为细长平顺,物面曲率较小,不会出现边界层分离现象,但仍然存在形状阻力。流线体形状阻力产生机制与非流线体不同。水流绕流线体的流动如图 6-4 所

104

示,由于黏性阻滞作用边界层中的水流速度会降低,首部附近边界层很薄,其对速度的影响很小可忽略不计,而尾部附近边界层厚度增大,边界层内的水流速度明显降低,但边界层外理想流体的流线与物面构成的微小渠道(即流管)中的流量不变化,这将使后体物面附近水流受到阻塞而变得拥挤,于是边界层外理想流体的流线受到排挤而向外偏移,即在后体区域流管扩张,这种现象称为边界层的"排挤作用",边界层的"排挤作用"会使后体物面附近边界层外理想流体流线变密,故该区域流速增加压力下降,从而后体压力小于前体压力,构成形状阻力。

图 6-6 给出了理想流体与实际流线中匀速直线运动的流线体物面压力分布曲线,由图可见,在理想流体与实际流体中前体的物面压力几乎无差别,在实际流体中后体的物面压力有所下降,流线体的形状阻力就是由后体物面压力下降形成的首、尾压力差产生的。比较图 6-5 与图 6-6 可看出,非流线体后体压力下降的情况较流线体要严重得多,不难理解,非流线体形状阻力比流线体形状阻力大。流线体的形状阻力主要是由排挤作用产生的,故也称为排挤阻力,仍记作 R_e。一般的船体都尽量设计成流线体,避免出现旋涡以减小形状阻力。通常 $L/B > 6.0$ 的正常船型可视作流线体,其形状阻力主要是由后体边界层的排挤作用引起的。

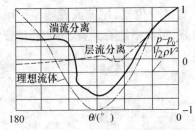

图 6-5 非流线体物面压力分布

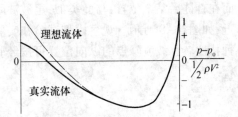

图 6-6 流线体物面压力分布

形状阻力与摩擦阻力都是由水的黏性引起的,这两种阻力合称为黏性阻力。

3. 船波与兴波阻力产生的原因

在水面航行的舰船会扰动水面而产生波浪,这种波称为船波,水面这种波浪运动称为船舶兴波运动。船波中所蕴含的能量是由船舶在航行中对水流做功转化来的,更确切地说是由船舶在航行中克服水阻力做功而转化来的,由船舶兴波运动而产生的这种阻力称为兴波阻力。

船波、兴波阻力与黏性阻力产生机制不同,不是黏性引起的。为说明船波的产生机理,仍将船体视作静止的,水流从正前方以速度 V 匀速流向船体。如图 6-7 所示,当水流与船体遭遇而绕过船体的时候,因受船体的扰动船体周围的水流速度将发生变化,即水流运动的动能发生变化,在首、尾柱附近水流速度降低,理论上说在首、尾柱水流速度应降为 0。水流动能的变化应遵循能量守恒定律,定常运动的理想流体(不计黏性影响、不随时间变化的水流运动)能量守恒定律可用伯努利方程表示如下:

$$p + \frac{1}{2}\rho v^2 + h = p_0 + \frac{1}{2}\rho V^2 = 常数 \qquad (6-2)$$

式中:p、v、h 分别为船体表面及其周围的水流压力、流速和水位高度,代表水流的压能、动能和位能;ρ 为水的密度;p_0、V 为船体的远前方水流压力和速度,代表未受扰动水流的压能和动能。

图6-7 船波的产生原因

将静水面作为度量位能的基准,远前方的水位高 h_0 等于0,左端的 h 则为水位相对静水面的升高,可表征波高。水表面的压力应等于大气压 p_a,保持为常数,式(6-2)左端动能变化只能由水位高 h 变化来平衡;另外水还受重力作用并具有易流性,易流性是指同一截面上相邻的水流微团间切应力很小,对理想流体通常假设该项切应力为0,于是升高的水流在重力作用下可以回落,下降的水流为满足能量平衡关系也会回升,从而船体周围水面附近的水流会出现上、下起伏运动;此外,流向船体的水流具有惯性,即水流在上、下起伏运动的同时仍保持原有的向后运动,这种惯性作用使船波得以向下游传播。船体周围水面附近的水质点在上述各种因素的综合作用下运动,使船体周围水面及附近水流呈现周期性起伏运动,并向后传播,这就是人们观察到的船波。

进一步对船波的运动和受力进行分析即可得知兴波阻力的产生原因。如前所述,在首柱点水流速度减小为0,此处水流动能变化最大,水流可达到的上升高度也应最大,但在水位上升的过程中水流仍保持向后的运动,所以实际的船首波水位最高点并不在首柱,而在首柱后某个位置;与此类似,尾波波峰也在尾柱后某个位置,尾波波谷则位于尾柱附近,如图6-8所示。观察模型试验和实船航行的船波,可清晰地看到首、尾波峰位置的这种特性。首波波峰点的纵向位置可按经验公式估算:

$$\frac{x}{L} = 0.372 Fr^2 \tag{6-3}$$

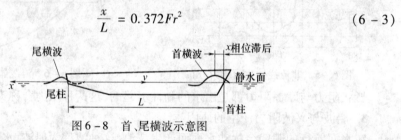

图6-8 首、尾横波示意图

式中: $Fr = \dfrac{V}{\sqrt{gL}}$,为弗劳德数,其物理意义在6.2中说明。进一步研究表明,船波波高沿船长的变化与船体表面压力沿船长的分布是相关的,波高大的位置船体表面压力也大。船波波高、船体表面压力沿船长的变化如图6-9所示。

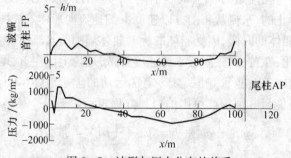

图6-9 波形与压力分布的关系

由以上分析可知,船舶兴波运动也会引起首、尾船体表面的压力差,首部压力升高、尾部压力降低,兴波阻力便是由这种首、尾压差力构成的。以上是从船体表面受力分析的角

106

度解释兴波阻力的产生机理,此时兴波阻力 R_w 可以表示为

$$R_w = \iint\limits_{S} pn_x \mathrm{d}s \qquad (6-4)$$

式中:p、n_x 分别为船体表面各点单位面积的压力、单位法向量在 x 轴方向的分量;积分区域 S 为船体水下部分曲面。

兴波阻力也在船波运动所消耗能量中体现出来,可以从能量的角度解释兴波阻力的产生原因。当舰船稳定运动时,在船上观察船波,船体周围的兴波运动是定常的运动;从绝对运动的角度观察船波,或者说在岸上看船波,船波的传播速度与船的航速相等。由流体力学理论可知船波波能的传播速度只是舰船航速的一半,可以形象地理解这个结论:整个船波系统的包络(即波群)不是以船速跟随舰船前行,其推进速度只是船速的一半。这样随着舰船前行其兴波范围将不断扩大,新的兴波区域内的波能只有一半由原来区域中波能传入;新的兴波区域中另一半能量需由外力做功提供,即由船体克服水阻力做功转换而来,这种阻力即兴波阻力。这是从能量的观点解释兴波阻力的产生机制,按这种思路可以推导出兴波阻力的定性表达式:

船行一个波长克服兴波阻力做的功为

$$W = R_w \lambda \qquad (6-5)$$

式中:λ 为波长。

该波长范围内的总波能为

$$E = \frac{1}{2}\rho g a^2 b \lambda \qquad (6-6)$$

式中:a、b、λ 分别为波高、波宽和波长。

其中原兴波区域中传入的波能与船体运动对流体做功转换而来的波能各占一半,即

$$E_1 = E_2 = \frac{1}{4}\rho g a^2 b \lambda \qquad (6-7)$$

故兴波阻力可表示为

$$R_w = \frac{E_1 - E_2}{\lambda} = \frac{1}{4}\rho g a^2 b \qquad (6-8)$$

由船波和兴波阻力的产生机制可知,深水中航行的潜艇不会引起兴波运动和兴波阻力。

4. 附加阻力概念

舭龙骨、减摇鳍、螺旋桨轴支架和舵等凸出于主船体外部件称为附体,如图 8-25 和图 8-26 所示。在水中运动附体引起的阻力称为附体阻力,以 R_{ap} 表示。附体阻力主要由摩擦阻力和形状阻力组成,这是因为附体至水面的距离一般都较大,不会产生明显的兴波运动,其兴波阻力通常可忽略不计。附体阻力中除附体自身受到的阻力外,还有附体干扰产生的阻力。附体干扰是指,水中运动的附体不但自身会受到阻力,而且对船体表面附近水流的流场也会产生影响,从而对主船体和其他附体的阻力产生影响,改变整个船体的阻

力,这部分阻力变化量就是附体干扰作用产生的阻力。

舰船航行时水线以上船体会受到空气阻力,这项阻力称为空气阻力,以 R_{aa} 表示。空气阻力中包括摩擦阻力和形状阻力,其产生机理与水阻力是类似的,不过在航空中一般将空气中的形状阻力称为黏压阻力,意为黏性作用产生的压差阻力。

舰船在波涛中航行所受阻力会增加,这部分阻力增加量称为波涛阻力,以 R_{aw} 表示。波涛阻力来自海浪与船体的相互作用,主要有两种类型的相互作用:入射波(即海浪)遇船体后会产生绕射与反射,这将使入射波的能量和动量发生变化,从而产生对船体的作用力使阻力增加;另外船体在海浪的作用下会产生摇摆运动,这将对水流做功消耗能量使阻力增加。

一般将附体阻力、空气阻力和波涛阻力统称为附加阻力,记作 R_a。

5. 喷溅阻力与破波阻力

当滑行艇高速航行时,艇体表面水流的流动状态与中低速航行状态(称排水航行状态)明显不同,这时艇底会产生向上的升力,称为动升力。起初艇体同时受动升力和静浮力作用,在动升力作用下艇体被抬起,艇体水下体积减小;随着航速继续增加,动升力随之增大,静浮力更为减小直至接近消失,而艇底几乎贴在水面航行,这种航态称为滑行航态。滑行艇处于滑行航态时,首部会出现向侧前方喷溅的水流,对这种喷溅水流做功的阻力即是喷溅阻力,记作 R_{sp}。只有滑行艇型在高速航行时才能处于滑行航态,滑行艇型线的主要特征是横剖面上有折角,如图 6-10 所示,折角点的连线构成折角线,是舷侧和艇底的分界线,舷侧和底部的横剖线都是接近平直的线段,且底部横剖线倾斜角度较小。另外,近年来应用较多的小水线面双体船割划水面的支柱也会产生喷溅现象,引起喷溅阻力。

与喷溅现象和喷溅阻力相像的是船首破波现象和破波阻力。船首比较粗钝的船型,航速比较高时首部兴波会破碎,这时波面出现白色水花,而不呈现平滑的波面,这种现象称为破波。经近年来的观察表明,破波是较为普遍的现象,即使船首较为尖削的船型,高速航行时也会出现首波破碎。与首波破碎所消耗的能量相对应的阻力即是破波阻力,记作 R_{wb}。

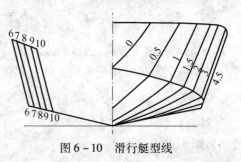

图 6-10 滑行艇型线

外观上喷溅现象与破波现象有相似之处,在物理本质上,二者都可以理解为普通兴波现象的极限状态或转折状态,是超强的兴波现象。

6.1.2 阻力的分类方法

以阻力的产生原因为依据,可对阻力进行分类,如图 6-11 所示。

阻力分类方法并不是一成不变的,在工程和科研中为了处理和研究阻力问题方便,完全可采用不同于图 6-11 的阻力分类方法;同时阻力分类方法与阻力研究水平是相关的,在舰船阻力研究的历史上也提出过详略程度不同的其他阻力分类方法。另外上述各种阻力成分并不是在任何情况下都出现,且对不同的舰船、在不同的航速下各种阻力占总阻力的比例也是不相同的,各种阻力所占总阻力比例与总阻力的特性是密切相关的。

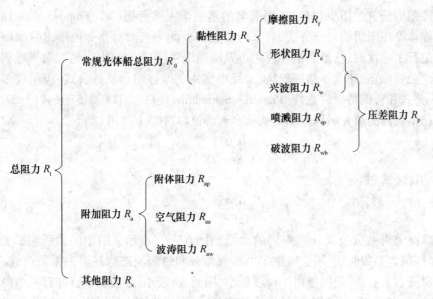

图 6 - 11　舰船阻力分类示意图

6.2　阻力随航速变化的规律

先讨论各种阻力随航速变化的规律,再以此为基础讨论总阻力随航速变化的规律。

6.2.1　摩擦阻力

摩擦阻力是一种黏性阻力,据黏性阻力相似理论可得出无因次摩擦阻力函数表达式,无因次关系式的优点之一是形式简单。将白金汉 π 定理用于推导摩擦阻力无因次函数表达式可得(对几何形状一定的船形):

$$C_f = C_f(Re) \qquad (6-9)$$

式中:C_f 为无因次物理量,称为摩擦阻力系数,可表示为

$$C_f = \frac{R_f}{\frac{1}{2}\rho V^2 S} \qquad (6-10)$$

其中:ρ 为水的密度;S 为船体浸湿面积。式(6-9)中 Re 为无因次物理量雷诺数,表征流动系统黏性作用的强弱,定义式为

$$Re = \frac{VL}{\nu} \qquad (6-11)$$

其中:ν 为水的黏性系数;L 为船长。

以摩擦阻力系数表征摩擦阻力,并建立摩擦阻力系数函数表达式(6-9),对研究摩擦阻力规律有重要的意义。式(6-9)是一元函数表达式,无论是研究给出其具体的函数关系还是分析所得函数关系的特性都较为简单方便,而这种简单关系又能全面反映一定船形下摩擦阻力随各种因素的变化关系。按这一思路,可先确定 C_f 随 Re 变化的关系,再据 C_f、Re 定义进一步分析 R_f 的规律。

船体摩擦阻力研究的历史很长,英国著名的造船学家弗劳德(W. Froude)早在1874年就提出了船体摩擦阻力的计算方法,后来的研究者以此为基础对弗劳德提出的摩擦阻力计算方法进行了多次改进,最后结合应用边界层理论和模型试验结果,通过对平板湍流摩擦阻力理论公式修正,建立了精度较高、工程中实用的摩擦阻力系数公式,应用较多的有 ITTC – 57 公式和普朗特—许立汀(Prandtl – Schlichting)公式。ITTC – 57 公式(1957 年在西班牙马德里召开的第 8 届国际船模试验水池会议(ITTC)上提出)如下:

$$C_f = \frac{0.075}{(\lg Re - 2)^2} \qquad (6-12)$$

普朗特—许立汀公式如下:

$$C_f = \frac{0.455}{(\lg Re)^{2.58}} \qquad (6-13)$$

按各种摩擦阻力系数公式计算得到的曲线如图 6 – 12 所示。图中的曲线可归为 3类,即湍流摩擦阻力系数曲线、层流摩擦阻力系数曲线和过渡流态摩擦阻力系数曲线,实际舰船边界层流态为湍流,但船模由于尺度较小,因而 Re 较小,致使船模首部有一小段层流,所以试验时要在首部装一圈金属丝作为激流丝,从而使船模边界层流态也转化为全湍流,故实用的摩擦阻力公式均是湍流公式。图 6 – 12 中各种湍流摩擦阻力系数曲线较为接近,精度满足工程实用的要求。

至于对摩擦阻力的规律作定性分析,图 6 – 12 中的曲线及相应的公式更是可资应用。图中的曲线显示出随雷诺数 Re 增大摩擦阻力系数 C_f 是减小的。在工程实用中通常需掌握摩擦阻力 R_f 随航速 V 变化的规律,为此可根据摩擦阻力系数公式导出 R_f 随 V 变化的关系式。对式(6 – 12)和式(6 – 13)作近似处理(如以多项式拟合),可得 C_f 近似地与 $Re^{-1/7}$ 成正比,据此再由式(6 – 10)和式(6 – 11)可知 R_f 近似地正比于 $V^{1.825}$。某方尾水面舰船 R_f 随 V 变化的关系曲线如图 6 – 13 所示。

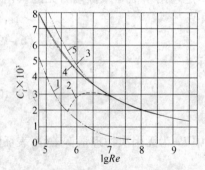

图 6 – 12 光滑平板摩擦阻力系数公式的比较

$1—C_f = 1.328 Re^{-1/2}$；$2—C_f = 0.455(\lg Re)^{-2.58} - 1700 Re^{-1}$；

$3—C_f = 0.455(\lg Re)^{-2.58}$；

$4—0.242/\sqrt{C_f} = \lg(Re C_f)$；$5—C_f = 0.075/(\lg Re^{-2.0})^2$。

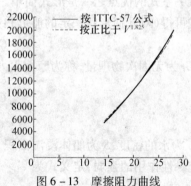

图 6 – 13 摩擦阻力曲线

6.2.2 形状阻力

形状阻力也是黏性阻力,按阻力相似理论几何形状一定的船形其形状阻力系数也只与雷诺数有关(船形一定),即

110

$$C_e = C_e(Re) \qquad (6-14)$$

式中:C_e 为形状阻力系数,与摩擦阻力系数类似,可以表示为

$$C_e = \frac{Re}{\frac{1}{2}\rho V^2 S} \qquad (6-15)$$

至今还没有得出确定 C_e 的解析表达式,将计算流体动力学(CFD)方法用于舰船黏性阻力数值计算还处于研究阶段,其计算量大,对计算条件要求高,且还难以得出满意的结果。到目前主要是通过模型试验来研究形状阻力规律、确定其量值。研究表明,非流线体的形状阻力明显大于流线体的形状阻力,而同一物体层流状态的形状阻力又明显大于湍流状态的形状阻力;无论是流线体还是非流线体,当几何形状一定,在相同的流态下,形状阻力系数变化不大,接近为常数。图 6-14 和图 6-15 给出了流线体与非流线体形状阻力试验曲线,试验曲线清晰地表现出了形状阻力的上述特性。形状阻力系数的这一特性是掌握舰船形状阻力规律,确定其量值的基础。常规船形接近流线体,其形状阻力主要由边界层的排挤作用产生,实船及其模型的边界层流态都可视作湍流,故舰船的形状阻力量值通常不大,且同一种船形的形状阻力系数接近为常数,也就是说模型的形状阻力系数近似与实船的形状阻力系数相等,基于此可以据船模试验结果较为方便地预报实船的形状阻力,而且还可以近似得出:

$$R_e = \frac{1}{2}\rho V^2 S C_e = AV^2 \qquad (6-16)$$

即舰船的形状阻力 R_e 与速度 V 的平方成正比,式(6-16)中的 A 为常数系数。需说明的是,在工程中并不一定按 C_e 为常数的条件预报形状阻力,形状阻力预报中对 C_e 通常有两种假设:C_e 为常数或 C_e 与摩擦阻力成正比,按后者 C_e 随 R_e 增加而略有减小,实船 C_e 将小于船模的 C_e。

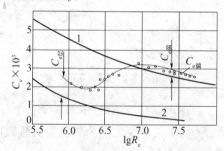

图 6-14 某回转体实测黏性阻力系数曲线
1—湍流平板摩擦线;2—层流平板摩擦线。

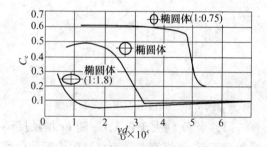

图 6-15 圆球等物体实测形状阻力系数曲线

6.2.3 兴波阻力

产生兴波阻力的物理本质不是水流的黏性作用,而与重力等因素有关,据阻力相似理论按白金汉 π 定理可以推导出无因次形式的兴波阻力函数表达式(船形一定):

$$C_w = C_w(Fr) \qquad (6-17)$$

式中:C_w、Fr 分别为兴波阻力系数和弗劳德数,可表示为

111

$$C_w = \frac{R_w}{\frac{1}{2}\rho V^2 S} \qquad (6-18)$$

$$Fr = \frac{V}{\sqrt{gL}} \qquad (6-19)$$

C_w 是对兴波阻力无因次化得到的，Fr 是与重力有关的无因次物理量。兴波阻力系数也不能用简单的公式计算，但通过对船波的波能进行理论分析可以得到 C_w 的定性表达式。

$$C_w \approx \left[C + D\cos\frac{2\pi ml}{\lambda} \right]Fr^4, Fr < 0.5 \qquad (6-20)$$

式中：λ 为船波的波长；ml 是舰船首波第一波峰到尾波第一波峰间的距离，称为兴波长度；λ 和 ml 都与 Fr 有关；C、D 为两个未知的常数，与船形有关。

尽管式(6-20)不能够用于定量地计算兴波阻力，但却可以用来定性地分析 C_w 的规律，进而得到 R_w 随航速变化的规律。据式(6-20)将 C_w 随 Fr 变化规律以曲线表示，则可绘出图 6-16 所示的曲线。此外模型试验曲线也是用于研究兴波阻力规律的重要资料，图 6-17 给出了某船模的兴波阻力试验曲线，图中曲线尽管不如图 6-16 的理论分析曲线规整，但二者趋势还是具有类似的特征。

综合式(6-20)和图 6-16 与图 6-17，可以归纳兴波阻力的特性如下：

（1）当 Fr 约小于 0.5，平均地 C_w 正比于 Fr^4，故 R_w 正比于 V^6；

（2）C_w 随 Fr^4 变化的关系曲线周期性地向上或向下偏离正比于 Fr^4 的关系，如图 6-16 中的 a、b、c、d、e、f 诸点，即兴波阻力系数曲线上存在波阻峰点与波阻谷点；

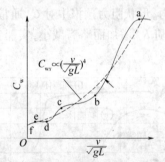

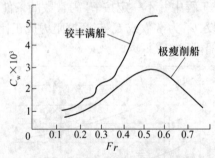

图 6-16　兴波阻力理论分析曲线　　　图 6-17　兴波阻力试验曲线

（3）当 Fr 约大于 0.5，C_w 随 Fr 增加反而下降，Fr 约等于 0.5 之点为兴波阻力系数曲线的峰值点，该峰值点称为兴波阻力系数曲线主峰值点。

在兴波阻力曲线上会出现波阻峰点和谷点是船的首、尾波相互干扰引起的。观察水面舰船的船波平面图形可知，船波分为首、尾两组波系，如图 6-18 所示，图中绘出的曲线为船波的波峰线。船首、尾波系各自又由两组波系组成，首、尾横波系与首、尾散波系。波峰线接近垂直舰船运动方向的波系称为横波系，波峰线与舰船运动方向成锐角的波系称为散波系。首、尾横波系传播方向相同且在同一传播路径上，故首、尾横波会相遇而发生干扰；首、尾散波系传播方向虽相同但不在同一传播路径上，故不会相遇而发生干扰。当首、尾横波波峰相遇，相互干扰后的合成波波幅增大（达最大）时，称为不利干扰，此时兴波阻力较大，兴波阻力曲线上出现波阻峰点；当首横波的波峰与尾横波的波谷相遇，合成

112

波波幅减小(达最小),称为有利干扰,相应于有利干扰,兴波阻力曲线上出现波阻谷点。除有利干扰与不利干扰外,还有介于这两者之间的中间状态,对应于兴波阻力曲线峰、谷点区以外的区域。在船舶主尺度和船形参数选取时,尤其是对兴波干扰现象较强的中速船,避峰就谷是重要的减阻节能措施,在船舶设计手册一类技术资料上,一般都给出了波阻峰点、谷点预报方法。

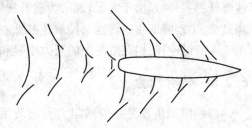

图 6 - 18　船波平面图形

当 $Fr \leqslant 0.5$ 时 R_w 平均地与 V^6 成正比的变化关系可作如下分析:由式(6 - 8)得 R_w 与波宽、波幅的平方成正比,而由图 6 - 18 所示的兴波平面图形可知平均波宽与波长成正比,水波动力学理论表明波长正比于波速,对船波而言,波速即等于航速 V;另一方面,由式(6 - 2)可知,波高 h 可表示为

$$h = \frac{1}{2}\rho V^2 - \frac{1}{2}\rho v^2 = \frac{1}{2}\rho V^2 \left[1 - \left(\frac{v}{V} \right)^2 \right] = \rho V^2 F(x,y) \qquad (6 - 21)$$

式中:$F(x,y)$ 为仅与船形相关的函数,(x,y) 表示波面上各点在 xOy 平面上的坐标。

于是由式(6 - 21)易知波幅 a 正比于 V^2。综上所述即可推出不计首、尾横波干扰时 R_w 正比于 V^6 的关系。当 $Fr > 0.5$,船体航态开始变化,由排水航行状态转为过渡航态或滑行状态,这时首部开始出现喷溅现象,兴波作用部分地为喷溅现象取代而减弱,在动升力作用下船体水下的体积也开始减小,这又进一步减弱了船体的兴波作用,故这时 C_w 反而随 Fr 增大而减小。

6.2.4　附加阻力

为讨论附体阻力的规律,定义附体阻力系数 C_{ap} 如下:

$$C_{ap} = \frac{R_{ap}}{\frac{1}{2}\rho V^2 S} \qquad (6 - 22)$$

附体阻力中主要有摩擦阻力和形状阻力,其中附体的形状阻力系数近似为常数。附体的摩擦阻力系数可按 6.2.1 节中的摩擦阻力系数公式确定,近似与 $Re^{-1/7}$ 成正比,故随 Re 变化的趋势很平缓。所以从附体本身遭受的阻力而言,附体阻力系数可近似看作常数,至于附体的干扰作用,主要对船体的摩擦阻力和形状阻力产生影响,其对附体阻力系数的贡献也可近似为常数。综上所述,附体阻力系数 C_{ap} 近似为常数,则附体阻力与速度的平方成正比。另外,附体阻力所占比例是比较大的,附体阻力占总阻力的比例 $R_{aR} = (8\% \sim 15\%) R_t$ 甚至更大。目前还难以通过计算来精确预报附体阻力大小。附体阻力的预报是舰船阻力研究的重要研究方向。

空气阻力系数的定义与各种阻力系数定义类似,空气阻力的成分为黏性阻力,空气阻力系数近似为常数。如不考虑风力的影响,空气阻力所占比例很小,约为总阻力的 3% ~ 5%。但风向和风力对空气阻力有较大而复杂的影响,值得注意的是并非顶风航行时空气阻力最大,有研究表明风向与航向的夹角约为 150°(风来自侧前方)时,空气阻力最大。

对于一定的舰船,波涛阻力与航速、海况、航向有着复杂而密切的关系,其中海况对波涛阻力影响最大。在波涛中航行的舰船,受波涛阻力的影响舰船航速将减低,称为"失速"。"失速"分为两种情况:一种是由于船在波涛中阻力增加,在同一主机转速下舰船航速降低;另一种是由于海况较高,为避开摇摆严重的临界区域,或为航行安全和避免主机超负荷,主动降低主机转速而使航速减低。舰船阻力、主机转速、舰船航速之间的关系在第7.4节讨论,舰船在波涛中的阻力增量和失速在第9.6节还要讨论。

6.2.5 特种阻力

特种阻力主要是指喷溅阻力和破波阻力。滑行艇在纯滑行状态下,喷溅现象与兴波现象已有本质的区别,表现之一是喷溅现象中重力影响已很小了,可以忽略,故喷溅阻力与弗劳德数无关,此时艇底水流运动状态接近机翼表面的流动,故喷溅阻力随航行中艇的纵倾角而变化,与艇静浮时的浮心、重心位置有关。滑行艇喷溅阻力的规律读者可参阅华中理工大学出版社出版的《快艇动力学》[10]一书。在过渡航态下,喷溅现象与兴波现象是互参杂和干扰,这时喷溅阻力、兴波阻力及其相互干扰的特性相当复杂,有待于进一步研究。

破波现象也是兴波现象向极限状态发展、转化时的表现,但与喷溅现象不同的是破波现象是波面破碎现象,本质上还属于兴波现象,故破波阻力随弗劳德数而变化,且当弗劳德数达到一定值才会出现这种阻力,另外首部较为丰满的船易于出现破波阻力。破波现象的产生机制、特性也有待进一步研究。

6.2.6 总阻力

至此已对各种阻力随航速变化的特性有一大致了解,若进一步了解各阻力成分所占比例,即可了解总阻力随航速的变化规律。图6-19给出了某船不同航速下3种主要阻力成分的分配比例[11],表6-1给出了不同舰艇各种阻力占总阻力的比例。综合图6-19(a)和表6-1的数据可知,低速时摩擦阻力所占比例很大,兴波阻力所占比例很小;高速时兴波阻力所占比例大,主峰点的兴波阻力所占比例超过一半,摩擦阻力仍占有相当大比例;而当弗劳德数超过峰值点兴波阻力所占比例又开始下降,摩擦阻力所占比例上升;形状阻力所占比例约为8%~20%,低速时所占比例较高速时大。

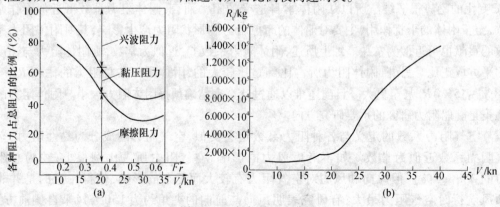

图6-19 舰船总阻力曲线

114

表 6 – 1 各类舰艇各种阻力占总阻力的比例

速度级		低速	中速	高速
舰艇种类		登陆艇辅助船	扫雷舰猎潜艇	驱逐舰护卫舰
F 范围		<0.2	0.2 ~ 0.4	0.4 ~ 0.6
各种阻力的百分比/(%)	R_f	60	45	35
	R_e	20	15	8
	R_w	10	30	45
	R_a	10	10	12

上述 3 种主要阻力成分所占比例与各阻力随航速的变化率有关,如摩擦阻力随航速变化关系 $R_f \propto V^{1.825}$,形状阻力随航速的变化 $R_e \propto V^2$,兴波阻力随航速变化关系 $R_w \propto V^6$,由上述变化关系不难理解低速时摩擦阻力所占比例大于高速时摩擦阻力所占比例,兴波阻力则相反。

综合各种阻力随航速的变化率与各种阻力在总阻力中所占的比例,即可了解总阻力随航速变化的大致规律,即

$$R_t = R_f + R_e + R_w + R_{aR} \propto V^n \qquad n = 2 \sim 4$$

$$Fr < 0.2, R_t \propto V^2$$

$$Fr = 0.2 \sim 0.5, R_t \propto V^{2 \sim 4}$$

$$Fr > 0.5, R_t \propto V^n, n < 2$$

上述各式表示的是排水航行舰船的阻力规律,图 6 – 19(b)为某水面舰船的阻力曲线,其定性变化规律大致与上述各式相同。在工程中通常据弗劳德数的大小来划分速度区域,一般将 $Fr < 0.2$ 的区域称为低速区,$Fr = 0.2 \sim 0.5$ 的区域为中、高速区,$Fr > 0.5$ 的区域为过渡航态区。据弗劳德数的大小划分速度区域相当于是根据兴波阻力占总阻力的比例划分速度区间,或者说是根据舰船兴波运动的表现来划分速度区间,其中理由如下:

(1) 舰船的兴波运动受航速影响大,比黏性运动受航速影响大多了,而舰船的航行姿态又与兴波运动密切相关;

(2) 船模阻力试验是按船模与实船弗劳德数相等的条件进行的,所以按弗劳德数大小划分速度区间就能使船模的速度区间与实船速度区间划分一致。

6.3 阻力确定方法

摩擦阻力可用简单的计算公式进行计算,如 6.2.1 节所述。其他各项阻力通常是据模型试验确定,或据计算图谱以及经验公式估算,有时还要结合引用相近船型(称为母型)的阻力资料作为确定舰船阻力的已知条件。下面介绍几种工程中实用的阻力预报方法。

6.3.1 海军部系数法

海军部系数法是经验公式方法,需用到母型船的资料。为用海军部系数法估算阻力需定义一计算系数,即海军部系数。常用的海军部系数有两种:

一种海军部系数为

$$C_E = \frac{\triangle^{2/3} V_s^3}{P_e} \qquad (6-23)$$

式中:C_E 为海军部系数;V_s 为航速(kn);$\triangle$—重量排水量(t);P_e 为有效功率(hp,1hp = 745.7W),可表示为

$$P_e = \frac{R_t(0.5144 V_s)}{75} \qquad (6-24)$$

P_e 的意义是船体前行克服阻力做功的功率。

另一种海军部系数为

$$C_M = \frac{\triangle^{2/3} V_s^3}{P_s} \qquad (6-25)$$

式中:P_s 为主机发出的功率(hp)。

主机发出的功率不等于船体克服阻力做功的有效功率,这两种功率之间的关系为

$$P_e = P \cdot C \cdot P_s$$

式中:P、C 为小于 1 的系数,为推进系数。

研究与经验表明,两舰船航速、船形、排水量相近,则其海军部系数相等。据海军部系数的这条性质,即可进行阻力近似计算。尽管形式上计算的是功率、航速,但本质上计算的是阻力。下面举例说明海军部系数法的应用。

例 6 - 1 某在航舰船,排水量为 4200t,航速为 17kn 时,主机功率为 8000hp,现该舰船因执行任务需要,排水量增加为 4500t,增加排水量后主机功率保持不变。试求排水量增加后的航速。

解:据排水量增加前的已知条件构造海军部系数:

$$C_{M_1} = \frac{\triangle_1^{2/3} V_{s_1}^3}{P_{s_1}} = \frac{4200^{2/3} \times 17^3}{8000} = 160$$

排水量增加前后的海军部系数相等:$C_{M_1} = C_{M_2} = C_M$,据此可解出排水量增加后的航速:

$$V_{s_2} = \sqrt[3]{\frac{P_{s_2} \cdot C_M}{D_2^{2/3}}} = \sqrt[3]{\frac{8000 \times 160}{4500^{2/3}}} = 16.7(\text{kn})$$

例 6 - 2 需设计一艇,排水量为 70t,航速约为 31kn,试估算该艇所需主机功率 P_s。假设船形、排水量、航速相近的船的有关资料如下:排水量为 75t,航速为 30kn,主机功率为 4000hp。

解:据母型艇构造海军部系数:

$$C_{M_1} = \frac{\triangle_1^{2/3} V_{s_1}^3}{P_{s_1}}$$

据 $C_{M_1} = C_{M_2} = C_M$ 可解出设计艇的主机功率:

$$P_{s_2} = \frac{\triangle_2^{2/3} V_{s_2}^3}{\triangle_1^{2/3} V_{s_1}^3} P_{s_1} = \frac{70^{2/3} \times 31^3}{75^{2/3} \times 30^3} \times 4000 = 4215(\text{hp})$$

由以上两个例题可看出海军部系数法是十分简便实用的工程计算方法,可用于估算在航舰船某些因素的变化对舰船阻力特性的影响,也可以用于指导舰船设计。现再举一

例,从中可得到一重要的关系。

例 6 - 3 某舰船维修后加装了一尾板节能装置,经研究装设该装置在巡航速度下可减小阻力 10%,试估算在同一主机功率下舰船航速可提高的百分比。

解:若舰船航速保持不变,则减阻后有效功率减小 10%,所需主机功率减小;若保持主机功率不变,即主机功率恢复到减阻前的量值,则有效功率也接近恢复为减阻前的值,航速增加。可以认为主机功率恢复前后舰船海军部系数不变化,这时可得:

$$\frac{\triangle_1^{2/3} V_{s_1}^3}{P_{e_1}} = \frac{\triangle_2^{2/3} V_{s_2}^3}{P_{e_2}}$$

$$\frac{\triangle_1^{2/3} V_{s_1}^3}{0.9 P_{e_0}} = \frac{\triangle_2^{2/3} V_{s_2}^3}{P_{e_0}}$$

$$V_{s_2} = \sqrt[3]{\frac{P_{e_2}}{P_{e_1}}} V_{s_1} = \sqrt[3]{\frac{1}{0.9}} V_{e_1} = 1.036 V_{e_1}$$

由此得出了主机功率不变舰船阻力小量变化下航速变化估算方法:

$$\frac{V_s}{V_{s_0}} = \sqrt[3]{\frac{R_{t_0}}{R_t}}$$

即主机功率保持不变时,航速与阻力的 1/3 方成反比。

6.3.2 泰勒图谱法

泰勒图谱法是一种估算阻力系列图谱法,泰勒图谱是系列模型试验得出的阻力计算系列图谱,由 70 余条巡洋舰船模阻力试验资料整理而成。该图谱适用于巡洋舰尾船型,由图谱估算的是剩余阻力以及舰船的浸湿面积,摩擦阻力按 6.2.1 节的公式计算。剩余阻力估算图谱样式如图 6 - 20 所示,浸湿面积估算图谱样式如图 6 - 21 所示。由图可知,剩余阻力计算图谱实际上是不同 B/T、C_P 下,以不同的 ∇/L^3 为参数的 C_r 随 Fr 变化的曲线组;而浸湿面积估算图谱表示的是面积系数 C_s 随 B/T、C_P、∇/L^3 变化的关系,一旦据图谱求出了面积系数,即可按下式确定浸湿面积:

$$S = C_s \sqrt{\nabla L} \qquad (6 - 26)$$

完整的泰勒图谱资料见舰船设计手册类资料[12]。

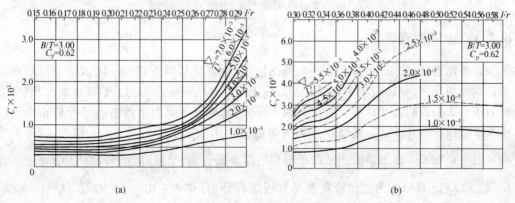

图 6 - 20 泰勒图谱样式
(a) $Fr < 0.3$; (b) $Fr \geq 0.3$。

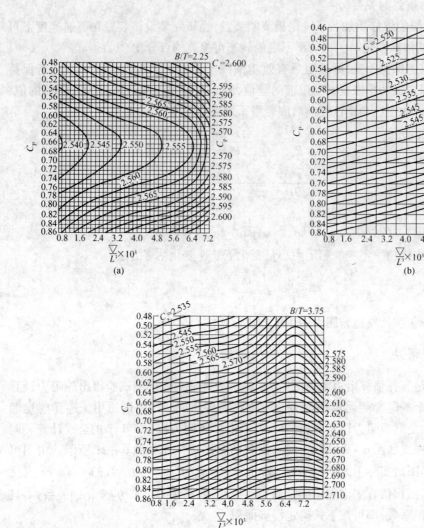

图 6-21 浸湿面积系数图谱

(a)$B/T = 2.25$；(b)$B/T = 3.00$；(c)$B/T = 3.75$。

6.3.3 方尾图谱法

方尾图谱法是一种估算阻力的系列图谱法,也称伏尔琴图谱法。图谱由方尾系列模型试验资料整理而成,适用于方尾舰船。该图谱估算的是剩余阻力系数和浸湿面积,摩擦阻力按6.2.1节的公式计算。图谱分为3部分:基准剩余阻力系数图谱、3个修正系数图谱及浸湿面积估算曲线。基准剩余阻力系数图谱用于据船型参数 C_P、ψ 和 Fr 估算基准剩余阻力系数 C_{r0},修正系数图谱用于根据船型参数 $\frac{b}{B}$、β、$\frac{B}{T}$ 估算各 Fr 下的3个修正系数 K_1、K_2 和 K_3,b、β 分别为尾封板宽和尾封板的底升角(图1-10)。求出 C_{r0}、K_1、K_2 和 K_3 后,再按下式确定剩余阻力系数:

$$C_r = K_1 K_2 K_3 C_{r0} \qquad (6-27)$$

118

浸湿面积按下式计算：

$$S = KL^2 \qquad\qquad (6-28)$$

K 据 ψ 查浸湿面积计算曲线确定。基准剩余阻力系数图谱样式如图 6-22 所示,修正系数图谱与浸湿面积曲线如图 6-23 和图 6-24 所示。完整的伏尔琴图谱见舰船设计手册类资料[12]。

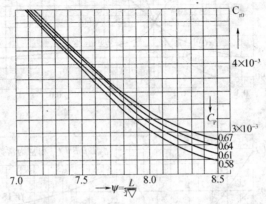

图 6-22　$Fr = 0.45$　$C_{r0} = f(C_P, \psi)$ 曲线

6.3.4　弗劳德换算法

弗劳德换算法是据船模阻力预报实船阻力的方法。按本方法预报实船阻力需已知船模阻力 R_{tm} 及相应的船模速度 V_m,并需已知实船与船模的几何相似比(也称缩尺比)λ_L,R_{tm}、V_m 由模型试验确定。换算方法如下:

$$C_{tm} = \frac{R_{tm}}{\frac{1}{2}\rho_m V_m^2 S_m} \qquad\qquad (6-29)$$

$$C_{rm} = C_{rs} = C_r = C_{tm} - C_{fm} \qquad\qquad (6-30)$$

$$C_{fm} = \frac{0.075}{(\lg Re_m - 2)^2} \qquad\qquad (6-31)$$

$$Re_m = \frac{V_m L_m}{\nu_m} \qquad\qquad (6-32)$$

$$C_{ts} = C_{fs} + C_r + \Delta C_f \qquad\qquad (6-33)$$

$$C_{fs} = \frac{0.075}{(\lg Re_s - 2)^2} \qquad\qquad (6-34)$$

$$Re_s = \frac{V_s L_s}{\nu_s} \qquad\qquad (6-35)$$

$$\Delta C_f = 0.4 \times 10^{-3} \qquad\qquad (6-36)$$

$$V_s = \sqrt{\lambda_L} V_m \qquad\qquad (6-37)$$

$$R_{ts} = \frac{1}{2}\rho_s V_s^2 S_s C_{ts} \qquad\qquad (6-38)$$

式(6-29)中:C_{tm} 为船模的总阻力系数,其意义与各种阻力系数类似;ρ_m 为船模试验池中水的密度;S_m 为船模的浸湿面积,按 6.3.2 节和 6.3.3 节中近似方法确定或按型线图测

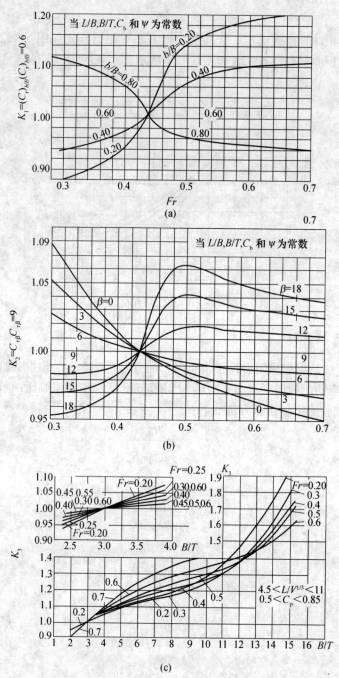

图 6-23 修正系数

(a)修正系数 K_1；(b)修正系数 K_2；(c)修正系数 K_3。

算。式(6-30)中：C_{rm}、C_{rs} 分别为船模与实船的剩余阻力系数，在船模与实船弗劳德数相等时 C_{rm} 与 C_{rs} 近似相等，统一记作 C_r，其定义与各种阻力系数定义类似，与 C_r 相对应的阻力称为剩余阻力，其意义为从总阻力中扣除摩擦阻力后所剩下的部分。式(6-36)中：ΔC_f 为粗度补贴，意义为实船表面粗糙不平引起的阻力系数增加量，取值为经验数据。式

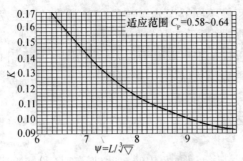

图 6 – 24　湿面积系数 K

（6 – 37）表示实船速度与船模速度间的关系，可理解为是实船速度的换算方法，按船模与实船弗劳德数相等的条件得出。另外式（6 – 29）~ 式（6 – 38）中：下标 m 表示船模；下标 s 表示实船。

上述预报实船阻力方法是工程中常用的方法，也叫预报实船阻力的二因次法，其实质是假设模型与实船的形状阻力系数相等，即 $C_{es} = C_{em} = C_e$。长期的工程实践表明该方法能较准确地预报出实船阻力结果，满足工程实用的要求。同时上述计算过程也较为简单，很容易实现编程计算，以电子表格 Excel 实现上述计算过程也很方便。

6.3.5　附体阻力确定方法

6.3.1 节和 6.3.4 节中的海军部系数法和弗劳德换算法既适用于光体船也适用于附体船，故这两种方法可以将光体阻力、附体阻力包含于总阻力中一并处理，需注意将弗劳德换算法用于附体船时，实质上是将附体阻力并入了剩余阻力，按弗劳德数相等的条件由模型剩余阻力换算出实船剩余阻力。

上述两种图谱方法估算的却是光体船的阻力，附体阻力需另行确定。确定附体阻力的方法有母型法、模型试验法和经验公式法等。

母型法是据相近船型（母型）的附体阻力资料确定计算船的附体阻力。为此将附体阻力与光体阻力之比称为附体阻力附加数，记作 K_{ap}，表示为

$$K_{ap} = \frac{R_{ap}}{R_{t0}} \qquad (6 – 39)$$

可令计算船与母型船的 K_{ap} 相等，据以确定计算船的附体阻力。对 2 轴和 4 轴高速水面军舰，附体阻力附加数的取值范围 $K_{ap} = 8\% \sim 15\%$。

据模型试验法确定附体阻力除可将附体阻力并入总阻力中一并处理外，也可以单独测量确定附体阻力，这时需进行附体船模与光体船模的阻力对比试验，从附体船模的阻力中扣除光体船模的阻力得模型附体阻力，再据模型附体阻力换算求得实船附体阻力。但这种换算方法需要建立在船模试验与实船测试数据进行相关分析的基础上。

若按经验公式估算附体阻力，通常要逐项计算各种附体的阻力，总的附体阻力为各项附体阻力之和。各种附体有相应的附体阻力计算公式，可在船舶阻力类资料中查到[9,12]。参考文献[13,14]给出了近年来应用较广的 Holtrop 阻力近似计算公式，包括各种附体阻力计算公式。

需说明的是，目前精确预报附体阻力并不是一件容易的事情，上述各种方法预报的附

体阻力结果通常都存在程度不同的误差。随着 CFD 技术的迅猛发展,这类方法已开始应用于舰船附体阻力的预报,并显示出了良好的应用前景。另外,近年来 CFD 技术用于舰船兴波阻力和黏性阻力理论预报也取得了很大的进展[15,16],采用 CFD 方法进行阻力预报是阻力预报技术的发展趋势,有良好的应用前景。

6.4 阻力的影响因素

如前所述,舰船阻力是随航速而变化的。此外还有各种影响阻力的因素,本节择要说明船型、排水量、水深、污底等因素对舰船阻力的影响。

6.4.1 船型影响

在讨论船型影响时假设排水量、水深、污底等因素一定,以排除船型以外因素的影响。影响阻力的船型参数较多,严格地说船型任何变化都会对舰船阻力性能产生影响。但各船型参数变化对阻力影响的程度是不同的,有些影响甚至可忽略不计。船型参数对各种阻力成分影响的定性规律和程度也是不同的。于是在讨论船型对阻力的影响时,应区分主要影响因素和次要影响因素,还应先分析对船型各种阻力的影响,再以此为基础分析其对总阻力的影响。同一船型参数,在不同的速度区间对阻力(尤其是对总阻力)影响的程度和定性规律是不同的,在分析船型对总阻力影响时还应划分速度区间。

研究表明对阻力影响比较大的船型参数是修长系数 ψ、棱形系数 C_p、宽吃水比 B/T、水线进角 α_e 等。

1. 修长系数 ψ 影响

ψ 大则表明船体细长,受 ψ 变化影响大的是兴波阻力和浸湿面积。当排水量一定,ψ 大则兴波作用显著减弱,兴波阻力系数 C_w 减小,据船波和兴波阻力的产生机制可清楚地理解这一特性。此时浸湿面积 S 是增大的,但 S 增大的程度远小于 C_w 减小的程度,故最终兴波阻力 R_w 是减小的。

ψ 对摩擦阻力 R_f 的影响与对 R_w 的影响刚好相反。ψ 增大,C_f 略有减小,但 C_f 随 ψ 变化很缓慢,这点由 C_f 随 R_e 变化的规律可明显看出,相对 C_f 的变化 S 随 ψ 的变化则是主要的,故 ψ 增大,最终使 R_f 增大。

ψ 对形状阻力 R_e 的影响则不可一概而论。由 R_e 的产生原因可知,该项阻力主要由舰船后体细长度确定。但通常还是认为船型细长对减小形状阻力有利,其中有两方面的原因:一个是后体细长使 R_e 减小;另一个是排水量一定而仿射等价的船形,ψ 增大 R_e 减小。严格说对减小形状阻力最为有利的船形是水滴形的,即前体较为饱满,甚至接近圆球形,后体较为细长。

综合上述各种影响因素便可了解 ψ 对总阻力影响的特性。低速船黏性阻力占主要部分,而兴波阻力所占比例很小,ψ 减小(即船型丰满)对减小阻力有利;而高速舰船,兴波阻力所占比例很大,甚至过半,ψ 适当增大对减小阻力有利。图 6-25 反映了排水量一定情况下 ψ 对总阻力影响的规律,由图可见高航速下存在使总阻力最小的 ψ。

2. 棱形系数 C_p 影响

棱形系数 C_p 表示排水量沿船长方向的分布,C_p 大,排水量沿船长方向分布均匀,船

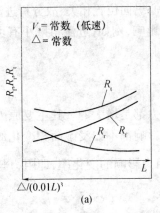 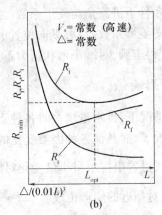

图 6 - 25　排水量长度系数对阻力影响的示意图

(a)低速船情况(△ = 常数); (b)高速船情况(△ = 常数)。

体水线下形状接近柱体;反之,排水量集中在船中,水线下船形两端尖削。菱形系数对摩擦阻力影响不大,对剩余阻力影响却很大。中低速时菱形系数小对减小剩余阻力有利;中高速时菱形系数适当取大些对减小剩余阻力有利,但不可过大,图 6 - 26 给出了最佳菱形系数随弗劳德数变化的曲线。菱形系数对阻力影响的这种趋势主要来自其对兴波阻力的影响,中低速时首波峰较为靠前(向首柱靠近),首部瘦削对减小兴波作用有利;中高速时首波峰后移(向船中靠近),排水量沿纵向分布适当均匀对减小兴波作用有利。图 6 - 26 还给出了实用的菱形系数曲线,高速时实用的菱形系数曲线与最佳菱形系数曲线接近,这说明在实际的工程中高速舰船菱形系数选取较多地考虑了其对阻力的影响;低速时的菱形系数却与最佳值相差甚大,因为低速时兴波阻力所占比例不大,菱形系数的选取更多地是从舰船使用功能、建造工艺的角度着想。

3. 宽吃水比 B/T 影响

增大 B/T 使阻力增大。在排水量一定的条件下,增大 B/T 使船形变得扁平,浸湿面积增加,故摩擦阻力增大;增大 B/T 使排水量靠近水面,同时也使船体 L/B 减小,这都会使兴波阻力增加,同时也使形状阻力增加。

4. 水线进角

水线进角指首部水线与对称面的夹角,也称进流角,如图 6 - 27 所示。通常指设计水线面的进流角,应以首柱附近一小段水线切线与对称面夹角的平均值来度量。进流角对摩擦阻力影响不大,对兴波阻力有较大影响,总的说减小进流角对减小兴波阻力有利。但

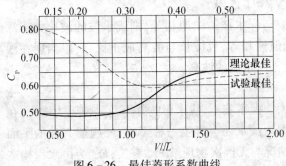

图 6 - 26　最佳菱形系数曲线

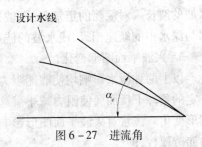

图 6 - 27　进流角

123

在排水量一定的条件下进流角与菱形系数、浮心纵向位置相关,故分析进流角对阻力的影响要考虑进流角对菱形系数、浮心纵向位置的影响,例如,进流角减小有可能使浮心位置后移,舰船后体变得丰满,对减小形状阻力不利。

6.4.2　排水量影响

船型相同的情况下,排水量增大时各种阻力都是增大的。其主要原因是随着排水量增大浸湿面积增大了,而其他各种因素变化的影响都不如浸湿面积变化的影响大。从海军部系数法的公式可看出排水量小量变化对阻力影响的变化率,即阻力与排水量的 $\frac{2}{3}$ 方成正比,这种关系对相近的船形也成立。

6.4.3　水深影响

当水深较浅,水底会对阻力产生影响,这种影响与水深有关,所以将其视作水深影响,有时也称这种影响为浅水效应或浅水影响。以下先说明产生浅水效应的物理机制与相应的规律,再介绍工程中处理浅水效应的实用方法。

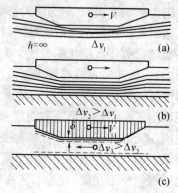

图 6-28　浅水中的流动状态比较
（a）深水理想流体情况；（b）浅水理想流体情况；（c）浅水中实际的流体情况。

1. 阻塞效应

浅水效应的物理机制之一是阻塞效应。如图 6-28 所示,在浅水中水流流过船底时,水底对水流具有限制作用,流线不能如同深水中一样向下扩张,于是船底水流流线变密,流速增加,这就是阻塞效应。这种影响会使阻力增大,同时使船底压力下降,船体下沉并产生尾倾。

2. 波高增大

浅水对阻力产生影响的另一原因是在同一航速下浅水船波波高增大。由水波动力学的理论可知,深水波、浅水波波速与波长的关系分别为

$$C = \sqrt{\frac{g\lambda}{2\pi}} \tag{6-40}$$

$$C_h = \sqrt{\frac{g\lambda}{2\pi}\tanh\frac{2\pi h}{\lambda}} \tag{6-41}$$

由式(6-40)和式(6-41)可知,当浅水波与深水波的波速相等,则浅水波的波长大于深水波的波长。对舰船的定常兴波,波速与航速相等,且波长与波高成正比,所以当船在浅水与深水中的航速相等,浅水波的波高大于深水波的波高。

3. 兴波平面图形变化

以上两种浅水影响均使舰船阻力增大。但事实上,浅水影响并不总是使阻力增大,在一定的条件下反而会使阻力减小。这是因为浅水还会产生一种影响,使舰船兴波的平面图形变化。浅水对兴波平面图形影响的情况与无因次物理量 Fr_h 有关,Fr_h 为由水深构造的弗劳德数,即

$$Fr_{\mathrm{h}} = \frac{V}{\sqrt{gh}}\qquad\qquad(6-42)$$

通过对船波平面图形观察得知,不同 Fr_{h} 下浅水船波平面图形如图 6 - 29 所示。为
清晰地考察浅水对船波平面图形的影响,进一步绘出浅水中的开尔文波形图,如图 6 -
所示。综合图 6 - 29 和图 6 - 30 所示的浅水波平面图形,船波平面图形特性可概括
当 $Fr_{\mathrm{h}} < 0.4$,浅水船波平面图形与深水船波几无差别;当 $0.4 < Fr_{\mathrm{h}} < 1$,浅水船波的散
增大,即产生兴波的扇形区域张角增大,兴波范围增大,当 $Fr_{\mathrm{h}} = 1.0$ 时,张角达到最
90°;当 $Fr_{\mathrm{h}} > 1.0$,散波角反而减小,且横波消失,直到散波角比深水船波的还小。

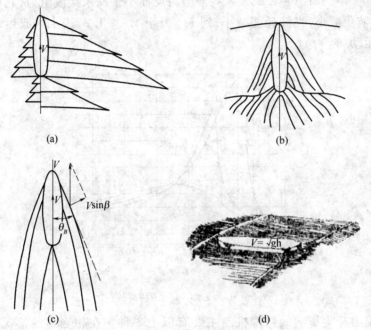

图 6 - 29　浅水兴波图形

(a) $Fr_{\mathrm{h}} = 0$ 与 $Fr_{\mathrm{h}} < 1.0$;(b) $Fr_{\mathrm{h}} \approx 1.0$;(c) $Fr_{\mathrm{h}} > 1.0$,横波消失,散波角减小;(d) $Fr_{\mathrm{h}} = 1.0$ 时出现孤独波。

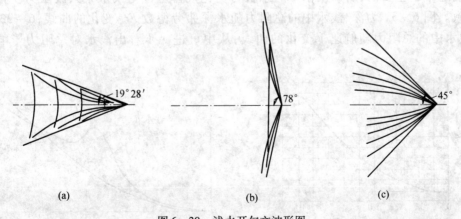

图 6 - 30　浅水开尔文波形图

(a) $\dfrac{V}{\sqrt{gh}} = 0.4$;(b) $\dfrac{V}{\sqrt{gh}} = 0.99$;(c) $\dfrac{V}{\sqrt{gh}} = 1.40$。

船波平面图形的这种变化鲜明地反映在浅水兴波阻力变化规律上。图 6-31 一并绘出了某舰船深水、浅水阻力随 Fr_h 变化曲线,据此可对深、浅水兴波阻力进行对比。图 6-31 显示出,当 Fr_h 大约小于 0.4~0.6,深、浅水兴波阻力系数曲线基本重合;当 Fr_h 在 0.4(0.6)~1.0 之间,浅水兴波阻力系数大于深水兴波阻力,且二者的差值呈增大趋势,浅水兴波阻力系数曲线上升,至 $Fr_h = 1.0$ 浅水兴波阻力系数曲线达峰值,在该区间浅水兴波阻力对比深水兴波阻力呈现如此特性的原因是散波角增大,兴波范围增大,兴波耗能增加,至 $Fr_h = 1.0$ 处,散波角接近 $90°$,且首、尾散波与横波重合,兴波耗能最大,见图 6-29(b)、(d) 与图 6-30(b);当 Fr_h 大于 1.0,浅水兴波阻力系数曲线开始下降,到 Fr_h 大于 1.1~1.2,浅水兴波阻力反而小于深水兴波阻力,其原因是此时横波消失,散波角减小,兴波耗能减小,到 Fr_h 大于 1.1~1.2,浅水兴波运动强度反而较深水兴波运动弱。

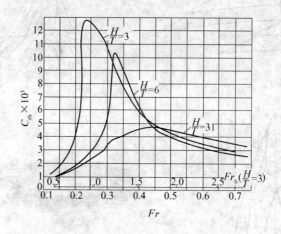

图 6-31　浅水时剩余阻力特性

浅水对阻力产生影响的物理机制主要有以上 3 种。在相当多的情况下,第 3 种影响因素是最主要的,可解释浅水阻力规律的主要特征。正是由于浅水对兴波图形的影响通常是主要的,所以浅水中的总阻力变化规律应该与浅水中兴波阻力变化规律一致。图 6-32 为深、浅水中的总阻力随水深弗劳德数 Fr_h 变化的曲线,6-33 为深、浅水中的总阻力随航速 V 变化的曲线,从中可进一步看出浅水对总阻力影响的特性。

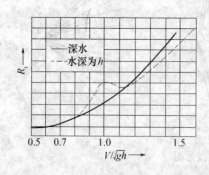

图 6-32　浅水和深水中阻力曲线比较

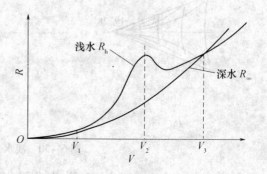

图 6-33　浅水阻力曲线与深水阻力曲线对比

126

根据浅水对总阻力(或兴波阻力)影响的特性,对浅水中舰船航速分区并定义如下:

$$F_{h1} = \frac{V_1}{\sqrt{gh}} = 0.4 \sim 0.6$$

式中:F_{h1}、V_1 分别为起始弗劳德数和起始速度,是开始出现浅水影响的衡准。

$$F_{h2} = \frac{V_2}{\sqrt{gh}} = 1.0$$

式中:F_{h2}、V_2 分别为临界弗劳德数和临界速度,是浅水阻力影响达到最大的衡准,$Fr_h <$ 1.0 或 $V < V_2$ 的区域称为亚临界区,$Fr_h > 1.0$ 或 $V > V_2$ 区域称为超临界区。

$$F_{h3} = \frac{V_3}{\sqrt{gh}} = 1.0 \sim 1.2$$

式中:F_{h3}、V_3 分别为分界弗劳德数和分界速度,是浅水阻力开始小于深水阻力的衡准。

另外,浅水影响不只与 Fr_h 有关,还与 $\frac{h}{L}$ 和船型有关,关系较大的因素除 Fr_h 外就是 $\frac{h}{L}$,$\frac{h}{L}$ 越小,浅水对阻力影响越强烈。

4. 无浅水影响衡准

根据舰船的航速、航区水深以及船型等因素判别是否会出现浅水影响,在工程中具有重要的意义。例如,舰船试航时要选择测速区,此时需判断测速区水深对试航舰船是否足够而不产生浅水效应。国内外在这方面进行了不少研究工作,提出了各种不产生浅水影响的衡准,表6-2列出了几种有代表性的衡准。

表6-2 无浅水影响衡准

军舰(巡洋舰、驱逐舰)	$h/T > (7 \sim 12)$
滑行艇	$h/L > 0.8$
第12届ITTC最小水深公式	$h_1 > 3\sqrt{BT}, h_2 > 2.75V^2/g, h > \max(h_1, h_2)$

上述标准的计算结果有一定分歧,在实用中应权衡考虑。另外一般认为 $Fr_h < 0.5$ 时,对高速军舰 $Fr_h < 0.6$ 时就可以不计浅水影响,这个条件也可以作为初步判断是否出现浅水影响的衡准。海军工程大学曾对高速圆舭艇无浅水影响的衡准进行了研究,得出了一套适用于高速圆舭艇的无浅水影响衡准,该衡准对高速圆舭艇可以给出很准确的结果[17]。

5. 浅水影响确定方法

若舰船在试航中出现了浅水影响,则需对试航结果中浅水影响进行修正。在浅水航区船舶设计中也需要确定浅水影响。有各种确定浅水影响的方法,工程中比较实用的是阿普赫金法,现将该方法的计算过程说明如下:

(1)根据已知水深 h、深水航速 V 计算 $\frac{h}{T}$、Fr_h;

(2)$\frac{h}{T}$、Fr_h 查图6-34确定 $\frac{\delta V_h}{V}$,δV_h 即为与深水相同阻力下浅水航速减小量;

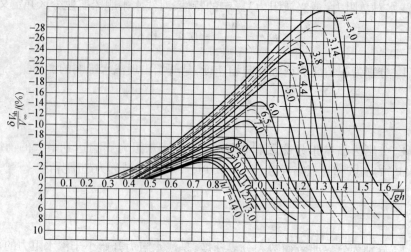

图 6 – 34 阿普赫金法估算浅水阻力图谱

（3）据 $\frac{\delta V_h}{V}$ 由 V 求出浅水航速 V_h：$V_h = V - \delta V_h$，V_h 即为与深水相同阻力下的浅水航速；

（4）令浅水阻力 R_{th} 与深水阻力 R_t 相等，该 R_{th} 即为 V_h 下的浅水阻力。

由深水阻力曲线据上述步骤得出的计算结果即可得出相应的浅水阻力曲线，如图 6 – 35 所示。一旦得出了深、浅水阻力曲线，即可据以实现深、浅水阻力的相互换算，从而解决实船试航中浅水效应修正以及浅水船舶设计中浅水阻力预报两类工程问题。

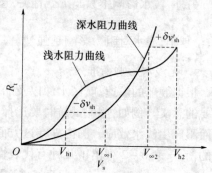

图 6 – 35　阿普赫金法确定浅水阻力

6.4.4　污底影响

船壳长了海蛎子等海生物会使阻力增加，这种现象叫污底。污底对阻力的影响是很严重的，如严重的污底可以使速度减小 10%，按 6.3.1 节介绍的方法概估这相当于阻力增加了约 37%，可见防污是很重要的。常用的防污措施有船体表面上防污漆，定期清污，小艇停航时上排、上架等。进出淡水港时对清污有利，有条件者可利用这一时机进行清污。另外，进行实船试验测量航速、轴功率等，要以新船测试数据为准。

6.5　潜艇阻力

潜艇与水面舰船同属水中航行体，其阻力规律应遵循水中航行体阻力一般规律。但潜艇的艇形、任务使命与水面舰船有所不同，需对其阻力性能进行一些补充说明。

6.5.1　潜艇阻力特性

潜艇的航行状态可分为水面航行状态、水下航行状态和通气管航行状态（近水面航行状态)。

潜艇在水面航行时的阻力成分、随航速变化规律与常规水面舰船基本上是相同的,只是潜艇水线以上部分受风面积很小,空气阻力所占比例较水面舰船更小,仅占总阻力的1%以下,通常可忽略不计。另外潜艇的附体较水面舰船多,附体阻力所占比例较水面舰船大,约占总阻力的 15% ~ 35%,老式潜艇附体阻力所占比例更大。潜艇还存在流水孔阻力,该项阻力有两种处理方法:计入摩擦阻力粗度补贴 ΔC_f 中和计入附加阻力中。若按前一种处理方法则潜艇的 ΔC_f 取值与水面舰船也不同,取为

$$\Delta C_f = \begin{cases} 0.6 \times 10^{-3}, \text{水面} \\ (1.2 \sim 1.4) \times 10^{-3}, \text{水下} \end{cases} \tag{6-43}$$

如 ΔC_f 中不计流水孔阻力,则取为

$$\Delta C_f = \begin{cases} 0.4 \times 10^{-3}, \text{水面} \\ 0.6 \times 10^{-3}, \text{水下} \end{cases} \tag{6-44}$$

潜艇在水下航行时,当潜深大于 1/2 艇长则可不计兴波阻力,此时潜艇的阻力成分中只含黏性阻力和附体阻力(流水孔阻力计入 ΔC_f),各阻力所占总阻力比例大致为:摩擦阻力占 80%,其中粗度附加约占 30%;形状阻力约占 5%;附体阻力约占 15%。深水下航行潜艇各阻力所占总阻力比例如图 6-36 所示。各阻力随航速的变化规律与水面舰船相同,由于潜艇水下阻力成分及其分配比例的变化,水下总阻力随航速的变化规律较为简单,可近似认为

$$R_t \propto V^n, n = 1.9 \sim 2.0 \tag{6-45}$$

或更粗略地认为

$$R_t \propto V^2 \tag{6-46}$$

关于水下阻力还需说明的是,尽管潜艇水下阻力不含兴波阻力,但其总阻力有可能比潜艇水面总阻力大;另外,提高潜艇水下航速是各国长期研究的课题,现代潜艇的水下航速通常为 18kn ~ 20kn,更高的可达 22kn ~ 25kn;潜艇相对于水的速度称为静水速度,相对岸的速度称为技术速度,讨论潜艇阻力特性时,速度均是指静水速度。

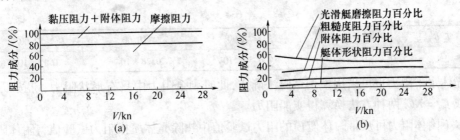

图 6-36　各阻力成分与航速的关系
(a)潜艇各阻力所占比例(分类方法 1);(b)潜艇各阻力所占比例(分类方法 2)。

潜艇近水面航行时存在兴波阻力,对潜艇习惯将该项阻力称为兴波阻力附加,记作 ΔR_w,此时潜艇的总阻力等于水下航行阻力加 ΔR_w。ΔR_w 通常由模型试验确定,即用带附体的潜艇进行近水面阻力试验与深水下阻力试验,从近水面阻力中扣除深水下阻力即得 ΔR_w。ΔR_w 是随潜深而变化的,图 6-37 给出了近水面运动的回转体兴波阻力随潜深与弗劳德数变化的关系,该图定性上应能反映出潜艇 ΔR_w 随潜深与弗劳德数变化的规律。

作者最近据线性兴波阻力理论研究了近水面回转体阻力随潜深和弗劳德数变化的规律，发现 ΔR_w 占相当大的比例[18]，且随潜深和航速呈现出较为复杂的变化关系，其中兴波阻力的变化规律与图 6-37 所给结果类似。另外，由上所述可知，潜艇出现最大阻力的时机是近水面航行状态。

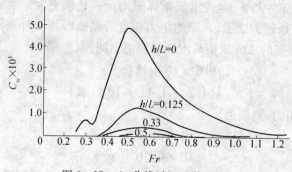

图 6-37　C_w 曲线随相对潜深的变化

6.5.2　潜艇阻力确定方法

　　水面或近水面航行潜艇阻力确定方法大致与水面舰船相同，唯估算潜艇水面或近水面阻力的图谱很少，故确定潜艇水面或近水面阻力更多地借助于模型试验结果。

　　现代潜艇以水下航态为主，其水下阻力的预报更受关注。工程中确定潜艇光体水下摩擦阻力仍是采用 6.2.1 节中的计算公式，确定潜艇光体水下其他阻力的常用方法有经验公式法、图谱法和模型试验法，而确定水下附体阻力主要采用模型试验法。

　　光体水下形状阻力系数可采用如下巴普米尔公式估算：

$$C_e = 0.09 \frac{A_m}{S} \sqrt{\frac{A_m^{1/2}}{2L_r}} \tag{6-47}$$

式中：A_m 为最大横剖面面积；L_r 为去流段长度，即最大横剖面到尾端的纵向距离。

　　光体水下形状阻力系数也可据 L/B 按表 6-3 近似确定。

表 6-3

L/B	6.00	8.00	10.00	12.00
C_e	0.89×10^{-3}	0.52×10^{-3}	0.28×10^{-3}	0.12×10^{-3}

　　光体水下阻力也可采用模型试验法确定，此时剩余阻力中只有形状阻力，可按 C_e 为常数或 $C_e = KC_f$ 两种方法换算得实船阻力。

　　水下附体阻力可从带附体艇模的阻力试验值中扣除光体艇模阻力试验值得附体阻力模型试验值，再换算得实船附体阻力；也可以据带全附体艇模试验值直接换算得出实艇的阻力，该方法的实质是将附体阻力计入剩余阻力中，据模型剩余阻力换算得实船剩余阻力，再求出实船总阻力。另需说明的是，据模型试验结果预报实艇阻力，实艇航速与艇模航速无对应关系。

6.5.3　艇型对阻力的影响

　　潜艇以水下航态为主，下面简要讨论艇型对水下阻力的影响。光体水下阻力为摩擦阻力、形状阻力和粗度附加。了解水下阻力的成分是分析艇型对水下阻力影响的切入点。

在排水量一定的情况下对水下阻力影响最大的船形参数是 L/D，D 是回转体艇型的最大直径，L/D 也称为长径比。L/D 增大则湿表面积 S 增大，而 C_f、C_e 减小，ΔC_f 保持不变。但 L/D 对 S 的影响大于对 C_f 的影响，故 L/D 增大 R_f 是增大的。当 L/D 小于某个值，L/D 增大对 C_e 的影响大于对 S 的影响，这时 R_e 是减小的；而当 L/D 大于该值，C_e 随 L/D 增大而减小的趋势很平缓，L/D 增大对 S 的影响大于对 C_e 的影响，R_e 反随 L/D 增大而增大。

当排水量和 L/D 都确定了，则排水量沿船长的分布就是对水下阻力影响最大的因素了，排水量沿船长的分布与棱形系数 C_p、浮心纵向位置关系密切。定性上说，前体较为饱满后体较为瘦削的"水滴形"艇形对减小阻力有利，因为在排水量、L/D 一定的条件下，前体饱满有利于减小 S，后体瘦削可减小形状阻力系数 C_e，亦即可以增加式(6-47)中的 L_r。

当然艇型设计是相当复杂的工程项目，实际的艇型不会仅从减小水下阻力的角度去设计，需综合考虑使用功能以及其他性能，如艇型与流噪声就有密切的关系，流噪声是潜艇自噪声的重要声源[19]，减小流噪声对提高潜艇声呐的探测距离有重要的意义。

习　题

1. 两舰船航速为 18kn 时所需主机功率均为 7500hp，排水量分别为 $\Delta_1 = 4000\mathrm{t}$，$\Delta_2 = 4200\mathrm{t}$，试述哪种舰船快速性好。

2. 试述摩擦阻力、形状阻力、兴波阻力的产生原因。

3. 试以代数表达式表示阻力分类方法，并说各种阻力的含义。

4. 试述高速、中速、低速划分方法以及低速船、高速船各种阻力成分在总阻力中所占比例的大致情况。

5. 写出 C_f、C_e、C_w 的定义式与函数表达式，据此说明形状阻力、摩擦阻力、兴波阻力随航速变化的关系。

6. 解释 C_w 与 Fr 的关系曲线出现"峰"与"谷"原因。

7. 绘图说明船舶兴波的有利干扰与不利干扰状态。

8. 试述总阻力随航速变化规律，作出总阻力曲线(即总阻力随航速变化的曲线)，并说明总阻力曲线的主要影响因素。

9. 说明高速水面舰船与低速运输船的船形特征，并从阻力的角度加以解释。

10. 试述产生浅水影响的主要物理机制，并据此说明浅水对阻力影响的规律。

11. 说明判别浅水影响的方法。

12. 某护卫舰满载排水量 $\triangle_1 = 1195.5\mathrm{t}$，航速为 20kn 时有效功率为 2425hp，该舰超载为 $\Delta_2 = 1305\mathrm{t}$ 时，试求：

(1) 保持 20kn 航速所需的有效功率；

(2) 保持有效功率为 2425hp，相应航速的变化。

13. 某船排水量增加 20%，而速度维持不变，试求必须增加的主机功率百分数。

14. 某高速炮艇,正常排水量△=125t,现将火炮改装为导弹,排水量增至 142.5t,试求各种航速下艇阻力增大的百分比。

15. 两舰船航速分别为 19kn、18kn,所需主机功率均为 7500hp,排水量分别为 $\Delta_1 = 4000t, \Delta_2 = 4200t$,试述哪种舰船快速性好。

16. 某护卫舰最大设计航速为 32kn,吃水 $T = 3.10m$。建造完工后在水深 $h = 40m$ 的测速场进行交船试航,试航中测得最大航速为 31km,试分析产生上述结果的原因,并说明处置方法。

17. 试述潜艇水面航行、近水面航行以及水下航行的总阻力随航速变化的关系,作出各自的总阻力曲线示意图。

18. 某潜艇总阻力曲线数据如表 6-4 所列,说明该艇的航行状态。

表 6-4

V/kn	2	3	4	5	6	7	8	9	10	11	12	13
R_1/kg	380	824	1440	2210	3150	4240	5500	6900	8460	10200	12050	14000

第7章 舰船推进

舰船推进器是从主机吸收能量,发出推力、克服阻力的部件,当今舰船使用最多的推进器是螺旋桨,螺旋桨在主机带动旋转的过程中吸收主机能量,发出推力。自机器作为舰船的动力以来,在推进器的发展史上出现过早期喷水推进器、明轮等推进装置,18世纪初期螺旋桨开始用作舰船推进器,18世纪中期确立了螺旋桨用作舰船推进器的统治优势地位并一直延续至今。近年来,尽管普通螺旋桨仍占舰船螺旋桨的大多数,但随着舰船任务使命的发展变化,导管螺旋桨、可调距螺旋桨等特种螺旋桨的应用也逐渐增多。还有些轻型高速舰船采用了与早期喷水推进器全然不同的现代组合式喷水推进器。

本章主要讨论普通螺旋桨的几何形状,敞水螺旋桨与船后螺旋桨的工作特性,螺旋桨的空泡特性,以及舰船的航行特性等内容;鉴于近年来特种螺旋桨和新型喷水推进器的应用有增加的趋势,对这类推进装置也作一简要介绍。至于潜艇螺旋桨,其水下噪声特性尤为重要,有些几何参数和工作特性参数与水面舰船也有所区别,此外其航速性计算、分析要考虑的工况与水面舰船也有所不同,其余诸如工作原理、水动力学特性等与水面舰船基本一致,本章对潜艇螺旋桨的特点也作简要介绍。如未指明,本章所称螺旋桨均指普通螺旋桨。

7.1 螺旋桨几何形状

7.1.1 螺旋桨外形

从外形上看,螺旋桨分为桨叶、桨毂、毂帽3个部分,如图7-1和图7-2所示。

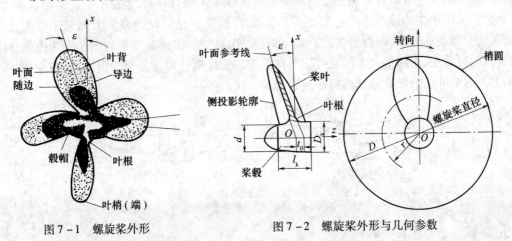

图 7-1 螺旋桨外形

图 7-2 螺旋桨外形与几何参数

1. 桨叶

桨叶是对螺旋桨工作性能影响最大的部件,螺旋桨的推力即由桨叶产生。螺旋桨一般装在船后,从船后向船前看,所看到的一面称为叶面,相反的一面称为叶背,叶面和叶背也分别称为压力面和吸力面,其原因是在螺旋桨正常工作时叶面压力升高,叶背压力降低,也可认为相对于静压力而言,叶面、叶背分别产生了压力和吸力,螺旋桨的推力即由叶面的压力与叶背的吸力合成的。螺旋桨叶面是螺旋面的一部分,如图 7-3 所示。

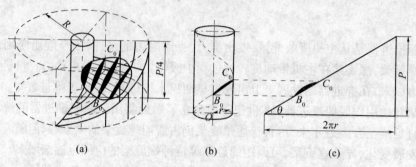

(a)   (b)   (c)

图 7-3　螺旋桨叶面与螺旋面

桨叶的外端称为叶梢,与桨毂相连接的部位称为叶根,如图 7-2 所示。螺旋桨原地旋转时,叶梢划过的圆称为梢圆。梢圆的直径称为螺旋桨直径,通常记作 D,梢圆的面积即为螺旋桨盘面积,记作 A_0。A_0 代表螺旋桨直径或者说螺旋桨盘面的大小,与螺旋桨直径的关系为

$$A_0 = \frac{\pi D^2}{4} \qquad\qquad (7-1)$$

螺旋桨的直径是对螺旋桨水动力性能影响大的重要几何参数。

螺旋桨旋转过程中,先入水的一边称为导边,随后入水的一边称为随边。从船后看,螺旋桨上方的桨叶向右方旋转,即顺时针旋转,这种旋向称为右旋;反之称为左旋。左、右旋的判断有一简单实用的方法:如图 7-4 所示,将螺旋桨平放,正对观察者的桨叶右侧高则该桨为右旋桨,左侧高即为左旋桨。由左右旋的判断方法也知,螺旋桨的旋向既是运动参数也是几何要素。水面舰船,尤其是水面战斗舰船大都采用多个螺旋桨,商船则有采用多桨与单桨的,一般而言采用多桨对舰船的机动性和生命力有利,也便于螺旋桨布置和主机选型,采用单桨的推进效率通常要高于多桨,潜艇受艇尾形状的限制大都采用单桨,螺旋桨的个数也称轴数,以符号 Z_p 表示。对双桨船或四桨船,螺旋桨的旋向还分为内旋、外旋,从船后看左、右两桨上方的桨叶向对称面方向旋转则这对螺旋桨为内旋桨,若左、右两桨上方的桨叶向两舷旋转则这对螺旋桨为外旋桨。

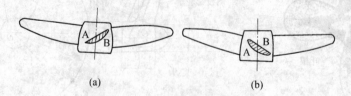

(a)   (b)

图 7-4　左、右旋螺旋桨判断

(a) 右旋;(b) 左旋。

螺旋桨叶数片的数目简称为叶数,常以 Z 表示。叶数对螺旋桨的振动、空泡特性有较大影响,对螺旋桨的效率等工作特性影响不大。水面舰艇螺旋桨的叶数通常为 3 叶 ~5

叶,以往的水面舰船3叶、4叶桨应用较多,近年来,随着舰艇振动性能受到重视,有不少水面舰船的螺旋桨采用5叶。潜艇螺旋桨的叶数通常为3叶~7叶,现今的潜艇5叶以上大侧斜螺旋桨应用较多。

桨叶叶面的面积为各片桨叶面积之和,记作A,$A = Z \times$ 各叶面积。在工程上也常用盘面比A/A_0表示叶面积,A/A_0是桨叶面积A与盘面积A_0的比值,A/A_0表征叶片轮廓形状的饱满程度,A/A_0大则表示叶片饱满,注意螺旋桨的A/A_0可以大于1.0,A或A/A_0是对螺旋桨的空泡、振动特性影响大的参数,对螺旋桨的工作特性也有较大影响,但对螺旋桨工作特性影响的程度要小于直径D和螺距P。

2. 桨毂

桨毂的功能是固定叶片并连接尾轴。桨毂的几何形状较为简单,为圆柱形或拟圆台形,如图7-2所示,描述桨毂几何形状的参数有毂径d_k,毂长l_k,拟圆台形桨毂的几何参数还有锥度(通常为$\frac{1}{10} \sim \frac{1}{15}$)。在工程中也常用毂径比$d/D$代表毂径,毂径的大小对螺旋桨的工作性能有一定影响,例如,毂径增大叶片径向长度减小而叶宽增大,螺旋桨效率将略为下降。可调距螺旋桨的桨毂需安装带动叶片转动的传动机构,桨毂通常较大,如图7-5所示,故可调距桨的效率较普通螺旋桨通常低3%左右。

3. 毂帽

在桨毂后装有毂帽,毂帽也称导流帽,其作用是与桨毂构成一流线体,减小阻力。

螺旋桨还有其他几何参数和要素,其中包括螺距这一重要的几何参数,要根据螺旋桨叶面所在的螺旋面几何形状来定义、描述。

7.1.2 螺旋面几何特性

如图7-6所示,一直线段绕定轴匀速旋转的同时延该轴线匀速上升,该直线段在这种运动过程中划过的空间轨迹为螺旋面。运动直线段与固定轴分别称为螺旋面的母线与轴线。母线旋转一周在轴向的前进距离称为螺距,以P表示,在工程中经常以螺距比P/D表示螺距。

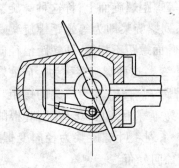

图7-5 可调距桨桨毂示意图

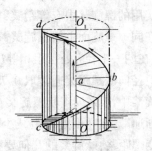

图7-6 螺旋面的形成

在螺旋面形成的过程中,母线上一点划过的空间轨迹即为螺旋线,如图7-6所示。也可从另一角度来理解螺旋面与螺旋线的关系,用一与螺旋面同轴线的圆柱面截螺旋面,所得交线(截线)即为螺旋线,图7-6中的c—b—d即为一螺旋线。将一个螺距内的上述圆柱面展开后可得一矩形,如图7-7所示,该矩形高度和底边长分别为P和$2\pi r$,r为截旋线的圆柱面的半径,也称为该螺旋线的半径,螺旋线 B—B_1—B_2 在该矩形上随之拉直为直线(段)B'—B_1—B''_2。图 7-7 中由 P、B'—B'' 和 B'—B_1—B''_2 构成的三角形称为螺距三角形,直线段 B'—B_1—B''_2 称为节线,B'—B_1—B''_2 与 B'—B'' 的夹角 θ 称为螺距角。螺距角与半径 r、螺距 P 有如下关系:

$$\tan\theta = \frac{P}{2\pi r} \qquad\qquad (7-2)$$

若各半径 r 处的螺旋线在同一个螺旋面上,则螺距角 θ 随半径 r 增大而减小,有时也称这种螺旋面为等螺距螺旋面。

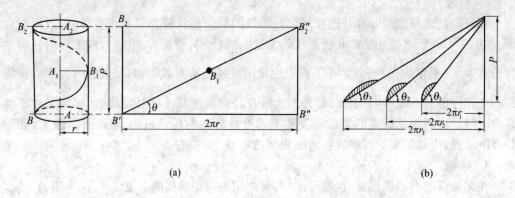

(a)   (b)

图 7-7　螺旋线及螺距三角形

如图 7-2 所示,桨叶叶面是螺旋面的一部分,由导边、随边与桨毂上一段螺旋线在螺旋面上划出的一部分,螺旋桨的轴线即为相应的螺旋面轴线。

7.1.3　桨叶几何特性

1. 螺距 P

螺旋桨叶面所在螺旋面螺距就是螺旋桨的螺距,仍记作 P,相应的螺距比仍记作 P/D。若一桨叶的叶面在同一螺旋面上,即叶面位于等螺距螺旋面上,称这种螺旋桨为等距桨。实用的螺旋桨中有等距桨,如 AU(或 MAU)系列螺旋桨即为等螺距螺旋桨。也有叶面不在同一螺旋面上的螺旋桨,若在不同半径 r 处叶面螺距不相等,即螺距沿径向是变化的,但在同一半径 r 处螺距相等(螺距沿周向保持不变),这种螺旋桨称为径向变螺距螺旋桨。对径向变螺距桨通常取 $0.7R$ 或 $0.75R$ 处的螺距 $P_{0.7R}$、$P_{0.75R}$ 为该桨的螺距。在常用的螺旋桨中,B 系列 4 叶螺旋桨在 $r>0.6R$ 范围内为等螺距,而在 $0.6R$ 至叶根的区域螺距逐渐递减,在叶根处螺距减少 20%,故严格说 B 系列 4 叶螺旋桨为径向变螺距桨。对径向变螺距桨,螺旋桨的几何要素中应包括螺距的径向分布。

螺距或螺距比是是螺旋桨重要的几何参数,其对螺旋桨水动力性能的影响程度大致与螺旋桨的直径相当。

2. 螺旋桨叶切面及其几何描述

用与螺旋桨轴同轴的圆柱面去截螺旋桨叶即得到桨叶的一个切面,当该圆柱面拉直成为矩形后,叶切面则跟随圆柱面拉直而成为一机翼切面,如图 7-8 所示。可用描述机翼切面几何形状的方法描述叶切面的几何形状。常用的机翼切面类型有弓形、机翼形、梭形和月牙形,如图7-9所示。

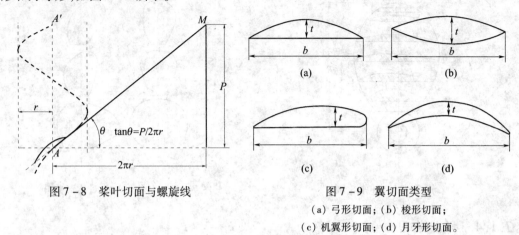

图7-8 桨叶切面与螺旋线

图7-9 翼切面类型
（a）弓形切面；（b）梭形切面；
（c）机翼形切面；（d）月牙形切面。

现据弓形、机翼形切面说明机翼切面(叶切面)的几何要素和参数。叶切面上导边、随边上的点分别称为导缘与随缘,叶面、叶背上的线分别称为面线与背线。连接导缘与随缘的直线段称为弦线,机翼形叶切面的上述弦线也称为内弦线,过面线最低点作切线,从导缘、随缘向该切线作垂直线,两垂直线在上述切线上截取的一直线段则称为外弦线。弓形切面内外弦线、面线是同一条直线段,且该弦线位于螺距三角形节线上,如图7-8所示。弦线的长度称为弦长,记作 b。

沿垂直于弦线的方向,面线到背线的距离为叶切面的厚度,但通常将该厚度最大值称为叶切面的厚度,记作 t,如图7-10所示。在工程中也常用相对厚度表示叶切面的厚度,相对厚度记作 δ,其定义为 $\delta = t/b$。

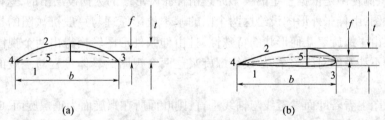

(a)   (b)

图7-10 叶切面及其几何要素
（a）弓形切面；（b）机翼形切面。
1—面线；2—背线；3—导缘；4—随缘；5—拱线。

过叶切面厚度方向中点的连线称为拱线,拱线到弦线距离的最大值称为拱度,以 f 表示,如图7-10所示。有时也以拱度比 $\bar{f}$ 表示拱度,即 $\bar{f} = \dfrac{f}{b}$。

将桨叶各半径处的叶切面拉直后置于相应半径处,并过导缘与随缘绘出在叶梢处相接的框线,该框线称为伸张轮廓,伸张轮廓的外形称为伸张外形,如图7-11所示。若桨叶伸张外形为左右对称的,则该桨为对称型螺旋桨;否则为非对称型螺旋桨,如图7-12所示。伸张轮廓的面积称为伸张面积,记作 A_E,研究表明该面积与桨叶面积非常接近,常认为 $A_E = A$。在工程中也常以伸张面积比 A_E/A_0 表示伸张面积,因而 $A_E/A_0 = A/A_0$。

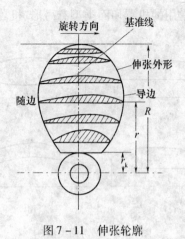

图 7 – 11　伸张轮廓

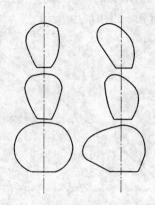

图 7 – 12　对称形与非对称形桨叶

7.1.4　螺旋桨图

在工程上用螺旋桨图来详细描述螺旋桨的几何形状,螺旋桨图是加工制造螺旋桨的依据,也是研究和计算螺旋桨水动力性能的基本资料。螺旋图有正视图、侧视图、伸张外形图三组图,螺旋桨简图如图 7 – 13(a)、(b)、(c)所示,正视图是从船后向前看得到的视图,侧视图是从船侧看得到的视图,伸张外形图绘出了伸张轮廓、以及各半径处拉平后的叶切面。

设绘螺旋桨图时首先是设绘出伸张外形图,可以据设计条件和螺旋桨系列资料经详细的设计计算设绘出伸张外形图,图中的叶面参考线是绘制该图的基准线,对应于叶面当中的某一条直线,也是螺旋面的母线。

正视图、侧视图是依据一定的投影原理由伸张外形图的数据设绘出的,这两个图本质上为两个视图,由伸张外形图设绘这两个图的基本投影原理与一般机械图的投影原理是一致的。但由于螺旋桨几何形状的特殊性,且由伸张外形图转换得出两个视图也存在一般机械制图不涉及的对应关系,故设绘螺旋桨这两个视图的具体过程与一般的机械视图不完全相同。

在侧视图上看若叶面参考线与轴线垂直,则叶面所在螺旋面为正螺旋面;叶面参考线与轴线的垂直线成一夹角 ε,则叶面所在螺旋面为斜螺旋面,角 ε 称为纵斜角。在正视图上的投影轮廓称为投射轮廓,对称叶形的投射轮廓对称于叶面参考线;非对称叶形的投射轮廓不对称于叶面参考线,叶梢到叶面参考线的距离称为侧斜,以 X_s 表示,如图 7 – 13(b)所示,相应的角度 θ_s 称为侧斜角,这种螺旋桨也称为侧斜桨。纵斜的方向一般是向后,而侧斜的方向与螺旋桨的旋向相反,合理选择纵斜角、侧斜角可加大桨叶到尾部船体的间隙,对减小螺旋桨诱导的振动有利,但纵斜角不宜过大,否则螺旋桨工作时离心力对叶根的弯矩较大,不利于桨叶强度。适当增加侧斜还对防止螺旋桨空泡减小噪声有利,近年来出现了大侧斜桨,如图 7 – 14 所示,其抗空泡减振降噪性能都显著提高。

某船的螺旋桨总图如图 7 – 15 所示。现一般是采用计算机设计绘制螺旋桨图,详细的螺旋桨设计计算和制图方法读者可参阅"螺旋桨设计"一类资料[26];图谱法设计螺旋桨常用的螺旋桨系列有日本的 AU(MAU)系列,荷兰的 B 系列,英国的高恩系列,

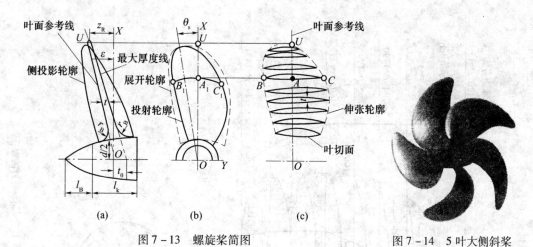

图 7 – 13　螺旋桨简图　　　　　　图 7 – 14　5 叶大侧斜桨

苏联的对称系列等[12,26]。近年来随着船舶水动力计算技术的迅速发展,据水动力理论设计螺旋桨的应用日益广泛,将成为螺旋桨设计的一种趋势[27]。

7.1.5　螺旋桨材料与检验

1. 螺旋桨材料

制造螺旋桨的材料有铜合金、铸钢及铸铁。军舰通常用特殊黄铜制造螺旋桨,铜合金有良好的铸造性及加工性,可获得光滑的表面且机械强度高、延伸率大、抗冲击性能好、耐海水腐蚀等。国内常用的几种螺旋桨铜合金材料的化学成分与力学性能如表 7 –1 所列。

表 7 –1　几种常用螺旋桨材料的化学成分与力学性能

材料名称	牌号	化学成分/(%)										力学性能	
		铜	锡	锌	铅	镍	铝	锰	铁	锑	杂质	抗拉强度 /（kg/mm²)	延伸率 /（%)
锰黄铜	ZHMn 55-3-1	53 ~ 58	≤0.5	其他	≤0.5		≤0.6	3 ~ 4	0.5 ~ 1.5		≤0.2	≥45	≥15
铝锰黄铜	ZHAl 67-5-2-2	67 ~ 70		其他			5 ~ 6	2 ~ 3	2 ~ 3	≤0.1	<0.1	55 ~ 65	≥12
高锰铝青铜	2Q41 12-8-3-2	其他				1.5 ~ 2.5	6.5 ~ 8.5	11 ~ 14	2 ~ 4			≥68	≥20

为降低螺旋桨的噪声,也有人研制低噪声螺旋桨合金材料;近年来还有人研究、应用非金属复合材料制造舰船螺旋桨,据报导这类螺旋桨材料可望获得较好的抗空泡性能和低噪声性能。

2. 螺旋桨的测量与检验

新螺旋桨加工完毕或旧螺旋桨修复后均应按螺旋桨图纸要求和国家标准进行测量检验。除检验螺旋桨材料的化学成分、力学性能外,对各种几何尺寸要进行测量检验。螺旋桨几何尺寸验收项目、要求及允许偏差如表 7 –2 所列。

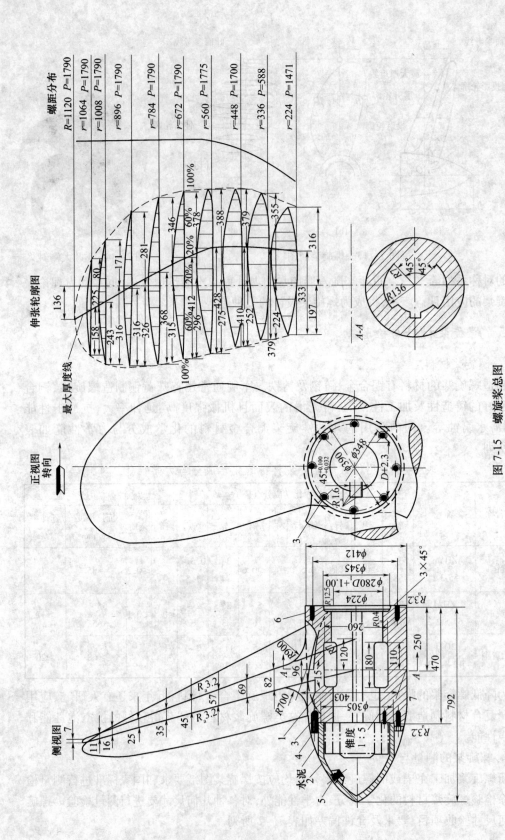

螺距分布

R=1120	P=1790
r=1064	P=1790
r=1008	P=1790
r=896	P=1790
r=784	P=1790
r=672	P=1790
r=560	P=1775
r=448	P=1700
r=336	P=588
r=224	P=1471

伸张轮廓图

最大厚度线

正视图
转向

A-A

侧视图

水泥

锥度 1:5

图7-15 螺旋桨总图

1—螺旋桨；2—毂帽；3—半光小六角头螺栓；4—橡皮；5—圆柱头螺钉；6—螺孔（对称布置）；7—制动螺钉的螺孔。

140

表7–2　螺旋桨几何测量检验项目及允许偏差

验 收 项 目		铜合金桨	不锈钢桨	铸钢、铁桨
允许偏差	螺旋桨直径	±0.5%	±0.5%	±0.75%
	螺旋桨螺距	±1.0%	±1.0%	±1.5%
	叶切面宽度	±1.0%	±1.0%	±1.5%
	切面厚度	+3.0% −2.0%	+4.0% −2.0%	+6.0% −3.0%
	相邻桨叶中心线相互位置	±0.5°	±0.5°	±0.5°
表面粗糙度	$r>0.3R$ 的桨叶表面　$r=300mm\sim1000mm$	$R_a1.60$	$R_a1.60$	R_a50
	$r>1000mm$	$R_a1.60$	$R_a6.3$	小于 $500\mu m$
	$r\leqslant0.3R$ 的桨叶表面　$r=300mm\sim1000mm$	$R_a3.2$	$R_a3.2$	小于 $500\mu m$
	$r>1000mm$	$R_a6.3$	$R_a6.3$	小于 $500\mu m$

螺旋桨的直径、螺距、相邻桨叶中心线间的夹角通常用螺距仪测量。常用的螺距仪基本构造如图 7–16 所示，螺距仪有一根固定铅垂轴，一根可绕铅垂轴旋转的水平摇臂，水平摇臂上装有垂直于摇臂的量针，量针可上下移动使针尖落在桨叶叶面上；此外水平摇臂、量针上均有刻度，以读取量针至轴心的距离以及上下移动的距离，绕铅垂轴还有一与轴线垂直的刻度盘，可读取水平摇臂转动的角度。测量时螺距仪铅垂轴与螺

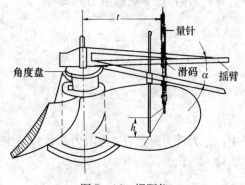

图 7–16　螺距仪

旋桨轴线重合，叶面朝上，将量针移动到测量螺距的半径 r 处，绕铅垂轴转动水平摇臂，在摇臂转动给定角度 φ 前后，量针的针尖落在叶面上，由刻度盘、量针以及摇臂上的刻度可分别读取摇臂转动的角度 φ、量针上下移动距离 h 以及所测螺距的半径 r，则该半径处的螺距为

$$P_r = \frac{\varphi}{360}h \qquad (7-3)$$

对等距桨，螺距 P 应取为各半径处螺距的平均值。

7.2　螺旋桨工作特性

根据螺旋桨工作时的运动状态粗略地解释桨叶上的轴向推力和周向旋转阻力的产生原因：螺旋桨旋转时桨叶向侧后方拨水，水对桨叶有一个侧前方的作用力，这个侧前方的作用力在舰船前进方向的分量就是螺旋桨的轴向推力，在周向的分量就是阻止螺旋桨旋转的旋转阻力，该旋转阻力（矩）由主机通过桨轴施加的反方向转矩来克服，螺旋桨克服旋转阻力做功消耗的能量即由主机提供。

螺旋桨的工作特性是指螺旋桨的推力、旋转阻力矩（简称转矩）随螺旋桨的转速、前

进速度(简称进速)变化的特性。此处的螺旋桨是指孤立的螺旋桨,并非装船后与主机、舰船协同工作的螺旋桨,既不考虑船体对螺旋桨盘面水流运动的影响,也不要求螺旋桨的运动、受力与主机和舰船的运动、受力协调,亦即此处的螺旋桨仅指螺旋桨本身,通常将这种桨称为敞水螺旋桨。

　　螺旋桨在工作过程中,桨叶的叶切面在水中运动,这相当于机翼切面在水中运动。桨叶的受力是桨叶切片微元受力之和,亦即相应的机翼切片微元(以下简称机翼切片)受力之和。通过桨叶切片微元的运动、受力分析可推知桨叶受力特性,所以机翼理论是讨论螺旋桨工作特性的基础。

7.2.1　机翼水动力特性

　　如图 7 - 17 所示,当水流以攻角 α_k、速度 W 流过机翼切片(可视作二元机翼)时,按茹科夫斯基升力理论,在机翼切片上将产生升力 $\mathrm{d}y$ 和翼型阻力 $\mathrm{d}x$。$\mathrm{d}y$ 的方向垂直于来流方向,$\mathrm{d}x$ 的方向与来流方向相同。在工程中常以无因次的升力系数和翼型阻力系数表示升力与翼型阻力(下简称阻力),即令

$$C_y = \frac{y}{\frac{1}{2}\rho W^2 S} \tag{7 - 4}$$

$$C_x = \frac{x}{\frac{1}{2}\rho W^2 S} \tag{7 - 5}$$

式中: C_y 为升力系数;C_x 为阻力系数;S 为机翼面积。

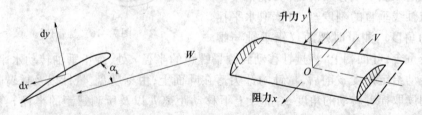

图 7 - 17　机翼切片或二元机翼上的升力和阻力

　　由二元机翼理论可知,若翼型一定,不计雷诺数的影响,则 C_y、C_x 仅取决于攻角 α_k,即

$$C_y = C_y(\alpha_k)$$

$$C_x = C_x(\alpha_k)$$

式中:α_k 为几何攻角,也就是通常所说的攻角。

　　C_y、C_x 随 α_k 变化的关系如图 7 - 18 所示,图中曲线分别为升力系数曲线和阻力系数曲线。由图 7 - 18 可知二元机翼的主要水动力特性如下:

　　(1) 在相当大的攻角范围内,升力系数 C_y 随着攻角 α_k 增大而增大,其变化关系接近为线性关系;阻力系数 C_x 也随着攻角 α_k 增大而增大,但 C_x 远比 C_y 小,C_x 随 α_k 变化的关系也不再是简单的线性关系。

　　(2) 在升力系数曲线上,存在使 $C_y = 0$ 的攻角 α_0,α_0 为负的小攻角,一般 $\alpha_0 =$

142

$0° \sim -2°$。将 α_0 称为 0 升力攻角,与 α_0 相对应的来流方向(即 W 的方向)称为 0 升力方向,如图 7 – 19 所示。

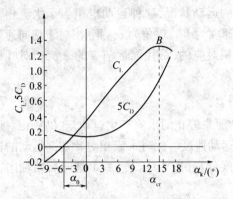

图 7 – 18　二元机翼上的升力和阻力曲线　　　　图 7 – 19　二元机翼的 0 升力攻角

(3) 当 α_k 超过某一临界攻角 α_{cr},C_y 不再随 α_k 按线性关系增加,反而随 α_k 增加而减小,这是由于攻角过大,机翼背面流体边界层分离产生旋涡所致,在机翼理论中有时也称这种现象为"失速"。在螺旋桨正常工作情况下,相对应的叶切面上攻角一般小于临界攻角。

7.2.2　螺旋桨运动与受力分析

如图 7 – 20 所示,在桨叶上半径 r 处取一叶切面,相应的桨叶切片微元称为叶元体,其厚度为 dr,dr 即为桨叶半径微元。通过分析螺旋桨工作时叶元体的运动与受力,可推知桨叶的受力状况。

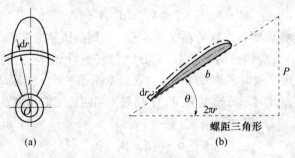

图 7 – 20　螺旋桨叶元体

螺旋桨正常工作时,其运动状态是沿轴向匀速前进的同时绕桨轴匀速旋转。设螺旋桨相对未受扰动静水的轴向前进速度为 V_A,螺旋桨的转速为 $n(\mathrm{r/s})$,相应的旋转角速度为 $\omega = 2\pi n$。应用运动转换原理,假设螺旋桨不动,则水流沿轴向以速度 V_A 流向螺旋桨的同时绕桨轴以角速度 ω 反方向旋转。此时水流相对桨叶 r 处切面的速度有两个速度分量,如图 7 – 21 所示,其一为 V_A,沿轴向朝后(与螺旋桨前进方向相反);另一为 $V_T\omega r = 2\pi n r$,沿 r 处切向向左(与叶切面运动方向相反),二者的合速度为

$$W_0 = V_A + V_T \qquad\qquad (7 – 6)$$

式中:V_A 为进速,或轴向速度;V_T 切向速度,或周向速度;W_0 为合速度。

由上述 3 个速度矢量构成的三角形称为叶切面上的速度三角形或叶元体上的速度三角形,如图 7 - 21 中的矢量三角形。

速度三角形代表了远前方水流相对叶元体的运动状况,这种运动也相当于水流相对于机翼切片的运动,如图 7 - 19 所示,此时来流速度为 W_0、攻角为 α_k, W_0 相对于切向速度的角度 β 称为进角。叶切面上的攻角与进角是相对应的,都代表远前方的来流相对叶切面的运动方向, α_k 与 β 的关系如下:

$$\alpha_k = \theta - \beta \tag{7-7}$$

螺旋桨工作时桨叶会向侧后方拨动水流,使原来静止的水流产生运动,现仍从相对运动的观点来讨论螺旋桨拨动水流使水流产生的运动速度。此时水流相对叶切面运动的速度并非 W_0,而应另加上桨叶拨水产生的两个速度分量(图 7 - 22):一个是向后的轴向速

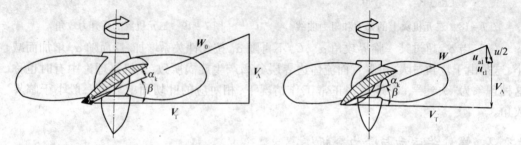

图 7 - 21　叶元体上的速度三角形　　图 7 - 22　叶元体上的速度多角形

度 u_{a1},与螺旋桨前进方向相反,与轴向来流速度方向相同;另一个是向右的切向速度 u_{t1},与叶元体的运动方向相同,与水流相对叶元体的切向速度方向相反。于是叶元体上的水流运动速度为

$$W = V_A + V_T + u_{a1} + u_{t1} \tag{7-8}$$

式中: u_{a1}、u_{t1} 分别为螺旋桨盘面处的轴向诱导速度与周向诱导速度。

由式(7 - 8)中各矢量构成的多角形称为叶切面(或叶元体上)的速度多角形,即图 7 - 22 中的矢量多角形。速度多角形代表了盘面处水流相对叶元体运动的状况,若将叶元体理解为机翼切片,则此时来流速度为 W, W 相对于切向速度的角度 β_i 称为水动力进角,攻角仍以 α_k 表示, α_k 与 β_i 的关系与式(7 - 7)类似:

$$\alpha_k = \theta - \beta_i \tag{7-9}$$

由以上分析可知,速度三角形和速度多角形都代表了桨叶相对水流的运动状态,二者的区别是速度三角形描述叶切面相对静止水流的运动状态,未计入诱导速度;速度多角形描述叶切面相对被拨动后水流的运动状态,计入了诱导速度。速度多角形上的攻角为水流相对叶切面的准确攻角;而速度三角形上的攻角仅为近似攻角,即未计入诱导速度的攻角。速度多角形、速度三角形上攻角的这种差别与三元机翼、二元机翼切面上攻角的差别刚好相当,速度多角形代表的流动相应于三元机翼切面上的流动,速度三角形代表的流动则相应于二元机翼切面的流动。机翼理论表明三元翼、二元翼切片上的升力、阻力随攻角变化的定性规律是一致的,由此可推知按速度多角形、速度三角形给出的叶元体升力、阻力随攻角变化的定性规律也是一致的。以速度三角形表征叶切面上水流运动状态更为简单方便,故在桨叶受力定性分析中,通常以速度三角形近似表征叶切面上的水流运动。

如图 7 – 23 所示,设螺旋桨的进速、转速分别为 V_A、n,近似地以速度三角形代表水流相对叶切面的运动,此时叶元体上将出现升力 dy、阻力 dx。将 dy、dx 都投影到轴向和切向,轴向力之和、切向力之和即分别为该叶元体上的轴向推力和切向阻力,通常也将切向阻力称为旋转阻力。在图 7 – 23 中,轴向推力以向上(向前)为正,切向旋转阻力以向左

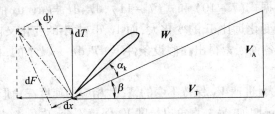

图 7 – 23 叶元体上的速度三角形与受力分析图

(向叶切面运动的反方向)为正,则推力和旋转阻力可表示为

$$dT = dy\cos\beta - dx\sin\beta \qquad (7-10)$$

$$dF = dy\sin\beta + dx\cos\beta \qquad (7-11)$$

式中: dT 为叶元体上的推力; dF 为叶元体上的旋转阻力。

将 dF 对轴心的力矩称为叶元体的旋转阻力矩,或简称转矩,叶元体上的转矩可表示为

$$dQ = rdF \qquad (7-12)$$

式中: dQ 为叶元体上的转矩; r 为叶元体所在的半径。

由式(7 – 10)~式(7 – 12)进而可得整个螺旋桨的推力、旋转阻力、转矩,表示为以下各式:

$$T = Z\int_{r_d}^{R}dT \qquad (7-13)$$

$$F = Z\int_{r_d}^{R}dF \qquad (7-14)$$

$$Q = Z\int_{r_d}^{R}dQ \qquad (7-15)$$

式中: T 为螺旋桨推力; F 为螺旋桨旋转阻力,简称螺旋桨阻力; Q 为螺旋桨旋转阻力矩,简称螺旋桨转矩; Z 为螺旋桨叶数; r_d 为叶根处半径; R 为螺旋桨半径。

7.2.3 螺旋桨受力随运动变化的规律

如前所述,螺旋桨的运动可用螺旋桨的进速 V_A、转速 n 两个参数表示,螺旋桨的受力即指螺旋桨的推力 T、旋转阻力 F 或转矩 Q。现在要分析给出 T、F(或 Q)随 V_A、n 变化的规律。从分析螺旋桨受力随运动变化的定性规律角度考虑,可以用一个叶元体的受力代表整个螺旋桨的受力。

假设螺旋桨的转速 n 保持不变,进速 V_A 增加。螺旋桨运动参数的这种变化将在叶元体的速度三角形上反应出来,如图 7 – 24 所示,叶元体速度三角形的一直角边长度 $2\pi nr$

保持不变,另一直角边长度 V_A 增加,攻角 α_k 减小,合速度 W_0 也产生相应的变化。水流相对叶元体的运动按以上趋势变化后势必引起叶元体上升力 dy、翼型阻力 dx 的变化,其中 α_k 变化对 dy、dx 的影响是主要的,而 W_0 变化的影响是次要的,在定性分析中一般只计 α_k 变化的影响,故此时叶元体上的 dy、dx 是减小的。现在还要进一步讨论叶元体上推力、旋转阻力的变化,据式(7-10)和式(7-11),dT、dF 与 dy、dx 的大小和方向都有关系,但 α_k 变化后 dy 的变化远比 dx 的变化大,而 dy、dx 大小的变化又比其方向变化对 dT、dF 影响大。综合以上各种因素得出在假设条件下 dT、dF 是减小的,相应的转矩 dQ 也是减小的。

再考虑转速 n 增大、进速 V_A 保持不变的情况。相应的速度三角形变化如图7-25所示,一直角边长度 $2\pi nr$ 增加,另一直角边长度 V_A 保持不变,攻角 α_k 增大,故此时 dT、dF、dQ 是增大的。

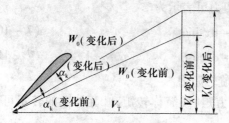

图7-24 转速不变、进速增加叶元
体上的速度三角变化形

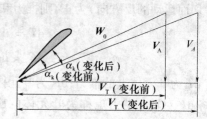

图7-25 转速增加、进速不变叶元
体上的速度三角形变化

上述螺旋桨受力随运动变化的两种典型情况在舰船实际航行中都有可能出现,现举例说明。

例7-1 某三桨水面艇,两侧螺旋桨转速增加,中螺旋桨转速保持不变,分析中螺旋桨受力变化。

解:侧桨转速增加后,艇的航速将增加,此时中桨 V_A 增加。而中桨转速 n 保持不变,故中桨各叶切面上来流的攻角 α_k 减小,按图7-24所示的分析结果知,此时中桨的推力、转矩是减小的(解毕)。

例7-2 分析例7-1中侧桨受力变化。

解:侧桨转速增加的初始,由于艇运动的惯性作用,其航速不会立即增加。故在侧桨转速增加的初始时刻,艇的航速可视作保持原航速不变,侧桨各叶切面上来流攻角 α_k 增大,按图7-25所示的分析结果知,此时侧桨的推力、转矩是增大的。正是由于初始时刻侧桨推力增大,才使随后艇的航速增大。

螺旋桨受力随运动变化的一般规律可表示为图7-26和图7-27所示的函数曲线形式,尽管这两组曲线是模型试验测量得出的,但与前面分析得出的定性规律是一致的。在图7-26、图7-27中的 A、B(▲)点,螺旋桨的推力、转矩分别为0,螺旋桨在这两点的受力与运动状态分别称为0推力状态、0转矩状态,相应的进速记作 V_{A1}、V_{A2}。

例7-3 以叶元体上的速度三角形和力矢量图表示螺旋桨的0推力状态。

解:设螺旋桨转速为 n,进速为 V_{A1},0推力状态的速度三角形和力矢量图如图7-28所示。在这种状态下,相对一定的转速 n 而言,进速 V_{A1} 较大,叶切面上的水流方向在弦线上方,但仍在无升力方向以下,这种来流方向称为0推力方向。0推力方向的入射水流攻

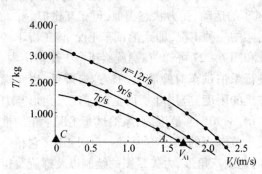

图 7-26 推力随进度、转速变化的曲线

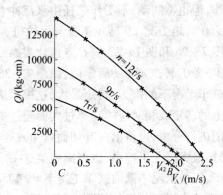

图 7-27 转矩随进速、转速变化的曲线

角为负,但尚未到达 0 升力攻角的值,即升力仍为正值。如图 7-28 中的力矢量图所示,推力为

$$dT = dycos\beta - dxsin\beta = 0$$

即

$$dycos\beta = dxsin\beta$$

旋转阻力为

$$dF = dysin\beta + dxcos\beta > 0$$

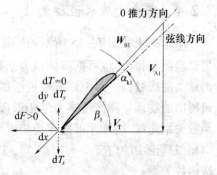

图 7-28 0 推力工况示意图

由以上分析可知在 0 推力状态,升力与翼形阻力在推力方向的分量刚好大小相等、方向相反,推力为 0,转矩仍为正值,即在 0 推力状态下,螺旋桨尽管未发出推力,但仍要遭受水的旋转阻力矩,螺旋桨克服旋转阻力做功效率为 0。

在实际航行中有可能出现 0 推力状态。例如,采用多桨的舰艇,若其中一个桨的转速较低,其他桨的转速较高,则低转速桨有可能处于 0 推力状态,在工程中这种状态也称为 0 推力工况。

例 7-4 以叶元体上的速度三角形和力矢量图表示螺旋桨的 0 转矩状态。

解:现转速为 n,进速为 V_{A2},速度三角形和力矢量图如图 7-29 所示。相对一定的转速 n 而言,进速 V_{A2} 比 V_{A1} 更大,叶切面上的来流方向已在无升力方向之上,这种来流方向称为 0 转矩方向。在 0 转矩状态的水流攻角为负,其绝对值已超过 0 升力方向的绝对值,即升力已为负值。由图 7-29 中的力矢量可知,推力、旋转阻力分别为

$$dT = dycos\beta - dxsin\beta < 0 \quad (7-16)$$
$$dF = dysin\beta + dxcos\beta = -|dy|sin\beta + dxcos\beta = 0$$

即

$$|dy|sin\beta = dxcos\beta \quad (7-17)$$

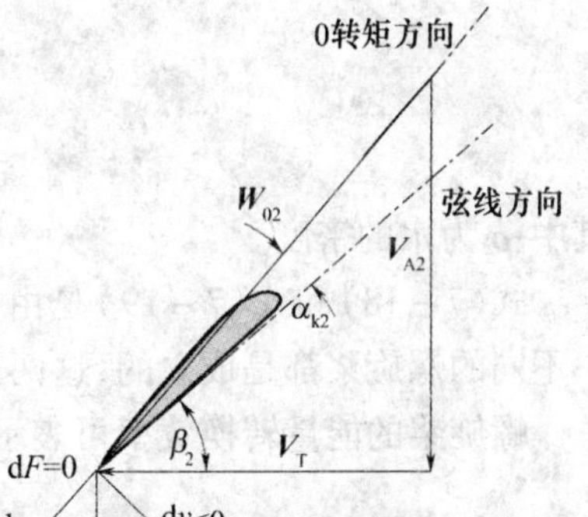

图 7-29 0 转矩工况示意图

式(7-16)和式(7-17)表示,在 0 转矩状态推力为负(与螺旋桨前进方向相反),升力与翼形阻力在切向的分量大小相等、方向相反而相互抵消。在实际航行中,若多桨船有一桨

不工作,但也不制动,不工作桨任由水流冲着自由旋转,则该桨处于 0 转矩状态,在工程中也称为 0 转矩工况。0 转矩工况与涡轮机、风车的运动、受力状态类似,可相互比拟。

图 7-26 和图 7-27 中 C 点也代表螺旋桨的一种工况,即系泊试车工况。该工况下的进速 V_A 为 0,转速 n 为一确定值,由图 7-26 和图 7-27 可知,在螺旋桨正常工况范围内,系泊试车工况下的推力、转矩最大,这提示进行系泊试车时螺旋桨的转速应降低,以免螺旋桨上的转矩或相对应的功率过大而超过主机的限度。应用叶切面上的速度三角形与力矢量图进行分析,也得出在叶切面攻角 $\alpha_k = 0° \sim 90°$ 的范围内,系泊试车工况下正的推力、转矩最大。在工程中,也将螺旋桨这一攻角范围内的工况称为第一象限工况,它相应于正车、正航工况。系泊试车工况下叶切面的速度三角形、力矢量图的绘制以及螺旋桨运动、受力状态详细分析与例题类似。

7.2.4 螺旋桨敞水性征曲线

图 7-24 和图 7-25 所示的螺旋桨 T、Q 随 n、V_A 变化规律曲线一般是通过螺旋桨模型试验测量得出,也可据流体动力学数值计算方法以计算机算出。目前工程上实际应用的这类曲线数据一般由螺旋桨模型试验给出。模型试验需按流体力学相似理论进行,测量得出的物理量需按流体力学相似理论整理为无因次物理量,并表示为无因次变量间的函数关系曲线,这样才可据螺旋桨模型试验数据预报实船螺旋桨的工作特性。据流体力学相似理论中的白金汉 π 定理[28],T 与 Q 随 n、V_A 变化的函数关系可以表示为如下无因次函数关系:

$$K_T = f_1(J) \tag{7-18}$$

$$K_Q = f_2(J) \tag{7-19}$$

式中:K_T、K_Q、J 均为无因次变量,分别为推力系数、转矩系数和进速系数,由有因次物理量按以下各式组成:

$$K_T = \frac{T}{\rho n^2 D^4} \tag{7-20}$$

$$K_Q = \frac{Q}{\rho n^2 D^5} \tag{7-21}$$

$$J = \frac{V_A}{nD} \tag{7-22}$$

其中:ρ 为水的密度。

式(7-18)和式(7-19)是由相似理论得出的无因次函数表达式,故对几何相似、大小不同的螺旋桨都是成立的,这两式表明几何形状一定的螺旋桨,K_T、K_Q 只与 J 有关。

螺旋桨的能量转换效率可表示为

$$\eta_0 = \frac{TV_A}{2\pi nQ} \tag{7-23}$$

式(7-23)表示螺旋桨以进速 V_A 前进中推力 T 做功的功率与螺旋桨旋转中克服旋转阻力矩消耗功率之比。将式(7-20)~式(7-22)代入式(7-23),则 η_0 可用 K_T、K_Q、J 表示如下:

$$\eta_0 = \frac{J}{2\pi}\frac{K_T}{K_Q} = f_3(J) \tag{7-24}$$

K_T、K_Q、η_0 随 J 变化的关系曲线称为螺旋桨敞水性征曲线,这组曲线的数据通常由螺旋桨模型敞水试验测量得出,故如此称之。某桨的敞水性征曲线如图 7-30 所示,图中的曲线样式为螺旋桨敞水性征曲线的一般样式。由图 7-30 可知螺旋桨敞水性征曲线一般规律如下:

(1) K_T、K_Q 均随 J 的增大而减小。

(2) 当 $J = J_1$ 时,$K_T = 0$,$\eta_0 = 0$,该点对应于 0 推力工况。

(3) 当 $J = J_2$ 时,$K_Q = 0$,该点对应于 0 转矩工况。

(4) 当 $J = 0$ 时,K_T、K_Q 达最大,$\eta_0 = 0$,该点对应于系泊试车工况;在 $J = 0$ 到 $J = J_1$ 之间效率曲线存在一峰值点。

曲线显示出的 K_T、K_Q 随 J 变化的规律可以从物理意义上得到解释。先假设 n、D 一定,此时 K_T、K_Q 与 T、Q 成正比,J 则与 V_A 成正比,在这种条件下 K_T、K_Q 随 J 变化的规律应该与 T、Q 随 V_A 变化的规律一致,故 K_T、K_Q 均随 J 的增大而减小。而相似理论表明 K_T、K_Q 只与 J 有关,故是否假定 n、D 一定对 K_T、K_Q 随 J 变化的规律并无影响。

对 J 进一步分析会发现该参数代表螺旋桨叶切面速度三角形上的攻角。事实上,一旦 J 确定了,则 V_A 与 nD 之比就确定了,即 V_A 与 $2\pi nr$ 之比是确定的,故速度三角形上的进角 β、攻角 α_k 都是确定的,且 α_k 随 J 增大而减小,由此也可推知 K_T、K_Q 应随 J 的增大而减小。

J 还有另外一种物理意义,它可看成是螺旋桨在水中运动时叶面划过的螺旋面的螺距比 h/D,其中 $h = V_A/n$ 是螺旋桨每旋转一周在轴向前进的距离,称为进程,相当于上述螺旋面的螺距。0 推力状态下的进速系数可表示为 $J_1 = h_1/D$,$h_1 = V_{A1}/n$ 称为 0 推力进程,J_1 也称为 0 推力螺距比;类似地 $J_2 = h_2/D$,$h_2 = V_{A2}/n$ 分别称为 0 转矩螺距比与 0 转矩进程。在螺距三角形的框架下 h_1、h_2 与一般 h 的意义如图 7-30 和图 7-31 所示,显然有 $h_2 > h_1 > P$。

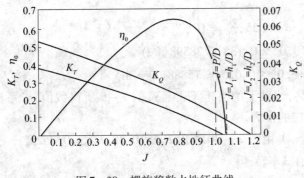

图 7-30 螺旋桨敞水性征曲线

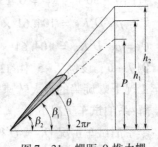

图 7-31 螺距、0 推力螺
距、0 转矩螺距

敞水试验一般在船模试验池里进行,将桨模安装在敞水箱前方,如图 7-32 所示,敞水箱外形接近较薄、较深的船形箱体,再将敞水箱放入水池,并与船池用拖车设备连接,由拖车带动前进;螺旋桨伸出敞水箱有足够远的距离以免箱体干扰螺旋桨周围水流的运动,桨轴距离水面也有足够深度以免水面对桨周围水流运动产生影响,尤其要避免桨的兴波运动。敞水箱内装有电动机,当敞水箱向前运动时,电动机带动桨模转动。按这种试验装置,可使舰船一面匀速向前运动、螺旋桨一面匀速旋转,从而获得一定的进速 V_A 与转速 n,由于螺旋桨处于敞水箱前方均匀水流之中,故 V_A 就等于拖车前进速度,且 V_A 与 n 是相互独立的(敞水箱是由拖车拖动,而非螺旋桨驱动)。在敞水箱内还装有测量桨模推力 T 和转矩 Q 的电测式传感器,由线路将传感器信号传至记录仪表记录下来。

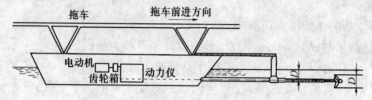

图 7-32　敞水箱与敞水试验

按上述试验装置,可测得桨模在各种 V_A、n 下的 T、Q 数据,整理并绘图后即得桨模的敞水性征曲线。这种试验称为螺旋桨(模型)敞水试验,所测出的螺旋桨工作特性称为敞水桨工作特性,在敞水试验状态下的螺旋桨称为敞水螺旋桨。另需指出,敞水桨是这种桨模实体,在不少情况下敞水桨也是一种理想模型或概念桨:均匀水流中的孤立螺旋桨即称为敞水螺旋桨。

螺旋桨的敞水性征曲线定量地描述了敞水螺旋桨的工作特性,且表示了各种尺度下的几何相似螺旋桨工作特性,是舰船螺旋桨性能的重要技术资料,螺旋桨工作特性、舰船航行特性计算以及螺旋桨设计等工作中常会用到。

例 7-5　某螺旋桨的敞水性征曲线如图 7-30 所示,其直径 $D = 3.0$m,进速 $V_A = 11.0$m/s,转速 $N = 300$r/min,求螺旋桨的推力 T、转矩 Q 和敞水效率 η_0。

解：$n = \dfrac{N}{60} = 5$(r/s)

$$J = \frac{V_A}{nD} = \frac{11.0}{5.0 \times 3.0} = 0.735$$

查图 7-30 得：$K_T = 0.135$,$K_Q = 0.025$,$\eta_0 = 0.63$。

$T = \rho n^2 D^4 K_T = 104.61 \times 5^2 \times 3.0^4 \times 0.135 = 28598$(kg)

$Q = \rho n^2 D^5 K_Q = 104.61 \times 5^2 \times 3.0^5 \times 0.025 = 15888$(kg·m)

例 7-6　设例 7-5 中的螺旋桨,桨轴上的力矩不得超过例 7-5 所得数值,求系泊试车工况下螺旋桨的最大转速及相应的推力。

解：系泊试车工况下 $V_A = 0$,$J = 0$,由图 7-30 查出 $K_T = 0.38$,$K_Q = 0.0525$。

令系泊试车工况 $Q_1 = Q$ 得系泊试车转速：

$$n_1 = \sqrt{\frac{K_Q}{K_{Q1}}} n = \sqrt{\frac{0.025}{0.0525}} \times 5 = 3.45 \text{(r/s)}$$

$$N_1 = 60n_1 = 60 \times 3.45 = 207 \text{(r/min)}$$

系泊试车工况推力为

$$T_1 = \rho n_1^2 D^4 K_T = 104.61 \times 3.45^2 \times 3.0^4 \times 0.38 = 38770 \text{(kg)}$$

7.3 船桨相互作用与船后桨工作特性

舰船螺旋桨一般装在船尾,螺旋桨盘面处的水流会受到尾部船体的影响,螺旋桨的工作特性也会受到尾部船体的影响;此外,螺旋桨工作时也会对尾部船体的水流产生影响从而改变船体的阻力性能,为便于在工程上处理这种影响,在舰船推进中是将螺旋桨工作引起的船体阻力变化转计入螺旋桨的推力变化中。螺旋桨和船体间的这种相互影响称为船桨相互作用,船桨相互作用对船后螺旋桨工作特性会产生影响。下面先讨论船桨相互作用,再讨论对船后桨工作特性。

7.3.1 伴流与伴流分数

船对螺旋桨的影响表现为伴流。舰船向前航行,船体周围有一股伴随船体的运动水流,船体周围的这种运动水流称为伴流。若伴流运动方向与舰船的航向相同,这种伴流称为正伴流;反之称为负伴流。计入螺旋桨盘面处的伴流后,则螺旋桨的进速 V_A 不等于船的航速 V ,二者的关系可表示为

$$V_A = V - u \qquad (7-25)$$

式中: u 为伴流速度,其意义为螺旋桨盘面处的伴流运动速度平均值或有效值,通常有 $u > 0$ 。根据伴流产生的原因可将伴流分为势伴流、摩擦伴流和兴波伴流。如图 7-33 所示,势伴流是船体周围不计水面兴波影响的势流运动引起的伴流,这种伴流成分在理想流体中的水面、水下航行体周围都会出现。如图 7-34 所示,摩擦伴流是边界层内的水流由于黏性作用被船体拖动而产生的伴流。兴波伴流则是水面航行舰船周围的兴波运动引起的伴流,由流体力学知在水面兴波运动中水质点作圆周运动,称为轨圆运动,兴波伴流就是水质点轨圆运动引起的伴流。

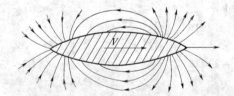
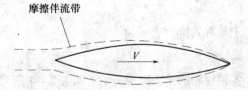

图 7-33 船体周围流线与势伴流示意图 图 7-34 船体周围的边界层与摩擦伴流

在工程上通常以伴流分数表示伴流速度的大小,伴流分数为 u 与 V 的比值,记作 w ,即

$$w = \frac{u}{V} = 1 - \frac{V_A}{V} \qquad (7-26)$$

按式(7-26),螺旋桨进速与舰船航速的关系为

$$V_A = (1 - w)V \qquad (7-27)$$

由式(7-27)可知,一旦确定了伴流分数即可以由航速推算出船后桨的进速。舰船的伴流分数需通过模型试验或船舶水动力计算确定,作为粗略的估算,各种舰船的伴流分数可以参考表 7-3 的数据估算。

表 7 – 3　各种舰船的伴流分数

船舶类型	伴流分数	船舶类型	伴流分数
快速船和邮船	0.10 ~ 0.18	轻巡洋舰	0.035 ~ 0.10
单桨商船($C_B = 0.5 \sim 0.7$)	0.20 ~ 0.30	大型驱逐舰	0.00 ~ 0.10
双桨商船($C_B = 0.5 \sim 0.7$)	0.08 ~ 0.20	驱逐舰和护卫舰	0.00 ~ 0.03
肥大型船(C_B 为 0.8 左右)	0.30 ~ 0.40	潜艇	0.10 ~ 0.25
主力舰及重巡洋舰	0.15 ~ 0.20	鱼雷艇	0.00 ~ 0.04

7.3.2　推力减额与推力减额分数

螺旋桨对船的影响表现为推力减额。在船后工作的螺旋桨对尾部船体表面的水流有抽吸作用,使尾部船体表面的水流速度增加、压力下降,如图 7 – 35 所示。这种尾部压力下降引起的船体阻力增加量称作阻力增额。这部分阻力增加量是由螺旋桨工作引起的,故将它理解为螺旋桨推力减小量,分配到每个桨上的这种推力减小量即称为推力减额,记作 ΔT。按推力减额的概念,在船后工作的螺旋桨作用下的舰船阻力不发生变化,只是螺旋桨本身的推力损失了一部分。记入推力减额后的螺旋桨推力称为有效推力,有时也称为船后桨推力,记作 T_E。有效 T_E 与敞水桨推力 T 之间的关系为

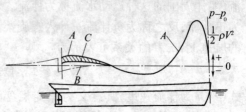

图 7 – 35　船后螺旋桨作用下尾部
船体表面压力下降
A—不带桨体船表面压力分布;
B—敞水桨作用下盘面前后压力分布;
C—船后螺旋桨作用下船体表面压力分布。

$$T_E = T - \Delta T \qquad (7 - 28)$$

ΔT 与 T 的比值称为推力减额分数,记作 t,即

$$t = \frac{\Delta T}{T} = 1 - \frac{T_E}{T} \qquad (7 - 29)$$

于是有效推力表示为

$$T_E = (1 - t)T \qquad (7 - 30)$$

各种舰船的推力减额分数 t 如表 7 – 4 所列。

表 7 – 4　各种舰船的推力减额分数

船舶类型	推力减额分数 t	船舶类型	推力减额分数 t
快速船和邮船	0.06 ~ 0.15	轻巡洋舰	0.05 ~ 0.10
单桨商船($C_B = 0.5 \sim 0.7$)	0.08 ~ 0.20	大型驱逐舰	0.07 ~ 0.08
双桨商船($C_B = 0.5 \sim 0.7$)	0.10 ~ 0.22	驱逐舰和护卫舰	0.06 ~ 0.08
肥大型船	0.17 ~ 0.25	潜艇	0.10 ~ 0.18
主力舰及重巡洋舰	0.18 ~ 0.22	鱼雷艇	0.01 ~ 0.03

7.3.3　螺旋桨推进效率分析

在敞水螺旋桨工作特性中给出了敞水效率 η_0 的概念,它表示敞水螺旋桨运转时的功

能转换效率,记入伴流和推力减额影响后对船后螺旋桨工作时的功能转换效率会产生影响,现对螺旋桨总的功能转换效率分析如下:

螺旋桨在工作过程中所消耗的功率称为收到功率,记作 P_D。可以从两种角度理解收到功率的物理意义:一方面收到功率是螺旋桨工作中克服旋转阻力所消耗的功率;另一方面收到功率是螺旋桨从主机接收到的功率。敞水螺旋桨前进中推力做功的功率称为推力功率,记作 P_T。敞水效率即 P_D 转化为 P_T 的效率,可写为

$$\eta_0 = \frac{P_T}{P_D}(\text{hp}) \tag{7-31}$$

$$P_T = \frac{TV_A}{75}(\text{hp}) \tag{7-32}$$

$$P_D = \frac{2\pi nQ}{75}(\text{hp}) \tag{7-33}$$

由于伴流和推力减额的影响,$Z_P P_T$ 不会等于舰船克服船体阻力做功的功率,即不等于舰船的有效功率 P_e,P_e 为全船的有效功率,对多桨船,每个桨分配到的有效功率记作 P_E,$P_E = P_e/Z_P$。将 P_E 与 P_T 之比称为船身效率,记作 η_H,可表示为

$$\eta_H = \frac{P_E}{P_T} = \frac{T_E V}{TV_A} = \frac{(1-t)TV_A}{TV_A(1-w)} = \frac{1-t}{1-w} \tag{7-34}$$

η_H 是由 P_T 转化为 P_E 的效率,但需注意,η_H 的取值可以大于1,在对 η_H 的实际计算中将会遇到这种情况,读者思考其中的意义。另外,在不引起混淆的情况下也将 P_e 表示为 P_E。

由 P_D 转化为 P_E 的效率称为推进效率,记作 η_D 可表示为

$$\eta_D = \frac{P_E}{P_D} = \frac{T_E V}{2\pi nQ} = \eta_0 \eta_H \tag{7-35}$$

式中:η_D 为螺旋桨水动力性能参数,是螺旋桨水动力效率。

实际上在由主机功率 P_S 转化为螺旋桨收到功率 P_D 时也有能量损耗,这种能量损耗属机械损耗,相应的能量转换效率称为传送效率,记作 η_S,它是机械效率,可细分为轴系效率 η_B 和减速齿轮效率 η_G(若装有减速齿轮)。η_S 可表示为

$$\eta_S = \eta_B \eta_G = \frac{P_D}{P_S} \tag{7-36}$$

综上所述,由主机功率转化为有效功率的总效率分为机械效率和水动力效率两部分,通常以 PC 表示,即

$$\text{PC} = \frac{P_E}{P_S} = \eta_S \eta_D = \eta_S \eta_0 \eta_H = \eta_B \eta_G \eta_0 \eta_H \tag{7-37}$$

式中:PC 为推进系数。

为更清晰地表示螺旋桨推进效率成分和各种功率间的关系,给出功率转换关系示意图,如图 7-36 所示。

7.3.4 船后螺旋桨性能计算

舰船使用者直接用到的螺旋桨工作特性资料通常是船后螺旋桨性能的资料,需根据螺旋桨敞水性征曲线计算出船后桨工作性能的资料交付船上使用。船后螺旋桨性能计算就是根据敞水螺旋桨性征曲线、有关的螺旋桨参数求出某航速 V 和螺旋桨转速 n 下的有

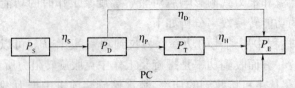

图 7-36 螺旋桨推进效率成分与功率转换关系

效推力 T_E、转矩 Q 和主机功率 P_S，现举例说明具体计算过程。

例 7-7 某舰螺旋桨数据为：$D = 2.34\text{m}$，$P/D = 1.32$，$A/A_0 = 0.8$，$Z = 3$，敞水性征曲线如图 7-37 所示，数据如表 7-5 所列。$w = 0.06$，$t = 0.07$，$\eta_B = 0.98$，$\eta_G = 0.98$。实船试航测速得：当转速 $n = 366\text{r/min}$，航速 $V_S = 26\text{kn}$，求该舰此时的推进效率 η_D、推进系数 PC，每个螺旋桨的有效推力 T_E、转矩 Q、收到功率 P_D、主机功率 P_S。

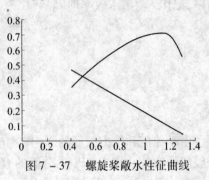

图 7-37 螺旋桨敞水性征曲线

表 7-5 螺旋桨敞水性征曲线数据

J	0.4	0.5	0.6	0.7	0.8	0.9	1.0	1.1	1.2	1.3
K_T	0.466	0.420	0.370	0.322	0.275	0.225	0.180	0.131	0.086	0.038
$10K_Q$	0.836	0.777	0.707	0.641	0.570	0.490	0.415	0.325	0.238	0.143
η_0	0.355	0.430	0.500	0.560	0.614	0.658	0.691	0.705	0.600	0.550

解： 进速为

$$V_A = V(1-w) = 0.5144V_S(1-w) = 0.5144 \times 26 \times (1-0.06) = 12.6(\text{m/s})$$

进速系数为

$$J = \frac{V_A}{nD} = \frac{12.6}{\frac{366}{60} \times 2.34} = 0.882$$

由 $J = 0.882$ 查敞水性征曲线得：$K_T = 0.235$，$K_Q = 0.0508$，$\eta_0 = 0.649$。

有效推力与转矩分别为

$$T_E = T(1-t) = K_T \rho n^2 D^4 (1-t) =$$

$$0.235 \times 104.61 \times \left(\frac{366}{60}\right)^2 \times 2.34^4 \times (1-0.07) = 25506(\text{kg})$$

$$Q = T(1-t) = K_Q \rho n^2 D^5 = 0.0508 \times 104.61 \times \left(\frac{366}{60}\right)^2 \times 2.34^5 = 13873(\text{kg} \cdot \text{m})$$

推进效率为

$$\eta_D = \eta_0 \eta_H = \eta_0 \frac{1-t}{1-w} = 0.649 \times \frac{1-0.07}{1-0.06} = 0.989 \times 0.649 = 0.642$$

收到功率为

$$P_D = \frac{2\pi n Q}{75} = \frac{13873 \times 2\pi \times \left(\frac{366}{60}\right)}{75} = 7086(\text{hp})$$

或

$$P_D = \frac{T_E V}{75 \eta_D} = \frac{25506 \times 0.5144 \times 26}{75 \times 0.642} = 7086(\text{hp})$$

推进系数为

$$PC = \eta_T \eta_D = \eta_G \eta_B \eta_D = 0.98 \times 0.98 \times 0.642 = 0.6166$$

主机功率为

$$P_S = \frac{P_D}{\eta_T} = \frac{7086}{0.98 \times 0.98} = 7378(\text{hp})$$

或

$$P_S = \frac{T_E V}{75 \eta_T \eta_D} = \frac{25506 \times 0.5144 \times 26}{75 \times 0.6166} = 7377(\text{hp})$$

本例题演示了计算船后螺旋桨工作特性的一般步骤。在上述计算过程中 T、P_D、Q 均是按敞水螺旋桨性征曲线查图计算确定的,计入了伴流速度对螺旋桨进速的影响,但并未考虑伴流速度分布的不均匀性对螺旋桨推力 T、转矩 Q 的影响。更为详细的研究表明伴流在螺旋桨盘面上的分布是不均匀的,且伴流分布的不均匀性对螺旋桨的推力、转矩是略有影响的,这种影响的处理方法通常是推力 T 依旧按敞水性征曲线确定,将伴流不均匀性的影响归入对转矩 Q 的影响之中,即 $Q = \eta_R Q_B$,其中,Q_B 为船后不均匀流场中的转矩;η_R 为相对旋转效率,其数值与 1 很接近,即伴流不均匀性对推力和转矩的影响不大,有时忽略不计这种影响而将 η_R 取为 1,或在船后桨工作性能计算的诸式中不出现 η_R。关于 η_R 的物理意义和确定方法读者可参阅"舰船推进"方面的资料[26]。

以上计算的是一个航速 V、转速 n 下船后螺旋桨的有效推力 T_E、转矩 Q、主机功率 P_S,若给出了一组 V、一组 n 便可求出相应的一组 T_E、Q、P_S,进而绘出 T_E、Q、P_S 随 V、n 变化的关系曲线,该曲线表示了某一个船后螺旋桨的工作特性,通常称为螺旋桨性能检查曲线。

7.3.5 螺旋桨性能检查曲线

螺旋桨的性能检查曲线,即 T_E、P_S、Q 随 V、n 变化的关系曲线,可以表示为以下函数关系式:

$$T_E = f_1(n, V_S) \tag{7-38}$$

$$P_S = f_2(n, V_S) \tag{7-39}$$

$$Q = f_3(n, V_S) \tag{7-40}$$

在螺旋桨性能检查曲线中应用较多的是前两组曲线,即 $T_E = f_1(n, V_S)$ 和 $P_S = f_2(n, V_S)$ 曲线,图 7-38 所示为某舰的螺旋桨性能检查曲线。螺旋桨性能检查曲线的数据是据螺旋桨敞水性征曲线求出的,各数据点的计算过程如例 7-7 所示。由于螺旋桨性能检查曲线是曲线组,绘制该曲线需求出一组 V_S、n 下的 T_E、P_S、Q,故通常是列表或编程序计算螺旋桨性能检查曲线的数据。如今编制电子表格 Excel 或编程序计算螺旋桨性能检查曲线数据都很方便,表 7-6 是螺旋桨性能检查曲线计算的一种表格形式,可作为编制 Excel 表的参考格式。

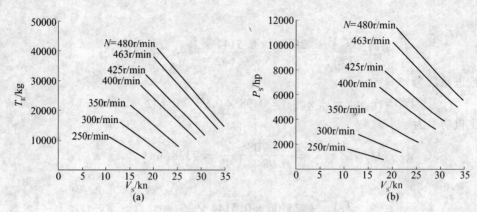

图 7 – 38　螺旋桨性能检查曲线

表 7 – 6　螺旋桨性能检查曲线计算表

J	K_T	η_0	PC	N/(r/min)	250	300	350	400	425	463	480
				n/(r/s)	4.17	5.00	5.83	6.67	7.08	7.72	8.00
0.6	0.317	0.508	0.507	V_S/kn	10.85	13.02	15.19	17.36	18.44	20.09	20.83
				T_E/kg	11054.96	15919.15	21667.72	28300.70	31948.84	37917.46	40753.01
				P_S/hp	1609.58	2781.36	4416.70	6592.86	7907.89	10224.37	11392.46
0.7	0.265	0.575	0.574	V_S/kn	12.66	15.19	17.72	20.25	21.52	23.44	24.30
				T_E/kg	9241.53	13307.80	18113.40	23658.31	26708.02	31697.56	34067.97
				P_S/hp	1386.89	2396.55	3805.64	5680.71	6813.81	8809.80	9816.28
0.8	0.215	0.628	0.627	V_S/kn	14.46	17.36	20.25	23.14	24.59	26.79	27.77
				T_E/kg	7497.84	10796.90	14695.78	19194.48	21668.77	25716.89	27640.06
				P_S/hp	1177.43	2034.60	3230.87	4822.76	5784.72	7479.26	8333.73
0.9	0.164	0.657	0.656	V_S/kn	16.27	19.53	22.78	26.04	27.66	30.14	31.24
				T_E/kg	5719.29	8235.77	11209.80	14641.37	16528.74	19616.60	21083.58
				P_S/hp	965.80	1668.91	2650.16	3955.92	4744.98	6134.95	6835.84
1.0	0.115	0.625	0.624	V_S/kn	18.08	21.70	25.31	28.93	30.74	33.49	34.72
				T_E/kg	4010.48	5775.08	7860.53	10266.82	11590.27	13755.54	14784.22
				P_S/hp	791.02	1366.87	2170.55	3240.00	3886.26	5024.67	5598.72

图 7 – 38 中 T_E、P_S 随 n、V 变化的曲线趋势与图 7 – 26 和图 7 – 27 中显示出的 T、Q 随 n、V_A 变化的趋势是一致的。对此可作如下解释:T_E 与 T 成正比,V 与 V_A 成正比,由此可知 T 随 n、V_A 变化的趋势是一致的;进一步,在转速一定的情况下,$P_S = \dfrac{2\pi nQ}{\eta_S} \propto Q$,即 P_S 与 Q 成正比,故 P_S 随 n、V_A 变化的曲线趋势与 Q 随 n、V_A 变化的趋势也是一致的。另外图 7 – 26 和图 7 – 27 所示的 T、Q 随 n、V_A 变化曲线表示的是螺旋桨本身(即孤立螺旋桨)的工作特性,而今 T_E、P_S 随 n、V 的变化关系中,尽管出现了 T_E、P_S 等参数,但仍然表示螺旋桨本身(孤立螺旋桨)的工作特性,只不过现在的孤立螺旋桨是船后的"孤立桨"。最后从螺旋桨性能检查曲线的函数对应关系上说,T_E、P_S、n、V 4 个参数中只有 2 个是独立的,例如,一旦 T_E、V 确定了,另外 2 个参数即是确定的;但若仅一个参数,如 V 是确定的,另外 3 个参数仍

是不确定参数,了解螺旋桨性能检查曲线中4个参数间的这种对应关系有利于理解下一节将要讨论的舰船航速性计算的原理。

7.4　舰船航速性计算与分析

舰船的航速性也称舰船的航行特性,其含义与舰船快速性相近。舰船的航速性指:
(1)一定排水量的船在各种航速下所需的主机功率与主机转速;
(2)一定排水量的舰船能达到的最大航速;
(3)船、机、桨的匹配状态。
航速性计算即对舰船的上述航行特性进行计算。

7.4.1　主机工作特性简述

进行航速性计算,需用到舰船阻力特性、螺旋桨工作特性的资料,还需用到主机工作特性的资料。舰船阻力特性可用舰船阻力曲线表示(图6-19(b));舰船航速性是某确定船(一般是实船)的性能,故在航速性计算中一般以螺旋桨性能检查曲线表示螺旋桨的工作特性。

在航速性计算中需用到的主机工作特性资料有主机速度特性曲线与主机的外特性曲线。主机的速度特性曲线是指主机的输出功率随主机转速和喷油量变化的关系曲线,图7-39为12E390VA柴油机的速度特性曲线。该图表示,当喷油量一定,主机功率随转速增大而增大;当主机的转速一定,主机功率随喷油量增大而增大。主机的外特性曲线是表示对主机喷油量、转速范围限制的特性曲线,图7-40为12E390VA柴油机的外特性曲

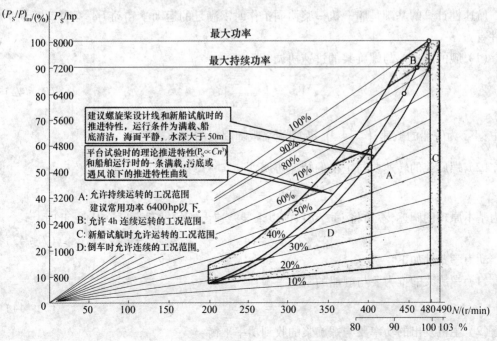

图7-39　12E390VA柴油机的速度特性曲线

157

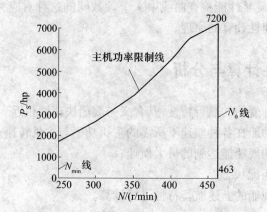

图 7 - 40   12E390VA 柴油机的外特性曲线

线,由图 7 - 40 可见外特性曲线可分为三部分:一为主机功率限界线,表示各个转速下主机允许发出的最大功率,可用函数关系式表示为

$$P_{S限} = P_{S限}(n) \tag{7 - 41}$$

另外两条线为 N_{min} 线和 N_0 线。N_{min} 线为最小转速限制线,表示主机正常工作的最低转速;N_0 线为额定转速线,可理解最大转速限制线,表示主机正常工作的最大转速(或称为额定转速)。外特性线构成的框内为主机允许持续工作的区域;框外则为主机不允许或不宜持续工作的区域。在"舰船原理"课程中一般就将框内视为主机允许工作的区域,框外则视为主机不允许工作的区域。

7.4.2 航速性计算原理——船—机—桨协同工作条件

航速性计算的基础是船—机—桨协同工作时需满足的运动学和动力学条件。运动学条件有:

(1)舰的航速要与螺旋桨的进速协调,即

$$V_{船} = \left(\frac{V_A}{1 - w}\right)_{桨} \tag{7 - 42}$$

式中:$V_{船}$ 为舰船的航速;$\left(\dfrac{V_A}{1 - w}\right)_{桨}$ 为螺旋桨跟随舰船前进的速度。

(2)螺旋桨的转速要与主机的转速协调,即

$$n_{桨} = in_{机}$$

作为基本原理的阐述,不妨将 i 取为 1,即以未装减速齿轮的轴系为讨论对象,此时

$$n_{桨} = n_{机} \tag{7 - 43}$$

动力学条件如下:

(1)螺旋桨的推力要与舰船的阻力平衡:

$$P_t = Z_P T_E \tag{7 - 44}$$

(2)主机发出的功率要与螺旋桨的收到功率平衡:

$$P_D = \eta_S P_S \tag{7 - 45}$$

据上述运动学和动力学条件可进一步得知对每一个舰船航速 V，都有一确定的主机转速 n 和功率 P_S 与之对应；反之对每一主机转速 n 都有一确定的主机功率 P_S 和舰船航速 V 与之对应，即 V、n、P_S 中只有一个参数是独立的。为更清晰地说明这种关系，将上述运动学条件和动力学条件以图 7－41 所示的框图表示。

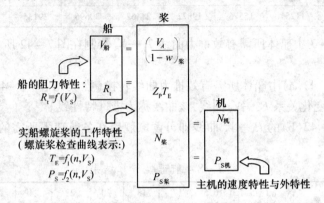

图 7－41　船—桨—机的协同工作

7.4.3　航速性计算方法

航速性计算要求解的主要问题如下：

（1）求各航速下所需的主机转速和功率；

（2）求舰船的最大航速与相应的主机转速和功率；

（3）判断机桨匹配状态；

（4）单桨或部分桨工作情况下的航速性问题；

（5）拖带作业航速性问题；

（6）螺旋桨几何形状变化对航速性的影响；

（7）其他特殊情况下的航速性问题。

1. 确定各航速下所需主机功率与转速

第一个问题是舰船使用者和设计者都要面临的最基本的航速性计算问题，图 7－41 所示的船—桨—机协同工作时的运动学、动力学条件提供了求解这一工程问题的思路。但图 7－41 中的各方程并无解析表达式，故在实际计算中需作图计算，即在螺旋桨性能检查曲线的框架中进行计算，现也有研究者将这一工作图计算过程实现了计算机化。为更具体地说明计算原理，现举例说明作图计算的步骤。

例 7－8　某舰的有效功率曲线数据如表 7－7 所列，该舰采用双桨，螺旋桨性能检查曲线如图 7－40 所示（据表 7－5 数据绘出），求舰船在各航速 V_S 下的主机功率 P_S 及转速 N。

解：据船—桨—机协同工作的原理按以下步骤进行计算。

（1）据船体有效功率曲线计算出船体所需有效推力曲线数据，计算公式如下：

$$T_E = \frac{R_t}{Z_P} = \frac{75 \times P_E}{0.5144 \times 2 \times V_S} \tag{7－46}$$

T_E 计算结果如表 7－7 所列。

159

表 7-7　某舰有效功率曲线数据

V_S/kn	14	16	18	20	22	24	26	28
P_E/hp	835	1343	1932	2640	3680	5206	7369	9715
T_E(双桨航行)/kg	4350	6120	7825	9624	12194	15814	20662	25294
T_E(单桨航行)/kg	11254	15576	19872	24462	30696	39135	50135	60807

（2）将表7-7中船体所需有效推力曲线 T_E—V_S 绘制在图7-42所示的螺旋桨性能检查曲线上。

（3）将图7-42(a)中船体所需有效推力曲线转换（投影）到图7-42(b)，得相应的主机功率随航速变化关系 P_S—V_S 曲线，该曲线称为推进特性线。

（4）由图7-42(b)的 P_S—V_S 曲线即可读取舰船在各航速下所需的主机功率、转速（见表7-8）。

表 7-8　航速性计算结果

V_S/kn	15.1	16.5	17	18	20	22	24	26	26.83	27.52
P_S/kg		1085	1210	1459.3	2044	2815	3965	5790	6560	7186
N/(r/min)		256.8	265.4	282.4	315.7	349.6	388	433	449.7	463
P_S(排水量增加工况)/kg		1214.0	1333.5	1583.5	2173	3016	4356	6172	7089	
N(排水量增加工况)/(r/min)		262.9	271.1	287.4	319.8	354.7	395.9	439	457.5	
P_S(单桨航行工况)/kg	2413.0	3362.0	3680.0							
N(单桨航行工况)/(r/min)	300	331.9	342.6							

图7-42通常称为称为舰船航行特性图,图7-42(b)中 P_S—V_S 曲线称为推进特性线。操作主机时按表7-8中计算结果给出主机转速和功率（即喷油量），舰船即可按所需的航速航行。按图7-42进行舰船航速性计算时常需插值计算各航速下的螺旋桨转速,这在实用中显得不大方便。采用另外一种格式的曲线图进行舰船航速性计算有时更为方便,此时无需插值计算求取所需螺旋桨转速。为此据图7-42的推进特性线数据将该曲线转到主机特性曲线（或外特性曲线）的标架中得 P_S—N 曲线,如图7-42所示,另再据图7-42的推进特性线数据补充绘制出 V_S—N 曲线,在主机特性曲线标架中螺旋桨的 P_S—N、V_S—N 曲线仍称为推进特性线。据图7-43也可量取各种航速下所需主机功率和转速,事实上表7-8中的数据即由图7-43量出。

2. 确定舰船的最大航速及相应的主机功率、转速

求舰船最大航速问题需已知主机的外特性曲线,一般途径是将主机外特性转到螺旋桨性能检查曲线上,或反过来将航行特性图上的推进特性线转到主机外特性曲线上,在图上求出推进特性线与主机外特性曲线的交点,交点对应的航速、主机转速、功率即舰船的最大航速与相应的主机转速、功率。仍以例题7-8中的舰船航行特性图为例说明舰船最大航速计算方法。

例7-9　某舰的外特性曲线如图7-40所示,其他已知条件与例7-8相同,预报该舰的最大航速及相应的转速、主机功率。

解:据图7-40主机外特性曲线数据将该图中的主机外特性曲线转至螺旋桨性能检查曲线 P_S—$V_S(N)$ 框架中,如图7-42(b)中的 P_S 限制线与主机额定转速线所示,这两条

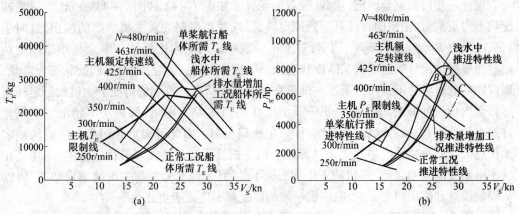

图 7 - 42　某舰航行特性曲线

限制线即构成螺旋桨性能检查曲线框架中的主机外特性曲线,由推进特性线与该外特性曲线的交点即可得出舰船的最大航速,相应的主机转速、功率为 $V_S = 27.52\text{kn}, N = N_0 = 463\text{r/min}, P_S = 7186\text{hp}$。由图 7 - 43 主机外特性曲线标架下的推进特性线也可求出最大航速及其对应的主机转速、功率,所得结果与上述结果一致。

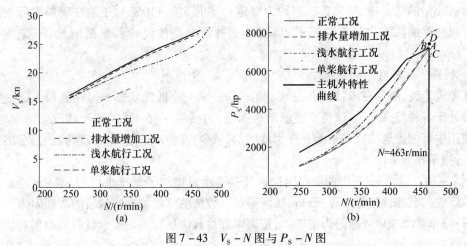

图 7 - 43　$V_S - N$ 图与 $P_S - N$ 图
(a) $V_S - N$ 图; (b) $P_S - N$ 图。

3. 船—机—桨匹配状态

由例 7 - 9 的计算结果知,舰船最大航速对应的主机转速等于额定转速,主机功率近似等于额定功率,即推进特性线与外特性曲线的交点近似位于 A 点。在 A 点主机转速、功率分别等于主机的额定功率和额定转速,A 点称为主机的额定工作点。若船—机—桨的协同工作状况使推进特性线与外特性曲线的交点位于主机的额定工作点 A,或者说螺旋桨和主机的工作点为主机的额定工作点 A,则称船—机—桨匹配状态(或简称为机—桨匹配状态)为完全匹配。另有两种情况是:推进特性线与主机外特性线的交点位于功率限制线上,如图 7 - 42 和图 7 - 43 中的 B 点;推进特性线与主机外特性线的交点位于转速限制线上,如图 7 - 42 和图 7 - 43 中的 C 点。在这两种情况下,舰船的最大航速分别为 B、C 点对应的航速,相应的机桨匹配状态分别称为重载与轻载。如前所述的机桨匹配状态即按以上概念和方法判断。

现进一步讨论完全匹配、重载、轻载的涵义。如图7-42和图7-43所示,当机桨匹配状态为重载时,主机的转速开不到额定转速,同时也将制约着主机功率的输出,这时主机只能发出 B 点对应的转速、功率,对于水面舰船常用的内燃机该功率总是小于额定功率。在舰船的设计航速下机桨匹配状态应该为完全配合,若实际的机桨匹配状态为重载,则舰船的航速将达不到设计航速。试想在机桨匹配状态为重载的情况下主机按额定转速运行会出现何种情况,此时船—机—桨的工作点当在 D 点附近,所需功率超出了主机允许发出的功率,主机的这种工作状态称为主机超负荷。由此可知重载即相对主机的额定工作点而言船—桨系统"重"了。从原理上说主机是不允许持续超负荷运行的,即使是在功率限制线的 B 点运行,主机的工作状态也不佳,且未能充分发挥主机的额定功能,所以从舰船设计和使用两方面说,船—机—桨的匹配都不应处于重载状态。

由图7-42也清晰地看出,机桨匹配状态为轻载时,则当主机转速开到额定转速时主机发出的功率未达到额定功率,此时船—桨系统不能够完全吸收主机的额定功率,相对主机的额定工况而言,船—桨系统"轻"了。从舰船设计的观点来说,船—机—桨的匹配不应处于明显轻载状态,因为一旦船—机—桨匹配为轻载则不能充分发挥主机的额定功能,舰船航速达不到应有的设计航速,且主机的工作状况也不好。在军舰的螺旋桨设计时通常要留有小量的储备功率(储备功率约为额定功率的 5% ~ 10%),于是在舰船实际使用中船—机—桨的匹配状况将略显示出偏轻,这种情况是按设计者意图所致,不应视作轻载。

4. 特殊工况下舰船的航速性

从原理上说,舰船在设计状态应处于船—机—桨完全匹配状态。但在舰船实际使用中常会处于各种特殊工况,这将使舰船的航速性,包括船—机—桨的匹配状况发生变化。舰船使用中可能遭遇的特殊工况有排水量增加、减少,在浅水中航行,出现污底、部分桨工作、遂行拖带作业等。

例 7 - 10 设例7-8中的舰船因执行任务排水量增加了原排水量的8%,对增加排水量后该舰的航速性进行计算、分析,按海军部系数法估算增加排水量后的舰船阻力。

解: 排水量增加后舰船阻力将增加,按海军部系数法估算增加排水量后的舰船有效功率如下:

在同一航速 V_S 下,$P_{E1} = \left(\dfrac{\triangle + 8\% \triangle}{\triangle} \right)^{2/3} P_E = 1.08^{2/3} P_E$,于是增加排水量后的舰船所需有效功率、有效推力如表7-9所列。

表7-9 排水量增加后的航速性计算结果

V_S/kn	14	16	18	20	22	24	26	28
P_E/hp	835	1343	1932	2640	3680	5206	7369	9715
P_{E1}/hp	879	1414	2034	2779	3874	5480	7757	10227
T_{E1}(加排水量)/kg	4579	6442	8237	10131	12836	16647	21750	26626

按表7-9中增加排水量后的船体所需有效推力 T_{E1} 在图7-42(a)绘制出有效推力曲线,将该有效推力曲线转换到7-42(b)中即得增加排水量后的推进特性线,由该推进特性线可量取增加排水量后各航速下所需的主机功率、转速,如表7-8所列,表中结果同

162

样可由图7-43主机外特性曲线标架下的推进特性线量出。

船体产生了污底、在浅水中航行,也将使船体的阻力性能(即船体有效功率曲线)发生变化,进而使舰船的航速性发生变化,其机制与舰船排水量增加的影响是类似的。只是舰船在浅水中航行有可能使舰船阻力增加,也可能使舰船阻力减小,舰船航速性的变化与浅水中舰船阻力的增减是相对应的,图7-42也绘出了浅水中的船体有效推力曲线和推进特性线。

多桨船在实际航行中有可能出现仅部分桨工作的情况,例如,某桨的推进系统出现故障,或巡航速度下舰船机电部门主动停止部分桨的工作,此时舰船处于部分桨工作的状态下,很显然部分桨工作时舰船的航速性将发生大的变化,主机的操作运行方式必然不同于正常航行状态。

例7-11 假设例7-8中的双桨舰船一桨的推进系统出现故障,现由单桨推进航行,不工作桨处于自由旋转状态。对这种单桨航行状态下的航速性进行计算、分析。

解:该舰单桨推进航行时,工作桨除克服全船阻力外还要克服不工作桨的附加阻力,不工作桨的附加阻力按以下方法估算[20]:

$$\Delta R_\text{t} = (0.25 \sim 0.5)\Delta R_1 \tag{7-47}$$

$$\Delta R_1 = 50 V_A^2 \frac{A}{A_0} D \tag{7-48}$$

式中:ΔR_t为刹轴时不工作桨附加阻力。

若式(7-47)的系数取为0.25,伴流分数取为0.057,如此求出的单桨航行时舰船所需有效推力曲线数据如表7-7所列,据舰船有效推力曲线数据在螺旋桨性能检查曲线标架上绘出相应曲线即可求出单桨航行工况的舰船航行特性,其结果如表7-8所列。表中数据以及图7-42和图7-43均显示出此时机桨匹配状态为严重的重载,舰能达的最大航速大幅降低,主机转速、功率远小于额定值。所得结果提示,在单桨航行时螺旋桨应低转速运行,切忌开高转速,否则主机将严重超负荷。

5. 舰船拖带作业时的航速性

拖船需经常进行拖带作业,其航速性、机桨匹配状况有其特殊性。对拖船的航速性需考虑:

(1)在自由航行状态(未执行拖带作业的航行状态)的航速性。

(2)执行拖带作业时的航速性。

(3)拖船的拖带能力计算。

如图7-44所示,在自由航行状态,拖船自身所需有效推力与主机功率都明显小于由主机外特性曲线得出的限定值,机—桨匹配状态为轻载。拖船执行拖带作业时所需有效推力除克服其自身的阻力外,还需克服被拖舰艇的阻力,此时所需有效推力表示为

$$T_\text{E} = \frac{R_{\text{t}1} + R_{\text{t}2}}{Z_\text{P}} \tag{7-49}$$

式中:$R_{\text{t}1}$为拖船自身的阻力;$R_{\text{t}2}$为被拖船的阻力。

按式(7-49)计算出所需有效推力T_E曲线,将该曲线绘制在螺旋桨性能检查曲线标架上,按例7-8和例7-9所述即可绘出其他有关曲线,并求出各航速下所需主机功率转

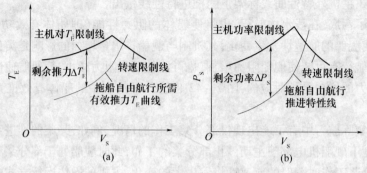

图 7-44　拖带能力

(a) 剩余推力；(b) 剩余功率。

速,以及最大航速、相应的主机功率、转速等;再按船—机—桨匹配分析的概念和方法即可判定拖带作业状态下船—机—桨匹配状态。

对于拖船其拖带能力计算是必需的计算项目。如图 7-44 所示,主机外特性曲线上功率与自由航行推进特性线上功率差值称为剩余功率,记作 ΔP_{S},ΔP_{S} 与图 7-44(a) 中的 ΔT_{E} 是相对应的,ΔT_{E} 称为剩余推力。剩余功率、剩余推力分别表示对于给定的航速,在外特性曲线限制下主机可以提供用于遂行拖带作业的功率、有效推力,通常以剩余功率、剩余推力表征拖带能力。当被拖船的阻力与拖船剩余推力之间满足以下条件,拖船即能够以给定的航速对被拖船实施拖带作业:

$$R_{12} \leqslant Z_{P} \Delta T_{E} \tag{7-50}$$

一般的水面舰船也有可能执行拖带作业,此时的航速性问题与专用拖船拖带作业时的航速性问题是类似的,除了要考虑如前所述的一般航速性问题外还要考虑拖带能力,拖带能力的概念、计算方法与专用拖船是完全类似的。

6. 潜艇的航速性

潜艇有 3 种典型的航行状态:水下航行状态、水上航行状态和通气管航行状态。水上航行状态还分为正常燃油装载状态和超载燃油装载状态[29]。在这各种航行状态下,艇体排水体积、形状不同,阻力成分不同,阻力曲线存在较大差别,如图 7-45 所示。3 种航行状态下船体与螺旋桨相互作用参数也不相同。此外,以常规动力(柴油机—电动机)直接传动系统潜艇为例,上述航行状态下的主推进动力也不相同,水面及通气管航行时以柴油机为主动力,它一方面提供艇航行所需功率,还可能同时拖动主电机对蓄电池组充电或向艇的电网路供电;水下航行时则由蓄电池组供电的主电机带动螺旋桨工作;为了改善潜艇在水下低速航渡时的经济性还可能设置水下经航电机来拖动螺旋桨工作。所以对于潜艇要针对多种航行状态的航速性进行计算和分析,其基本的计算原理和方法与以上所述是相同的。

与拖带作业的拖带能力类似,对柴油机—电动机常规动力直接传动潜艇而言,常需要考虑水面或通气管航行状态下柴油机的"余功"[12]。"余功"是指柴油机以某一转速 N 带动螺旋桨时,除提供给螺旋桨所需的功率之外尚能发出的潜在功率 ΔP_{S},这一概念与拖带作业问题中的"剩余功率"概念本质上是一致的,只是"余功"ΔP_{S} 是在主机外特性曲线的标架下描述的,如图 7-46 所示。一旦柴油机有足够的"余功",则柴油机在按给定的转速拖动螺旋桨同时,"余功"尚能拖动主电动机向艇上电网路供电或向蓄电池组充电。若是双轴双桨混合制推进系统潜艇,一轴的"余功"尚可向另一轴的主电动机供电以拖动另一螺旋桨工作。

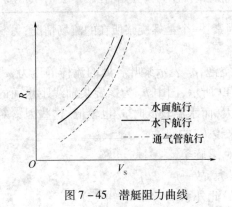

图7-45　潜艇阻力曲线

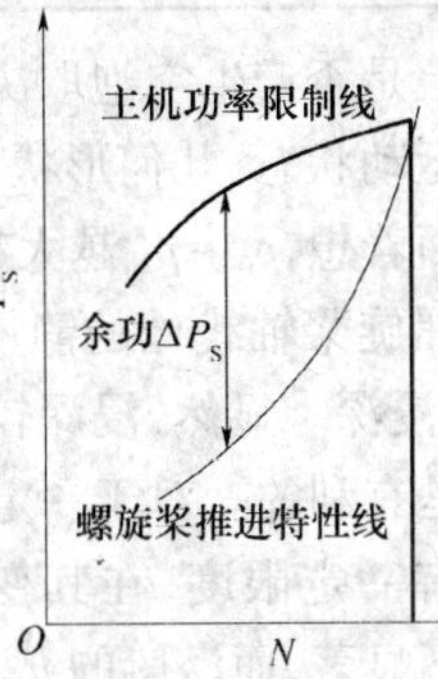

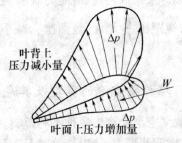

图7-46　柴油机的"余功"

7.5　螺旋桨空泡现象

7.5.1　螺旋桨空泡的产生原因与影响因素

空泡是螺旋桨高速运转时出现在桨叶上的一种特殊汽泡,它是一种对舰船有危害的现象。舰船大功率主机的应用,高速航行都会使桨叶出现空泡的可能性增加。从物理本质上说,空泡是桨叶上(通常是叶背上)压力降低到水的汽化压力以下使水汽化所致。如图7-47所示,在螺旋桨工作时,水流以合速度 W 向桨叶切面流动,通常使叶背上的水流速度增加,压力降低,叶面上的水流速度减小而压力增加,一旦桨叶上某点压力降低到汽化压力以下,则该点水流将发生汽化而产生空泡。螺旋桨正常工作时叶背、叶面压力变化的一般情况如图7-48所示,如叶背压力减小量 Δp 较大,则有可能使叶背的压力降低到汽化压力 p_v 以下,从而引起空化现象。

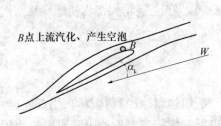

图7-47　桨叶切面上空泡产生原因

图7-48　桨叶切面上压力变化

螺旋桨空泡现象的物理本质是水发生了汽化。水发生汽化的压力与水温有关,在高温(如100°C)时,在常压(约1atm,1atm = 1.013 × 10⁵Pa)下水即汽化(沸腾);在常温(如标准水温15°C)时,则低压力(约1.7% × 1atm)下水也将发生汽化;又如在不到1atm的高山上,水的汽化(沸腾)温度则不到100°C。水的汽化压力随水温变化的关系如表7-10所列。

表 7 - 10　水的汽化压力

水温 $t/\,°C$	5	10	15	20	30	40	50	60	100
水的汽化压力 $p_{\mathrm{v}}/(\mathrm{kg/m^2})$	89	125	174	328	433	752	1258	2031	10330

　　所以桨叶上是否产生空泡取决于两方面的因素:一个是螺旋桨所在的流场情况;另一个是螺旋桨的运动状态、几何形状。

　　从流场方面着想,$p_0 - p_{\mathrm{v}}$ 越大越不容易出现空泡,p_0 表示桨叶各处的流体静压力,一般近似地取为螺旋桨轴线处的静压力,如图 7 - 49 所示,图中 h_{s} 为螺旋桨轴线距水面的深度,通常称为浸深。显然,浸深较大时 p_0 也较大,而水温较低时 p_{v} 也较低,这些因素对避免发生空泡是有利的。对于一定的水面舰船来说 h_{s} 的变化范围通常有一定限度,在其变化范围内它对螺旋桨空泡的影响并不显著,而潜艇的 h_{s} 变化范围则很大,故一般认为潜艇潜深是影响螺旋桨空泡的因素之一。此外水流中的含气量、水流运动的不均匀程度对螺旋桨的空泡都有一定影响,含气量和不均匀程度增大都会降低发生空泡的阈值。

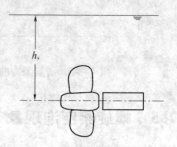

图 7 - 49　螺旋桨轴线浸深

　　螺旋桨工作状态、几何形状(主要是桨叶的几何形状)则对螺旋桨叶上的压力分布产生影响,即桨叶上各处的压力减小量、增加量 Δp 取决于螺旋桨的工作状态、几何形状,概括地说当以上因素使压力减小量 Δp 增大则空泡易于发生(易于达到发生空泡的阈值)。取图 7 - 47 所示的叶切面,据以进一步剖析螺旋桨运动状态、几何形状对桨叶上空泡的影响情况,当攻角 α_{k} 和来流速度 W 增大以及叶切面弦长减小、厚度增大时,叶背的压力减小量 Δp 将增大,此时空泡易于发生。从螺旋桨的运动上说以下情况将使空泡易于发生:

　　(1) 其他因素保持不变螺旋桨转速 n 增大。

　　(2) λ_{P} 保持不变、变化不大或减小时螺旋桨转速 n、进速 V_A 增大。

　　所以螺旋桨高转速、舰艇高航速、主机大功率都将使空泡易于出现。从螺旋桨几何参数而言,螺距比 $\dfrac{P}{D}$ 增大,盘面比 $\dfrac{A}{A_0}$ 减小,叶数 Z 减少以及叶厚 t 增大都将使螺旋桨空泡易于发生。

7.5.2　螺旋桨空泡的类型及其危害

　　螺旋桨空泡会产生多种不利影响,如使桨叶、舵、船体剥蚀(材料破坏),引起噪声、船体振动,螺旋桨推力、转矩与效率下降等,了解上述影响螺旋桨空泡的因素对舰船使用和舰船(含螺旋桨)设计中防治空泡发生具有重要的指导意义。但在不同条件下螺旋桨发生空泡的程度和形态可能是各不相同的,不同类型空泡对螺旋桨性能的影响及其防治、处理方法也不相同。综合螺旋桨空泡的程度和形态来看,螺旋桨空泡大致分为 4 种类型,现分别予以说明。

　　1. 涡空泡

　　从叶梢或叶根脱落泄出于下游水流中的空泡,由于是发生于梢涡或毂涡之中,其轨迹与梢、毂涡迹相同,故称为涡空泡。涡空泡的产生原因是梢涡、毂涡中心的低压所致。这种空泡基本上处于水流中,故对螺旋桨工作性能无影响,也不产生桨叶剥蚀。但若涡空泡与尾部船体相遇,将引起尾部船体剥蚀,这种涡空泡也称为桨船涡空泡(Propeller Hull Vortex,PHV)。涡空泡如图7-50所示,在螺旋桨空泡观测试验中,涡空泡通常首先出现。

2. 泡状空泡

泡状空泡发生于桨叶弦向中点或最大厚度附近的孤立或离散的空泡,略呈球形,进入较高压力区迅速坍塌,在攻角较小情况下出现,这种入射流有时也称为非冲击入射流。这种空泡对螺旋桨的受力基本上无影响,但它在坍塌溃灭时会产生很高的冲击压力破坏桨叶材料,这种现象称为剥蚀。泡状空泡如图7-51所示,在螺旋桨一般工作条件(正的攻角)下出现在叶背,在负的攻角下(如在空泡试验中)也可能出现在叶面。

图7-50　涡空泡

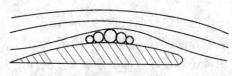

图7-51　泡状空泡

3. 片状空泡

当入射流攻角为较大的正攻角时(这种入射流有时也称为冲击入射流),在叶背自导边起将出现成片的空泡,这种空泡即为片状空泡(背片空泡)。其覆盖范围与空泡严重程度相对应,可覆盖大部分或全部叶背,此时也称为全空泡或超空泡。在特定情况下入射流为较大的负攻角,此时在叶面自导边起将出现成片空泡,称为面片空泡。片状空泡如图7-52所示,片状空泡是较为稳定的空泡状态。当桨叶上出现了片状空泡,桨叶的推力、转矩、效率都将减小,但当片状空泡发展为超空泡状态时,将不会产生剥蚀。

4. 云雾状空泡

在片状空泡充分发展后,若空化因素进一步加强,则在片状空泡后方会出现不稳定的空泡区,由一群微小空泡形成,时生时灭,使该区域呈云雾状,将这种空泡称为云雾状空泡。出现云雾状空泡时通常伴随一定程度流体分离现象,此时分离后的微小涡核成为云雾状空泡的生长核。云雾状空泡如图7-53所示。云雾状空泡将引起剥蚀、噪声和振动,也使推力、转矩、效率减小,是危害大的空泡类型。

需再次说明,螺旋桨空泡与螺旋桨噪声的关系十分密切,与螺旋桨激振力也有密切的关系。有空泡即有噪声,螺旋桨一旦出现空泡螺旋桨噪声即明显增加。螺旋桨空泡引起的噪声称为空泡噪声,空泡噪声是舰艇噪声的重要成分,近年来国内外对舰艇减振降噪都很关注,防治空泡是舰艇减振降噪的重要措施,对潜艇防空化与降噪尤为重要。

也可从另一角度将螺旋桨空泡分为第一阶段空泡和第二阶段空泡:对螺旋桨的工作性能无影响的空泡为第一阶段空泡;对螺旋桨的工作性能有影响的空泡为第二阶段空泡。这种空泡分类方法是基于螺旋桨工作特性状态的,有利于分析螺旋桨空泡对舰船航行特

图7-52 片状空泡

图7-53 云雾状空泡

性的影响。发生空泡后的螺旋桨敞水性征曲线如图7-54所示。读者试分析螺旋桨发生第二阶段空泡时舰船的航行特性将如何变化。

7.5.3 螺旋桨空泡的预报与防治

空泡对螺旋桨性能的影响是多方面的、显著的,螺旋桨的空泡状况预报无论对舰船使用者还是设计者都十分重要。从理论上说桨叶上的压力减小量 Δp 大于 $(p_0 - p_v)$ 桨叶

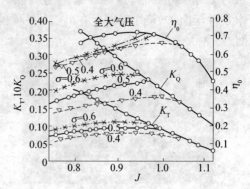

图7-54 发生空泡后的螺旋桨敞水性征曲线

上将出现空泡,工程上应用的空泡预报方法、防治措施都是从这一基本原理着想发展建立起来的。基于螺旋桨空泡相似理论以及工程应用的习惯,在螺旋桨空泡研究和预报中常用到无因次参数"空泡数"和"减压系数",其定义如下:

$$\sigma = \frac{p_0 - p_v}{\frac{1}{2}\rho V_A^2} \qquad (7-51)$$

$$\sigma_{0.7R} = \frac{p_0 - p_v}{\frac{1}{2}\rho[V_A^2 + (2\pi0.7R)^2]} \qquad (7-52)$$

式中: σ 为螺旋桨空泡数; $\sigma_{0.7R}$ 为螺旋桨0.7R叶切面空泡数;

$$\xi = \frac{p_0 - p}{\frac{1}{2}\rho V_A^2} \qquad (7-53)$$

$$\xi_{0.7R} = \frac{p_0 - p}{\frac{1}{2}\rho[V_A^2 + (2\pi n0.7R)^2]} \qquad (7-54)$$

式中: ξ 为螺旋桨减压系数; $\xi_{0.7R}$ 为螺旋桨0.7R叶切面减压系数。

由空泡数和减压系数的构造便知,理论上发生空泡的条件表示为

$$\xi \geqslant \sigma \qquad (7-55)$$

或

$$\xi_{0.7R} \geqslant \sigma_{0.7R} \qquad (7-56)$$

168

另由空泡数和减压系数的构造和意义可知,空泡数越大越不易发生空泡,减压系数越大则相反。以下几种预报空泡的经验方法与上述基本原理是一致的。

1. 伯利尔限界线法

这是以往工程中常用的预报螺旋桨空泡的图谱方法,该方法要用到伯利尔限界线图谱[31],如图 7 - 55 所示。伯利尔限界线图谱起初是据实船螺旋桨发生空泡的统计资料得出的,后来进一步通过螺旋桨模型试验对该图谱进行了校验补充,显示出实船航行经验数

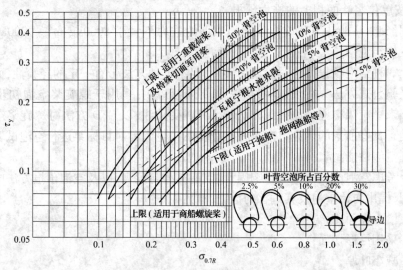

图 7 - 55　伯利尔限界线图谱

据与模型试验数据吻合良好,该图谱曾在工程中得到了广泛应用。图中的计算系数 $\sigma_{0.7R}$ 即式(7 - 52) 中 $0.7R$ 叶切面上的空泡数,另一计算系数 τ_c 的表达式为

$$\tau_c = \frac{T/A_P}{\frac{1}{2}\rho[V_A^2 + (2\pi n 0.7R)^2]} \qquad (7 - 57)$$

式中: T 为螺旋桨敞水推力; A_P 为桨叶投射面积,它与桨叶展开面积的关系可近似表示为 $\frac{A_P}{A_D} = 1.067 - 0.229\frac{P}{D}$。

由式(7 - 57)可知 τ_c 可以表征 $\xi_{0.7R}$ 或作为其量度。据以上计算系数,查伯利尔限界线图谱即可预报螺旋桨是否出现空泡与空泡程度,图谱中(某)限界线上方即为发生(某程度)空泡的区域,下方为不发生(某程度)空泡的区域。图谱中各计算系数中的物理量均采用统一的国际单位制或工程单位制。由于 Δp 大于 $(p_0 - p_v)$ 是理论上发生空化的条件,实际发生空化的时机往往较理论上的空化时机更早,再考虑到伯利尔限界线图谱毕竟是以经验数据以及有限的螺旋桨试验资料为基础建立的图谱,以及桨模与实桨难以实现完全的空泡相似,在工程计算中通常要对空泡预报(也称空泡校核)的结果留有一定裕度。

2. 凯勒公式

若对空泡进行初步的预报,凯勒公式是简单实用的估算公式,估算的是不发生空泡的伸张面积比,该公式由凯勒(Keller)1966 年给出[13],即

$$\frac{A_E}{A_0} = \frac{(1.3 + 0.3Z)T}{(p_0 - p_v)D^2} + k \quad\quad (7-58)$$

式中

$$k = \begin{cases} 0, & \text{高速双桨船} \\ 0.1, & \text{一般双桨船} \\ 0.2, & \text{单桨船} \end{cases} \quad\quad (7-59)$$

3. 按单位桨叶面积上的推力预报

根据经验,一般认为若单位桨叶面积上的推力不大于 $8000\mathrm{kg/m^2} \sim 9000\mathrm{kg/m^2}$,则螺旋桨不发生空泡。

以上 3 种空泡预报方法尽管简单实用,但第 1 种方法带有一定的经验性,而第 2、3 种则属于经验公式方法,故上述 3 种方法都要谨慎应用,多用于螺旋桨空泡初步预报的场合。近年来螺旋桨空泡理论预报方法的研究颇受关注,以 CFD 方法对螺旋桨空泡进行数值预报是有良好前景的研究方向。在工程实际中也常针对目标桨进行空泡试验以预报设计桨的抗空泡性能。

综合考虑空泡产生原因与影响因素、空泡类型与危害、以及空泡预报方法中的有关概念和机理,提出防治空泡及其危害的措施,概括如下:

(1)增大盘面比;

(2)采用弓形切面;

(3)减小叶厚;

(4)采用抗空化叶切面;

(5)减少叶数;

(6)增加螺旋桨轴数;

(7)降低转速;

(8)保持桨叶表面光洁;

(9)采用大侧斜桨;

(10)采用超空泡桨叶;

(11)加大潜深。

在上述抗空化措施中,有些与改进螺旋桨其他性能会产生冲突。其中最为有效、对提高螺旋桨其他性能影响最小、首选的抗控化措施是增大盘面比;另外加大潜深是潜艇抗空泡的有效措施。

7.6 特种推进器与潜艇螺旋桨特点

常用的特种推进器有导管螺旋桨、可调距螺旋桨、喷水推进器等。而潜艇水下航行的安静性十分重要,故潜艇螺旋桨的减振降噪性能较水面舰船更显突出。

7.6.1 导管螺旋桨

导管螺旋桨是在一般意义的螺旋桨外加装一导管构成的,导管又分为加速型导管与减速型导管,几何形状如图 7-56 所示,通常导管入口直径较螺旋桨盘面处直径大得多,

170

出口直径大致与盘面处直径相等。加速型导管应用较多，其纵剖面为机翼型切面，如图 7–56(a)所示，其背线位于导管内部，由水流绕机翼流动的理论可知，水流流过加速型导管内部时流速增加，在螺旋桨盘面附近水流速度最大。加速型导管螺旋桨的工作特性曲线如图 7–57 所示，这组曲线反映出了加速型导管螺旋桨的主要优点，概括如下：

（1）重负荷条件下效率较普通螺旋桨高；

（2）螺旋桨的工作特性随舰船航速变化不太敏感，即螺旋桨盘面处水流速度受航速影响较小。

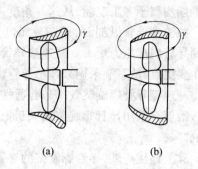

图 7–56　加速型导管与减速型导管示意图
（a）加速型（导管切面拱度向内凹）；
（b）减速型（导管切面拱度向外凸）。

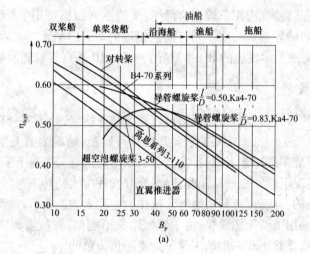

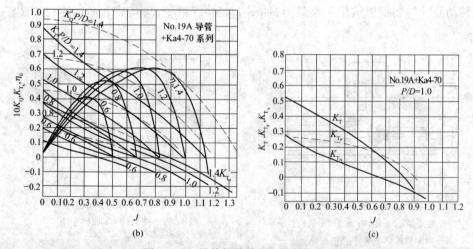

图 7–57　导管螺旋桨的工作特性曲线

（a）各类推进器最佳效率的比较；（b）19A 导管 + Ka4–70 桨的敞水性征曲线；（c）K_T、K_{T_p}、K_{T_N} 与 J 的关系曲线。

　　由加速型导管螺旋桨的优点可知，加速型导管螺旋桨适合在重负荷的条件采用，如拖船、拖网渔船采用加速型导管桨较好；加速型导管螺旋桨还适用于多工况舰船，拖船与拖网渔船均属于多工况船,从这一角度考虑这两种船型也适合采用导管螺旋桨。

减速型导管纵剖面如图7-56(b)所示,由图可知水流流经减速型导管时流速减小,从而导管内部压力增大。减速型导管的这一特性使其抗空化性能较好,这是减速型导管的主要优点,故军舰采用减速型导管螺旋桨对减振降噪有利。与加速型导管螺旋桨不同的是减速型导管螺旋桨效率较普通螺旋桨低,在重负荷条件下也是如此。

潜艇有采用导管螺旋桨的,其原因之一是导管螺旋桨水噪声较小,对提高其隐蔽性有利。

除上述优点外,导管螺旋桨的导管还具有保护螺旋桨的作用。

导管螺旋桨存在的主要问题是:倒车性能变差,为此有专门设计的考虑倒车性能的导管;导管内壁与叶梢靠近处也有可能产生空化剥蚀;另外采用固定导管的潜艇回转性能变差。

国内外导管螺旋桨研究、应用都较多,有导管桨的系列图谱可用于导管桨的设计、性能分析计算,比较著名的导管螺旋桨系列有荷兰船池的 No. 19A 导管 + Ka 系列图谱[32],国内 CSSRC 和上海交通大学发表的 BD 系列导管 + D4、JD 系列导管螺旋桨等[33]。

7.6.2 可调距螺旋桨

可调距螺旋桨是叶片可转动,亦即螺距可以调节的螺旋桨,如图7-58所示。每调节一次螺距就相当于改变了一次螺旋桨的重要几何参数螺距,螺旋桨的工作特性也发生相应的变化。可调距螺旋桨适用于多载荷工况舰船,在不同的载荷工况下采用不同的螺距,以实现在各种载荷工况下船—机—桨匹配良好,充分发挥主机的功率与转速,这一要求普通螺旋桨是无法满足的。此外,近年来燃气轮机作为主动力装舰较多,这类舰船以螺旋桨作为推进器,也要求采用可调距螺旋桨;由于燃气轮机不能倒转,故需调节叶片转角以实现正车情况下的倒航,显然正车—倒航工况下的螺距角为负的。

转动桨叶的调距机构位于桨毂内,如图7-59所示,有齿条式和曲柄连杆式调距机

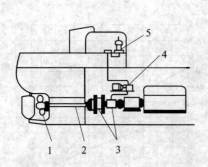

图 7-58 可调桨操纵机构示意图
1—调距桨;2—尾轴;3—调距机构;
4—调距机构动力部分;5—操纵台。

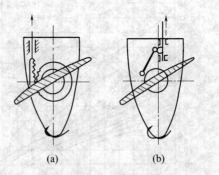

图 7-59 桨叶的旋转机构
(a) 齿条传动;(b) 曲柄连杆传动。

构,目前大多数调距桨都采用曲柄连杆式调距机构,且采用调距液压系统传动,如图7-60所示。由正转前进到正转倒退工况,按桨叶转动的相位与角度范围可分为经0螺距和经无穷大螺距("顺流")两种情况,前者转角范围较小,约为45°~60°,如图7-61(a)所示,是通常采用的转叶方式,只是在换向过程中可能出现负的转叶力矩,这对某些类型主机不

合适;后者转角范围较大,约为110°～120°,如图7-61(b)所示,这种转叶方式不会出现负的转叶力矩,但机构复杂,且当桨叶致顺流位置时转叶力矩非常大,使主机出现严重超载,一般的柴油机船几乎无法采用这种转叶方式。

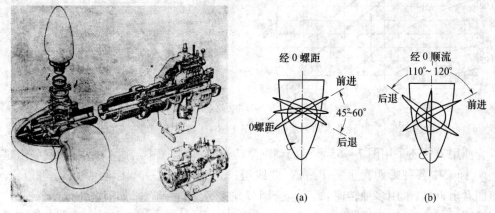

图7-60　可调距桨调距机构　　　图7-61　正转前进到正转倒退工况的叶片转动范围

可调距桨的工作特性资料中除敞水性征曲线外还有转叶力矩资料。可调距桨的敞水性征曲线通常以图7-62所示的各种螺距下性征曲线组成的图谱形式给出。转叶力矩由3部分组成,水动力矩、离心力矩与摩擦力矩,前2项确定方法及有关的曲线资料均作为调距桨的设计资料给出,如图7-63和图7-64所示,图中 $K_{SH} = \dfrac{Q_{SH}}{\rho n^2 D^5}$,$K_{SC} = \dfrac{Q_{SC}}{\rho n^2 D^5}$,$Q_{SH}$、$Q_{SC}$ 分别为转叶水动力矩与转叶离心力矩;摩擦力矩按机械制造上的一般方法求得。

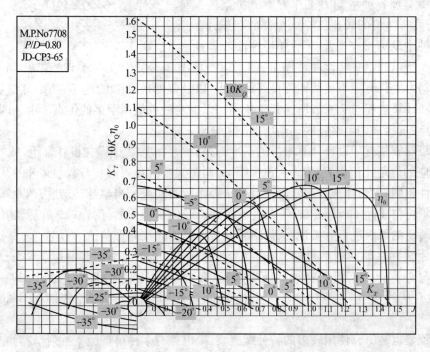

图7-62　JDC3系列调距桨中MPNo.7708敞水性征曲线图谱

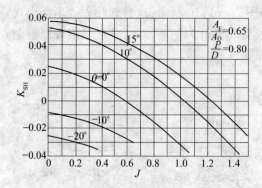 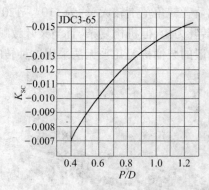

图 7 – 63　调距桨 MPNo. 7708 转叶水动力矩曲线　图 7 – 64　调距桨 MPNo. 7708 转叶离心力矩曲线

　　为使用方便还采用图 7 – 65 所示的调距桨特性曲线图,图中给出了两组曲线:一组是 P_S—N_S 标架中各种螺距比下的 P_S—N_S 曲线组;另一组是 P_S—N_S 标架中的 V_S 等值线。由该图看出,可以采用多种转速、螺距组合调节方式达到同一航速,如固定转速调节螺距、固定螺距调节转速、转速螺距联合调节。如此则可以通过转速、螺距各种组合调节提高螺旋桨效率、减小主机输出功率,使各种航速下主机输出功率最小,若进一步联系主机的"万有特性"曲线,还可以得出各航速下主机耗油量(耗能)最小的转速、螺距组合[34,35];另外固定转速调节螺距达到所需航速可减少主机变速频率,延长主机使用寿命。对柴燃联合或柴燃交替主动力舰船,可以通过调节螺距实现各种主动力工作方案下机桨匹配良好,充分发挥主机的转速、功率,提高舰船航速。只需将各种主动力工作方案下的外特性曲线叠绘在图 7 – 65 所示调距桨特性曲线图上,即可以查算出

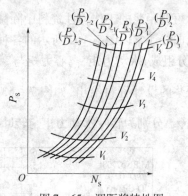

图 7 – 65　调距桨特性图

各种主动力工作方案下机桨匹配良好的螺距,以及舰船能达到的航速、功率等参数,其基本原理和计算过程与 7.4 节所述大致相同。以上几项也是调距桨的优点。由于调距桨的诸多优点,近年来调距桨装舰逐渐增加。

　　调距螺旋桨有一设计计算求出的基准螺距,称为"初始螺距"、"设计螺距"或"结构螺距",相应的螺距比记作 P_0/D。在该螺距下,调距桨叶的几何形状与普通桨叶的几何形状基本特性相同,主要体现在桨叶叶面都位于等距螺旋面上。当桨叶转动后,调距螺旋桨的桨叶就不再位于同一等距螺旋面上,此时螺距沿弦向是变化的,读者对转叶后桨叶切面几何形状畸变的原因进行分析说明,绘出转叶后的叶切面几何形状。

　　调距桨存在的问题是机构复杂,保养维修困难,可靠性不如普通螺旋桨好,且造价昂贵。另外调距桨桨毂要容纳调距机构,其毂径较普通桨大,d/D 约为 0. 24 ~ 0. 29,普通桨 d/D 约为 0. 18 ~ 0. 20,这会使调距桨效率略微降低,较普通桨约低 2% ~ 3%。

　　调距桨也是研究使用较多的特种螺旋桨,国内外有多种可调距桨系列,较为完整的可调距桨系列资料有上海交通大学的 JDC3 系列调距桨、日本的 MAU-CP4 调距桨系列资料[23,33]。

7.6.3 喷水推进器

喷水推进器是含义相当广泛的舰船推进器概念,且有着很长的发展历程。此处所述喷水推进器是指现今高速舰艇上使用的新型内藏式组合喷水推进器,由于其产生推力的基本水动力学原理仍然是向后喷出水流的反作用力构成推力,这一点与以往的、当今其他的喷水推进器是相同的,故仍称为喷水推进器。内藏式喷水推进器如图 7-66 所示,其机构精密复杂,可分为泵壳、叶轮与操控系统等三大部分。这种喷水推进器的主要优点如下:

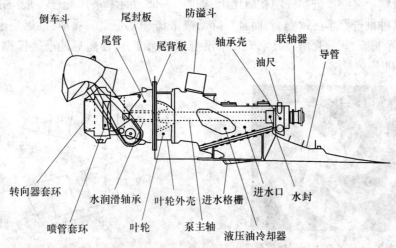

图 7-66 内藏式喷水推进器(侧视图)

(1)中高速航行时推进效率高,不低于或高于最好的螺旋桨。

(2)附体阻力小,由于附体少可使船体阻力减小约 8% ~12%。

(3)操纵性好,喷口转向器可使出水喷口转向,从而产生侧向推力;倒车斗可使水流折回向前喷出。这两组相互独立的机构结合使用可实现舰艇原位 360°回转、侧移、倒车等复杂的操纵运动;采用这种喷水推进器的船不需要舵设备。

(4)适用于浅吃水船与浅水航行船。

(5)噪声低。

(6)不存在桨叶被水中杂物打坏的缺点。

存在问题是:机构复杂、价钱十分昂贵,低速时推进效率不高。目前这种喷水推进器主要用于高性能舰艇上,一般认为航速高于 27kn 的高速舰艇才适合采用这种新型组合式喷水推进器。

在喷水推进器发展过程中,出现过各种类型的喷水推进器,早期的喷水推进器机构较为简单,一般认为以往的喷水推进器主要缺点是效率不高,且增加了水流管路中水的重量,主要优点是适用于浅吃水与浅水航行舰船。关于喷水推进器的水动力原理、发展过程可参阅参考文献[21-24,25]。

7.6.4 潜艇新型推进器

潜艇螺旋桨的水动力、空泡、噪声特性以及航行特性的基本原理与水面舰船是类似

175

的,由于艇尾形状的原因,潜艇大多数采用单桨,另外潜艇的空泡、噪声和振动特性更显重要,在螺旋桨的设计中更为关注这些方面的性能。出于抗空化、减振降噪的考虑,现代潜艇大都采用5叶~7叶大侧斜螺旋桨。大侧斜螺旋桨的外观如图7-14和图7-67所示,桨叶的侧斜增加可使桨叶面积沿周向分布更为均匀,对减小螺旋桨的空泡、噪声和激振力都有利;在直径和叶数相同的条件下侧斜增加还可以增加桨叶的盘面比,这对抗空化也是很有利的;而潜艇螺旋桨叶数较多,则是从增加叶面积沿周向分布均匀程度以减小振动和噪声考虑的。另外潜艇采用导管桨对防空化、减振降噪也有利。泵喷推进器是导管螺旋桨的一种发展形式,它由转子、定子和导管组成,转子、定子安装在导管内,定子固定在导管上,整个泵喷推进器固定在艇尾上,如图7-68所示;转子、定子一般可由7叶~15叶组成;这种推进器不但效率高,而且可降低离散谱和宽带谱的噪声,推迟空泡发生而提高艇的临界航速,其导管出口处水流几乎没有绝对速度,可使艇后的航迹模糊,对潜艇的隐蔽性有利[36]。

图7-67 7叶大侧斜螺旋桨

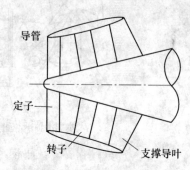

图7-68 泵喷推进器

7.6.5 吊舱推进器

吊舱推进器是在传统的电力推进系统上改进发展而来的一种新型推进器,于20世纪80年代问世,如图7-69和图7-70所示,它由吊舱和螺旋桨组成,流线型吊舱悬在船下,由法兰盘与船体相接,吊舱安装电动机直接驱动螺旋桨。柴油发电机组安装在船舱内,电力经电缆和滑环传送至吊舱内的电动机。吊舱可作360°回转,能起到舵的作用,有效提高舰艇的操纵性和机动性。吊舱推进器分为前桨(牵引式)、后桨(推动式)、双桨(串

图7-69 吊舱推进器(串列式)

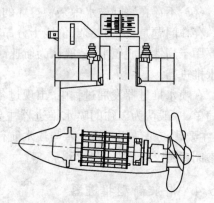

图7-70 吊舱推进器(牵引式)

176

列式),也可采用导管螺旋桨、对转螺旋桨等形式的螺旋桨。吊舱推进器的主要优点是:船外可省去轴支架、尾轴等附体,舱内尾轴、减速齿轮及传动轴系等机构,从而提高了舱容,且原动机(柴油机)与发电机组在船内布置较为灵活;此外不需要舵、侧推器等操纵装置。由于吊舱推进器在船舶设计、制造和维修等方面的诸多优点,这种推进器近年来发展迅速,使用日益广泛[31]。

习　题

1. 试述等螺距螺旋面的螺旋角如何变化,等距桨叶片上两个叶切面的螺距角分别为 $\theta_1 = 15°$,$\theta_2 = 30°$ 指出哪一个切面靠近叶根部。

2. 指出图7-71所示螺旋桨旋向(左旋或右旋)。

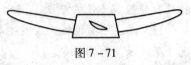

图7-71

3. 用螺距仪测量螺距时水平摇臂旋转角度 $\varphi = 30°$ 时,量针上下移动的高度 $h = 0.2m$,求该等距螺旋桨的螺距 P。

4. 绘出正车、前进状态时叶切面的"速度"三角形和受力分析图,标出各速度、力分量的方向,说明螺旋桨一面前进一面旋转会产生推力、消耗主机功率的原因。

5. 利用叶元体速度三角形分析下列问题:

(1) 某艇以等速航行时,当主机突然提高转速瞬时,螺旋桨的推力、力矩如何变化;

(2) 某三轴艇以一定航速前进时,两舷桨提高转速,中间桨保持原转速不变,中间桨推力、力矩如何变化;

(3) 系泊试验工况下螺旋桨推力、转矩状态。

6. 试述进速系数的定义和意义,绘出有关图形。

7. 绘出 $K_1 = 0$ 和 $K_2 = 0$ 时叶切面速度三角形和受力分析图,说明舰船航行中这两种工况出现的时机。

8. 某螺旋桨制造时螺距做大了,试以叶切面上速度三角形和受力分析图说明进速、转速相同的正常工况下螺旋桨的推力、转矩、收到功率、主机功率如何变化。

9. 某舰航速 $V_S = 25kn$,螺旋桨转速 $N = 540r/min$,轴数 $Z_P = 2$,螺旋桨直径 $D = 2.5m$,伴流系数 $w = 0.07$,推力减额系数 $t = 0.08$,相对旋转效率 $\eta_R = 1.0$,轴系效率 $\eta_b = 0.98$,减速器效率 $\eta_G = 0.98$。敞水性征曲线如图7-72所示。试计算(计算时 ρ 取 104.61kg · s² / m⁴):

(1) 有效推力 T_E;

(2) 船体阻力 R_t;

(3) 推进效率 η_D 和螺旋桨收到功率 P_D;

(4) 推进系数 PC 和主机功率 P_S;

(5) 若主机功率不得超过(4)的计算结果,系泊试验时螺旋桨的最大转速。

10. 某双桨舰船航速为15.5kn,船体有效功率为 $P_E = 1921hp$,设伴流分数 $w = 0.104$,推力减额分数 $t = 0.198$,相对旋转效率 $\eta_R = 1.044$,敞水效率 $\eta_0 = 0.62$,求螺旋桨发出的推力及所需的船后收到功率。

11. 试述引起船—机—桨匹配"轻载"的各种原因及相应的处理方法,绘出有关的示意图。

12. 试述引起船—机—桨匹配"重载"的各种原因及相应的处理方法,绘出有关的示意图。

13. 试述空泡对螺旋桨性能的影响。

14. 试分析防治螺旋桨空泡及其危害各项措施的机理。

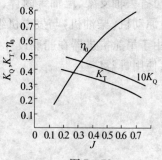

图 7－72

15. 试述在同一舰艇上装上直径偏大或螺距比偏大的螺旋桨,在相同的较低转速下,会出现什么样的情况;最大航速及船—机—桨匹配情况如何变化;如何处理。

16. 某一螺旋桨加工后经检测,除所有叶片之各半径的叶宽普遍小之外,其余尺寸完全符合设计要求,试比较制造桨与设计桨两者水动力特性及舰船航速性的差别。

17. 试述可调距螺旋桨的主要优点;在什么情况下适于采用可调距螺旋桨;在什么情况下必须采用可调距桨。

18. 试以某半径处的叶切面为例说明调距桨转叶(调距)后,叶切面形状发生畸变的原理及畸变的情况。

19. 试述导管螺旋桨的主要优点及其适用情况。

178

第 8 章 舰船操纵性

操纵性是指舰船按驾驶者意图改变或保持其运动状态的性能,是舰船动力学研究的航海性能之一。操纵性包括航向稳定性和回转性。回转性又可细分为回转空间大小、应舵时间快慢等,前者就称为回转性,而后者称为应舵性,应舵性有时也以转首性、跟从性两个概念来表示。舰船的操纵性与航行安全性、经济性、军舰的战斗力和生命力密切相关。舰船一旦丧失了操纵性,就缺少了起码的航行安全保障;军舰良好的操纵性是保证战斗力的重要手段,对操纵性有着更高的要求。了解掌握舰船操纵性基本知识,对于舰船使用和设计都是十分重要和必需的。

本章主要介绍水面舰船的操纵系统中船—舵系统开环特性基本知识,包括航向稳定性、回转性、跟从性和转首性概念,航向稳定性、稳定回转的条件,回转过程中的受力、运动分析,操纵性参数估算方法,以及舵系统和新型操纵装置系统的概况等内容。至于操纵系统闭环特性的内容,对于舰船使用和设计者也是十分重要的,按学科划分这部分内容涉及船艺、舰船辅机、舰船控制等学科,故除必须提及的概念外,本书未展开讨论操纵系统闭环特性。潜艇操纵性的含义和内容较水面舰船操纵性更为广泛,主要体现在潜艇具有垂直面的操纵运动及相应的操纵装置系统,按课程设置和学科划分,通常将潜艇操纵性自列为一门课程或学科分支,本章对潜艇操纵性的有关基本内容也作简单介绍。

8.1 舰船操纵性概述

8.1.1 水面舰船操纵性含义

舰船操纵性包括以下几方面的性能。

(1)航向稳定性:指舰船在水平面内运动受扰动而偏离航向,当扰动消除后能保持原有航向运动的性能。

(2)回转性:指舰船应舵作圆弧或曲线运动的性能,即舰船转舵后能转弯(回转运动)的性能。

(3)转首性:指舰船能应舵迅速进行回转运动的性能。回转性和转首性都是描述舰船回转能力,但两者的意义是有区别的,前者表达舰船能否应舵回转、应舵回转能转多急的弯,后者表达舰船应舵回转是否迅速,即在多长时间内能完成驾驶者企望的回转运动。

(4)跟从性:指舰船应舵能进入新的稳定运动状态的性能。例如,舰船能由直线航行状态进入稳定回转运动;能由一种稳定回转运动进入另一稳定回转运动;能由稳定回转运动回到稳定的直线运动,跟从性即指舰船的这类性能。

(5)停船性能:指舰船对船惯性停船、倒车停船的响应能力。

在本章后续各节将介绍关于前 4 种性能的实现条件、定量描述方法与衡准、规律与影响因素、估算方法、注意事项等。停船性能涉及到主机的操作,情况较为复杂,本书不展开讨论。

8.1.2 操纵性闭环系统与船—舵开环系统

舵或其他操纵装置是实现对舰船操纵的关键环节。尽管有舵、侧推器、喷水推进器、全回转导管桨等多种操纵装置,但舵结构简单、工作可靠、造价低廉,是目前应用最广的操纵装置,如未特别指明,本章即以舵代表操纵装置。除了舵以外舰船的操纵系统还有其他环节,图8-1表示了舰船操纵系统的各个环节和操船过程。

如图8-1所示,当指令航向与实际航向的偏差显示在指示器上时,舵手或自动驾驶仪机构通过操舵机构转舵,从而在舵上产生水动力(舵力)并改变作用于船体的水动力(含推进器上的水动力),在各种水动力合力作用下迫使舰船改变航向;在新的航向航行时,指令航向与实际航向的偏差又会显示在指示器上,舵手再次操舵,如此反复,直到舰船按要求的航向航行,即停止操舵。在上述过程中整个操纵系统由船体、舵、操舵机构、舵手或自动驾驶仪、指示器等多个环节组成,构成一个输入、输出信号的封闭回路,这种输出信号对控制作用有直接影响的系统称为闭环系统或反馈系统。操纵系统中的各个环节本身也自成独立的系统,这些系统的输出量对系统控制机制无直接影响,称为开环系统。操纵系统中的最后两个环节船—舵系统即构成开环系统,主要讨论船、舵系统的开环特性,它主要取决于船、舵的水动力特性,如未指明,书中所述舰船操纵性可以理解为特指船、舵系统开环特性。

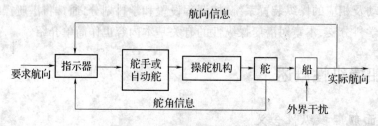

图8-1 操纵船舶的控制回路

8.1.3 操纵性在舰船使用、航行安全性与设计中的地位

从使用者的观点来看,操船需实现各种操纵性运动,包括日常的操纵性运动,以及复杂的具体内容,如靠离码头、在狭窄水道航行、风浪中操纵、紧急避碰、拖带船舶与海上救助等。要正确驾驶船舶需合理地使用操船"六要素",即舵、车、锚、缆、风和流,其中舵是操船的关键设备。提供性能优良的船型和舵,了解掌握舰船操纵性的特性、规律,是提高驾驶水平的物质基础和知识基础。

随着舰船航行密度增大,航速提高,船舶大型化、专门化,操船的难度也在增大,在航行安全性方面,舰船操纵性也具有重要的地位。至今每年仍有大量船舶失事,其中碰撞和触礁等舰船操纵性方面原因引起的船舶失事占较大比例,改进舰船操纵性对提高航行安全性有重要意义。

舰船操纵性也是舰船设计者必须分析研究、核算预报的航海性能,有关的船舶设计制造标准、规范[31,37]对舰船操纵性的指标提出了明确的要求。设计出优良的船型和舵是改进舰船操纵性的关键措施,也是最主动的措施。

8.1.4 舰船操纵性的研究方法

舰船操纵性属于舰船动力学研究的内容,其基本研究方法与舰船阻力、舰船推进类似,有理论分析、模型试验和数值模拟等方法,理论分析方法主要用于对操纵性的规律进行分析,模型试验和数值计算结果既可用于操纵性规律定性分析也可用于操纵性定量预报。

实船操纵性试验所得结果也具有重要的意义,它直接反映了实船操纵性的规律,可供操船者使用;同时也给设计和研究者提供了资料,用于改进操纵性预报方法和设计方案,以及修正模型试验结果与实船试验结果的相关系数[38]。另外,若从舰船驾驶或操纵系统闭环特性着想,仿真模拟也是重要的操纵性研究与操船技能培训手段。

8.2 舰船操纵运动方程

8.2.1 坐标系与运动方程

为了建立舰船操纵运动方程,采用如图 8 - 2 所示的两个右手直角坐标系,固定坐标系 $O_0 x_0 y_0 z_0$,随船坐标系 $Gxyz$ 。

图中 $O_0 x_0 y_0 z_0$ 为固定于地球的坐标系,称为固定坐标系,原点 O_0 可任意选取,通常与 $t = 0$ 时刻的舰船重心 G 重合, $x_0 y_0$ 平面与静水面重合。对于水面舰船的操纵运动,任意时刻 t 舰船的运动状态可用其重心 G 的坐标 x_{0G} 、 y_{0G} ,舰船对称面与 x_0 轴的夹角 ψ ,以及它们随时间变化的速率来表示,其中 ψ 称为首向角,由 x_0 到 Gx 轴顺时针旋转为正。将船体视作刚体,按刚体平面运动定理,在固定坐标系下船体的运动可用以下方程组描述:

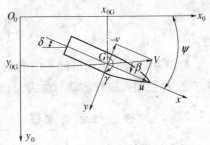

图 8 - 2 描述船舶运动的坐标系

$$\begin{cases} m\ddot{x}_0 = X_0 \\ m\ddot{y}_0 = Y_0 \\ I_z \ddot{\psi} = N \end{cases} \qquad (8 - 1)$$

式中: m 为船体质量; I_z 为绕通过重心的铅垂轴的惯性矩; X_0 为作用于船体的外力合力在 x_0 轴上的分量; Y_0 为作用于船体的外力合力在 y_0 轴上的分量; N 为作用于船体的外力绕通过重心的铅垂轴 z 的回转力矩。

式(8 - 1)即为固定坐标系中船体运动方程,式中的 X_0 、 Y_0 是随首向角 ψ 变化的,这会给操纵性的分析、计算带来很大困难。为此引入随船坐标系 $Gxyz$,该坐标系固定于船体而随船运动,原点取为船体重心 G , xy 平面与静水面重合, x 轴过船体对称面向首为正, y 轴向右舷为正。以下推导随船坐标系中的船体运动方程。设外力合力在 x 、 y 方向的分量分别表示为 X 、 Y ,则由坐标变换关系可得:

$$\begin{cases} X = X_0\cos\psi + Y_0\sin\psi \\ Y = Y_0\cos\psi - X_0\sin\psi \end{cases} \quad (8-2)$$

重心 G 点速度矢量 V 与 x 轴正方向的夹角 β 称为漂角,规定由 V 到 x 轴顺时针旋转为正,记 $u = V\cos\beta$、$v = V\sin\beta$,则 V 在 x、y 方向的分量分别为 u、$-v$,仍由坐标变换关系有

$$\begin{cases} \dot{x}_{0G} = u\cos\psi - v\sin\psi \\ \dot{y}_{0G} = u\sin\psi + v\cos\psi \end{cases}$$

$$\begin{cases} \ddot{x}_{0G} = \dot{u}\cos\psi - \dot{v}\sin\psi - (u\sin\psi + v\cos\psi)\dot{\psi} \\ \ddot{y}_{0G} = \dot{u}\sin\psi + \dot{v}\cos\psi + (u\cos\psi - v\sin\psi)\dot{\psi} \end{cases} \quad (8-3)$$

综合式(8-1)前两式和式(8-2)、式(8-3),整理后得随船坐标中力平衡方程:

$$m(\dot{u} - v\dot{\psi}) = X$$

$$m(\dot{v} + u\dot{\psi}) = Y$$

随船坐标系中的力矩平衡方程与固定坐标系中的相同,记角速度 $\dot{\psi} = r$,则 $\ddot{\psi} = \dot{r}$,综上所述可得随船坐标下的运动方程:

$$\begin{cases} m(\dot{u} - vr) = X \\ m(\dot{v} + ur) = Y \\ I_z\dot{r} = N \end{cases} \quad (8-4)$$

式(8-4)所示随船坐标系中的运动方程外力不再随首向角 ψ 变化,在表达上带来很多方便,对舰船操纵性运动与受力分析时一般采用随船坐标系中的运动方程。

8.2.2 操纵性线性运动方程

若不对式(8-4)作近似处理,求解这组微分方程仍是十分困难的,其困难之一是右端项的外力难以确定。故有必要对这组方程作近似处理,这样一方面使随船坐标系中的运动方程求解成为可能,另外经近似处理的运动方程各项具有更为具体的物理意义,便于对舰船操纵性规律进行分析。以下对舰船运动方程式(8-4)进行近似处理,以得出操纵性线性运动方程。

现外力中只计入作用于舰船上的水动力,并认为某一时刻 t 舰船运动引起的水动力由该时刻舰船的运动状态确定,于式(8-4)中的外力 X、Y、N 可以表示为

$$\begin{cases} X(t) = X[u(t),v(t),r(t),\dot{u}(t),\dot{v}(t),\dot{r}(t),\delta(t)] \\ Y(t) = Y[u(t),v(t),r(t),\dot{u}(t),\dot{v}(t),\dot{r}(t),\delta(t)] \\ N(t) = N[u(t),v(t),r(t),\dot{u}(t),\dot{v}(t),\dot{r}(t),\delta(t)] \end{cases} \quad (8-5)$$

式中:δ 为舵角。

现假设式(8-5)中各参数在小范围内变化,这一假设通常称为小扰动假设。在小扰动假设条件下可以采用泰勒展开法对式(8-5)进行近似处理。对式(8-5)泰勒展开,只保留到线性项,则式(8-5)可以近似表示为

$$\begin{cases} X(t) = X[u,0,0,0,0,0] + \dfrac{\partial X}{\partial u}\Delta u + \dfrac{\partial X}{\partial v}\Delta v + \cdots + \dfrac{\partial X}{\partial \dot r}\Delta \dot r + \dfrac{\partial X}{\partial \delta}\Delta \delta \\[2mm] Y(t) = Y[u,0,0,0,0,0] + \dfrac{\partial Y}{\partial u}\Delta u + \dfrac{\partial Y}{\partial v}\Delta v + \cdots + \dfrac{\partial Y}{\partial \dot r}\Delta \dot r + \dfrac{\partial Y}{\partial \delta}\Delta \delta \\[2mm] N(t) = N[u,0,0,0,0,0] + \dfrac{\partial N}{\partial u}\Delta u + \dfrac{\partial N}{\partial v}\Delta v + \cdots + \dfrac{\partial N}{\partial \dot r}\Delta \dot r + \dfrac{\partial N}{\partial \delta}\Delta \delta \end{cases} \quad (8-6)$$

在式(8-6)表示的泰勒展式中,初值取为舰船沿纵中剖面方向匀速直线运动状态的参数,且取舵角为0°,这样式(8-6)中有多个初值和多个项为零,该式可简化为[31]

$$\begin{cases} X = X_u \Delta u + X_{\dot u}\dot u \\ Y = Y_v v + Y_r r + Y_{\dot v}\dot v + Y_{\dot r}\dot r + Y_\delta \delta \\ N = N_v v + N_r r + N_{\dot v}\dot v + N_{\dot r}\dot r + N_\delta \delta \end{cases} \quad (8-7)$$

式中

$$X_u = \frac{\partial X}{\partial u}, X_{\dot u} = \frac{\partial X}{\partial \dot u}, Y_v = \frac{\partial Y}{\partial v}\cdots$$

这些偏导数称为水动力导数,于是线性化后的水动力可以表示为一系列常数系数(即为水动力导数)与运动参数乘积之和的形式,使运动方程可用于研究操纵性规律或进行操纵性计算成为可能。为此,式(8-4)左端也需进行线性化,Δu、v、r 等运动参数是小量,故略去这些参数 2 阶以上的量(即仅保留到线性项)。按以上过程对式(8-4)左端线性化,且计入式(8-7)表示的线性化水动力,即可得舰船操纵性运动线性化方程如下:

$$\begin{cases} (m - X_{\dot u})\dot u - X_u \Delta u = 0 \\ (m - Y_{\dot v})\dot v - Y_v v - Y_{\dot r}\dot r + (mu - Y_r)r = Y_\delta \delta \\ - N_{\dot v}\dot v - N_v v + (I_{zz} - N_{\dot r})\dot r - N_r r = N_\delta \delta \end{cases} \quad (8-8)$$

式(8-8)中第一式是独立的方程,后两式是 v、r 的联立方程组。在小扰动条件下,前后方向的速度基本不变,可以忽略第一式,而只研究后两个式。这种将水动力作为外力,应用牛顿定律(刚体平面运动定理)建立的操纵性线性化运动方程称为水动力模型。为研究问题方便,可进一步采用因次分析法将线性化的水动力模型写作无因次表达式,即

$$\begin{cases} (m' - X'_{\dot u})\dot u' - X'_u \Delta u' = 0 \\ (m' - Y'_{\dot v})\dot v' - Y'_v v' - Y'_{\dot r}\dot r' + (m' - Y'_r)r' = Y'_\delta \delta \\ - N'_{\dot v}\dot v' - N'_v v' + (I'_z - N'_{\dot r})\dot r' - N'_r r' = N'_\delta \delta \end{cases} \quad (8-9)$$

式中

$$m' = \frac{m}{\frac{1}{2}\rho L^3}, I'_z = \frac{I_z}{\frac{1}{2}\rho L^5}$$

$$\Delta u' = \frac{\Delta u}{V}, v' = \frac{v}{V}$$

$$\dot u' = \frac{\dot u L}{V^2}, \dot v' = \frac{\dot v L}{V^2}$$

$$r' = \frac{rL}{V}, \dot r' = \frac{\dot r L^2}{V^2}$$

$$Y'_v = \frac{Y_v}{\frac{1}{2}\rho L^2 V}, N'_v = \frac{N_v}{\frac{1}{2}\rho L^3 V}, Y'_r = \frac{Y_r}{\frac{1}{2}\rho L^3 V}, N'_r = \frac{N_r}{\frac{1}{2}\rho L^4 V}$$

$$Y'_{\dot{v}} = \frac{Y_{\dot{v}}}{\frac{1}{2}\rho L^3}, N'_{\dot{v}} = \frac{N_{\dot{v}}}{\frac{1}{2}\rho L^4}, Y'_{\dot{r}} = \frac{Y_{\dot{r}}}{\frac{1}{2}\rho L^4}, N'_{\dot{r}} = \frac{N_{\dot{r}}}{\frac{1}{2}\rho L^5}$$

$$Y'_\delta = \frac{Y_\delta}{\frac{1}{2}\rho L^2 V^2}, N'_\delta = \frac{N_\delta}{\frac{1}{2}\rho L^3 V^2}$$

在式(8-8)中,u 为舰船在各时刻前进方向的速度,在小扰动假设下,前进方向的速度近似为匀速,故式(8-9)中 $\frac{u}{V} \approx 1$,从而 u 没有出现。以下分析式(8-8)中各水动力导数的物理意义,以便于进一步据操纵性线性运动方程研究操纵性规律。

1. 水动力与力矩位置导数 Y_v、N_v

如图8-3所示,当舰船以速度 u 前进的同时具有横向速度 v,合速度 V 与 x 轴构成漂角 β,采用运动转换的观点,相当于水流以攻角 β 向舰船流动。由流体动力学理论可知,此时在船体上将产生垂直于舰船对称面的水动力,对比式(8-7)第2式即知该水动力可用 Y_v 表示为 $Y_v v$,也有文献将该水动力分量称为横向力或侧向力[40]。至于该横向力的产生机制,按不同的物理模型可以有不同的解释,其中较为直观的物理模型是小展弦比机翼模型,也就是将船体及其关于静水面的映像合成一体比拟为小展弦比机翼,水流相对船体的斜流运动比拟为入射水流以攻角 β 向小展弦比机翼流动。按这种物理模型,横向力主要来自小展弦比机翼上的升力。$N_v v$ 则表示横向力对船体重心 G 的力矩。由 Y_v、N_v 的物理意义和符号规则可知,Y_v 是大的负值,N_v 为小的负值,这是因为对一般的船型体来说横向力作用点在重心之前,而重心前后的横向力分量对重心的力矩又是相消的。这时力矩 $N_v v$ 有使漂角增大的趋势。除非船体水线以下的侧面积集中到重心以后,像风标一样,此时 $N_v v$ 变为正值,有使漂角减小的趋势,这对通常的水面排水型舰船是不可能的。水动力 $Y_v v$ 在对称面上的作用点 F 称为舰船的水动力中心,F 到重心 G 的距离用无因次水动力中心臂 l'_v 表示为 $l'_v = \frac{l_v}{L} = \frac{N'_v}{Y'_v}$,$l'_v$ 可用于表示舰船的直线稳定性。

2. 水动力与力矩的旋转导数 Y_r、N_r

如图8-4所示,在回转角速度 r 影响下,前半船体具有右舷攻角,后半船体具有左舷攻角,故前半船体、后半船体分别遭受负的横向力和正的横向力,$Y_r r$ 为二者的合力;$N_r r$ 即为 $Y_r r$ 对重心的力矩,这一力矩为负值,是阻止舰船回转的。由 Y_r、N_r 的物理意义可知,Y_r 绝对值不大,但正负不定;N_r 为很大的负值,它对舰船的操纵性运动有重要影响。

3. 水动力与力矩的线加速度的导数 $Y_{\dot{v}}$、$N_{\dot{v}}$

如图8-5所示,舰船以加速度 $\dot{v}$ 运动时将遭受一个与 $\dot{v}$ 方向相反的水动力,这个水动力即可表示为 $Y_{\dot{v}} \dot{v}$,其中 $Y_{\dot{v}}$ 称为线加速度导数。由理想流体中物体加速运动的概念可知这个力就是附加惯性力,$|Y_{\dot{v}}|$ 就是附加质量,也常表示为 λ_{22}、m_{22}(沿 y 轴方向运动的附加质量)。$Y_{\dot{v}}$ 是一个大的负值,对于一般的舰船,其绝对值接近于舰船质量。$N_{\dot{v}} \dot{v}$ 则为相应

的力矩,由于首尾船体对 G 点的力矩分量方向相反,故加速度导数 $N_{\dot{v}}$ 的绝对值不大,符号取决于船型,其绝对值也可表示为 λ_{62} 或 m_{62}。

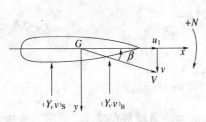
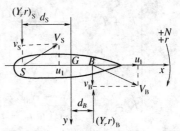

图 8-3　船舶运动中漂角　　　　　　图 8-4　回转角速度影响
引起的横向力(矩)示意图　　　　　　下的横向力(矩)示意图

4. 水动力与力矩的角加速度导数 $Y_{\dot{r}}$、$N_{\dot{r}}$

从图 8-6 可见,旋转角加速度 $\dot{r}$ 在首、尾船体分别产生正、负线加速度 $+\dot{v}$、$-\dot{v}$,$Y_{\dot{r}}\dot{r}$ 为 $\dot{v}$ 分布引起的附加惯性力,由于其首、尾分量相消,故合力较小,$Y_{\dot{r}}$ 取值不大,符号取决于船型,其绝对值也记作 λ_{26} 或 m_{26}。$N_{\dot{r}}\dot{r}$ 是旋转角加速度引起的附加惯性力矩,由其物理意义知该力矩为负,其中 $N_{\dot{r}}$ 为很大的负值,绝对值与船体绕 z 轴的质量惯性矩 I_z 接近,实际上 $N_{\dot{r}}$ 的绝对值就是水动力学中的附加质量惯性矩 J_z,也常记作 λ_{66}(下标 66 表示绕 z 轴运动引起的绕 z 力矩)或 m_{66}(附加质量与附加质量惯性矩统一用 m 表示,下标指示轴名)[41]。

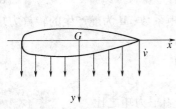
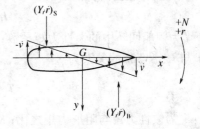

图 8-5　横向加线速度引起的横向力(矩)示意图　　图 8-6　旋转角加速度引起的横向力(矩)示意图

5. 舵导数或控制导数 Y_δ、N_δ

按以上分析方法类推,可得知 Y_δ、N_δ 的物理意义、大小与正负。读者自行分析 Y_δ、N_δ 的物理意义、大小与正负,并绘图进行说明。

一旦确定了上述各水动力导数的数值,求解式(8-8)和式(8-9)所示的操纵性运动方程而得出水面舰船操纵性运动规律就不困难了。水动力导数的确定对军用舰船主要有模型试验法,对精度要求不高时也可采用经验公式以及母型资料来估算,还有数值计算等方法,通过实船试验测量积累各种舰船的水动力导数的资料也是很重要的。

在工程实用中,对水面舰船通常关注的是航向的保持或改变,所以往往更关注首向角 ψ 及其角速度 r 随时间变化的规律,为此联立式(8-8)后两式消去 v 得到关于 r 的运动方程:

$$T_1 T_2 \ddot{r} + (T_1 + T_2)\dot{r} + r = KT_3 \dot{\delta} + K\delta \tag{8-10}$$

式中

$$\begin{cases} T_1T_2 = \dfrac{(m-Y_{\dot{v}})(I_z-N_{\dot{r}})-Y_{\dot{r}}N_{\dot{v}}}{Y_vN_r+N_v(mu_1-Y_r)} \\[3mm] T_1+T_2 = \dfrac{-N_{\dot{r}}(m-Y_{\dot{v}})-(I_z-N_{\dot{r}})Y_v-Y_{\dot{r}}N_v+(mu_0-Y_r)N_{\dot{v}}}{Y_vN_r+N_v(mu_0-Y_r)} \\[3mm] T_3 = \dfrac{Y_{\delta}N_{\dot{v}}+N_{\delta}(m-Y_{\dot{v}})}{Y_{\delta}N_v-N_{\delta}Y_v} \\[3mm] K = \dfrac{Y_{\delta}N_v-N_{\delta}Y_v}{Y_vN_r+N_v(mu_0-Y_r)} \end{cases} \qquad (8-11)$$

式(8-10)为二阶线性 KT 方程,它描述了舰船运动对操舵的响应,也称为操纵性响应模型。舰船操纵性运动的线性方程模型与水动力模型是完全等价的,但方程中的参数可以通过实船或模型自航试验直接确定,可不通过水动力导数来计算。对于一般舰船,由于操舵速度是有限的,且舰船本身惯性很大,对舵的响应基本是一种缓慢运动,在操舵不是很频繁的情况下,式(8-10)可以近似写为

$$T\dot{r}+r = K\delta \qquad (8-12)$$

式中

$$T = T_1+T_2-T_3$$

式(8-12)是野本首先提出的,也称为野本一阶线性 KT 方程,其物理意义为舰船惯性力矩、阻尼力矩和舵力矩作用下,产生缓慢转首运动,将式(8-12)表示为如下形式可更为清晰地看出这种物理意义:

$$I\dot{r}+Nr = M\delta \qquad (8-13)$$

式中:I 为舰船回转中的惯性力矩系数;N 为阻尼力矩系数;M 为舵产生的转首力矩系数。K、T 与 I、N、M 的关系为

$$T = \frac{I}{N}, K = \frac{M}{N}$$

式中:T 为惯性力矩与阻尼力矩之比;K 为舵力矩与阻尼力矩之比。

T 大,则惯性力矩相对于阻尼力矩大;K 大,则舵力矩相对于阻尼力矩大。

需指出的是操纵性线性运动方程尽管表达简洁、物理意义明了,但只适用于小扰动的情况,当船舶运动幅度较大,线性运动方程则不再适用,需应用操纵性非线性运动方程[42]。

8.3 航向稳定性

8.3.1 航向稳定性概念

航向稳定性就是舰船保持直线航行的性能。舰船航行时会受到各种偶然因素干扰作用,如风、浪、流等因素的影响,使舰船偏离原来的航行状态,如果这些外界干扰因素去除后,舰船能恢复到原来的航行状态,则舰船的航行状态是稳定的。如图8-7所示,航行状态稳定又有如下具体含义。

(1)直线稳定性:舰船受瞬时扰动后,最终能恢复直线航行状态,但航向发生变化。

（2）方向稳定性：舰船受扰后，新的稳定航线为原航线的平行直线。

（3）位置稳定性：舰船受扰后，最终仍按原航线的延长线航行，也称为航线稳定性。

显然，具有位置稳定性必具有方向稳定性和直线稳定性，具有方向稳定性必具有直线稳定性。对一般的舰船在不操舵的情况下，不能够实现位置稳定性和方向稳定性，最多只能具有直线稳定性。将不操舵条件下的稳定性称为自动稳定性，操舵条件

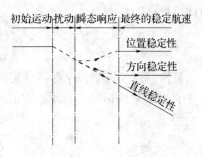

图 8 − 7　舰船运动稳定性分类

下的稳定性称为控制稳定性。故舰船若能实现位置稳定性和方向稳定性，则只能是控制稳定性；直线稳定性是可以实现自动稳定性的，它取决于船体和舵的几何形状，是舰船的固有属性，以下若未指明，航行状态稳定性均特指自动稳定性。所以若舰船具有直线稳定性，其方向、位置的偏离较小，为操舵控制实现方向稳定性、位置稳定性奠定了良好基础。故舰船的直线稳定性具有重要的意义，通常也称为航向稳定性，下面讨论直线（航向）稳定性的条件。

8.3.2　直线稳定性条件

假设外界扰动为小量，则舰船操纵性运动可采用线性运动方程描述。当舰船以速度 $u = u_1$ 匀速直线航行、$\delta = 0$ 时线性运动方程为

$$\begin{cases} (m - Y_{\dot{v}})\dot{v} - Y_v v - Y_{\dot{r}}\dot{r} + (mu_0 - Y_r)r = 0 \\ -N_{\dot{v}}\dot{v} - N_v v + (I_z - N_{\dot{r}})\dot{r} - N_r r = 0 \end{cases} \quad (8-14)$$

上述齐次方程的通解为

$$v = \tilde{v}e^{\sigma t}, r = \tilde{r}e^{\sigma t}$$

式中：$\tilde{v}$、$\tilde{r}$ 为常数，由初始条件即 $t = 0$ 时的 v、r 值确定。

将上述通解代入式（8 − 14）则该式转化为代数方程组：

$$\begin{cases} [(m - Y_{\dot{v}})\sigma - Y_v]\tilde{v} - (Y_{\dot{r}}\sigma + Y_r - mu_0)\tilde{r} = 0 \\ (-N_{\dot{v}}\sigma - N_v)\tilde{v} + [(I_z - N_{\dot{r}})\sigma - N_r]\tilde{r} = 0 \end{cases} \quad (8-15)$$

要使式（8 − 15）有非零解，$\tilde{v}$、$\tilde{r}$ 的系数行列式必须为零，即

$$\begin{vmatrix} (m - Y_{\dot{v}})\sigma - Y_v & -(Y_{\dot{r}}\sigma + Y_r - mu_0) \\ -N_{\dot{v}}\sigma - N_v & (I_z - N_{\dot{r}})\sigma - N_r \end{vmatrix} = 0 \quad (8-16)$$

展开上式得 σ 的二次方程：

$$A\sigma^2 + B\sigma + C = 0 \quad (8-17)$$

式中

$$A = (m - Y_{\dot{v}})(I_z - N_{\dot{r}}) - Y_{\dot{r}}N_{\dot{v}}$$

$$B = -(m - Y_{\dot{v}})N_r - Y_v(I_z - N_{\dot{r}}) - Y_{\dot{r}}N_v - (Y_r - mu_0)N_{\dot{v}}$$

$$C = Y_v N_r - N_v(Y_r - mu_0)$$

式（8 − 17）称为微分方程（8 − 14）的特征方程，其根为

$$\sigma = \begin{Bmatrix} \sigma_1 \\ \sigma_2 \end{Bmatrix} = \frac{-B \pm \sqrt{B^2 - 4AC}}{2A} \quad (8-18)$$

由此可得：

$$\begin{cases} v = \tilde{v}_1 e^{\sigma_1 t} + \tilde{v}_2 e^{\sigma_2 t} \\ r = \tilde{r}_1 e^{\sigma_1 t} + \tilde{r}_2 e^{\sigma_2 t} \end{cases} \tag{8-19}$$

显然，只有当 σ_1、σ_2 都是负实数或者实部为负的复数时，随时间增加 v、r 最终将趋于 0，此时舰船的运动是直线稳定的。由一元二次方程根与系数的关系有

$$\begin{cases} \sigma_1 + \sigma_2 = -\dfrac{B}{A} \\ \sigma_1 \sigma_2 = \dfrac{C}{A} \end{cases} \tag{8-20}$$

由上式与舰船运动直线稳定性条件可得：$-\dfrac{B}{A} < 0$，$\dfrac{C}{A} > 0$。由各水动力导数的大小和正负知 $A > 0$，$B > 0$，故直线稳定性条件归结为 $C > 0$，即

$$C = Y_v N_r - N_v(Y_r - mu_0) > 0 \tag{8-21}$$

式(8-21)即为直线稳定性的衡准，若只需判别舰船是否具有直线稳定性，计算出衡准数 C 即可，而不必求 σ_1、σ_2。在深水中 $Y_r r < mu_0 r$，即旋转阻尼力小于离心力，故直线稳定性衡准可以写作：

$$\frac{N_v}{Y_v} < \frac{N_r}{Y_r - mu_0} \tag{8-22}$$

令

$$l_v = \frac{N_v}{Y_v}, l_r = \frac{N_r}{Y_r - mu_0}$$

则直线稳定性条件为

$$l_v < l_r \tag{8-23}$$

式中：l_v 为斜流冲击产生的横向力对重心 G 的力臂；l_r 为旋转阻尼力对重心 G 的力臂。

由以上直线稳定性概念和分析过程可看出，舰船受外界扰动偏离了航向，桨的推力、舰船的航速都将发生变化，具有直线稳定性的舰船虽然能恢复直线航行状态 8-8(a)，但却不能自动改变推力方向使舰船恢复原来的航向，更不能回到原来的航线上，这就是说通常的舰船是不具备自动的方向稳定性和位置稳定性的。不具直线稳定性的舰船，受扰后则扰动量越来越大，航向偏离也越来越大，最终在非线性流体动力作用下将进入某种定常回转状态，如图 8-8(b) 所示。

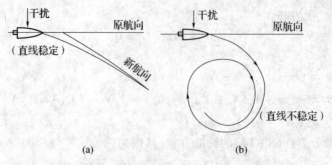

图 8-8　舰船受外界干扰后的运动状态

舰船通过不断操舵才能保持既定的航向,这种性能称为航向保持性或使用稳定性。根据航行经验,使用稳定性可用下列 2 个指标衡量:一个是为保持航向的平均操舵频率不大于 4 次/min ~ 6 次/min;另一个是平均转舵角不超过 3° ~ 5°。对不具直线稳定性的船,要保持航向,通常需提前操舵,以补偿舰船运动响应的滞后。

8.4 回转运动

直线航行的舰船,将舵转到某一舵角并保持该舵角,舰船将作平面运动,其重心作曲线运动,最终重心运动轨迹将是匀速圆周运动。舰船转舵后的这种运动称为回转运动,重心运动轨迹称为回转圈,如图 8 - 9 所示。舰船是否易于回转的性能称为回转性,是舰船机动性的重要部分。

8.4.1 回转运动的 3 个阶段

1. 转舵阶段

从开始执行转舵命令到实现指令舵角止的这个阶段称为转舵阶段,通常约 8s ~ 15s。舵角由 0°增大到指令舵角 δ,产生横向舵力 $Y_\delta \delta$ 和回转力矩 $N_\delta \delta$。如图 8 - 9 所示,设向右转一舵角 δ,由于舰船惯性很大,起初漂角 β 和回转角速度 r 都很小,舰船几乎按原方向航行;然后向左舷的横向舵力 $Y_\delta \delta$ 使舰船向左舷方向横移,称为反向横移,舵上水动力在 x 方向分力使舰船阻力增加,航速开始减小,舵力 $N_\delta \delta$ 对重心 G 的力矩使舰船向右舷回转。

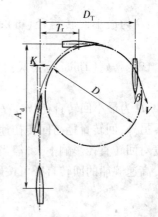

图 8 - 9　舰船回转时重心的运动轨迹

2. 过渡阶段

从转舵终止到进入定常回转运动称为过渡阶段。舰船在回转力矩 $N_\delta \delta$ 作用下,漂角 β 和回转角速度 r 不断增大,船体上的水动力迅速增大,船体横向水动力 $Y_v v$ 将超过舵力 $Y_\delta \delta$,反向横移加速度逐渐减小至 0 再改变方向,反向横移逐渐停止而产生向回转一侧的正向横移。船首一直保持向右回转。这一阶段作用在舰船上的水动力是随时间变化的,故舰船运动参数亦随时间变化,具有刚体平面运动的特性。

3. 定常阶段

在回转过程中,舰船上的各种力(矩)终将达到平衡,舰船运动参数稳定下来。从这时起,舰船的受力、运动均达到新的平衡阶段,舰船以一定的角速度作匀速回转运动,重心运动轨迹为圆形,这一阶段称为定常回转运动阶段。

8.4.2 回转运动的特征参数

1. 定常回转直径 D

舰船进入定常回转阶段后回转圈的直径称为定常回转直径。满舵条件下的定常回转直径称为最小回转直径。定常回转直径与船长之比称为相对回转直径。为保证舰船具有足够的回转能力,对各类舰船的回转直径都有一定要求。各类舰船的相对回转直径如表 8 - 1 所列。

表 8 - 1　各类舰船相对回转直径

舰 船 类 型	相对回转直径/m	舰 船 类 型	相对回转直径/m
巡洋舰	3.0 ~ 5.0	油船	3.5 ~ 7.5
驱逐舰	5.0 ~ 7.0	货船	4.0 ~ 6.5
护卫舰	4.0 ~ 6.0	客货船	4.0 ~ 7.0
潜艇(水上/水下)	(3.0 ~ 5.0)/(4.0 ~ 5.0)	拖轮	1.5 ~ 3.0
登陆舰	2.0 ~ 3.5		

若需近似估算舰船的回转直径,可以参考以下经验公式。

(1) 巴士裘宁公式:

$$D = \frac{L^2 T}{10 A_R}$$

式中:D 为最小回转直径(m);L 为水线长(m);T 为吃水(m);A_R 为舵的浸水侧面积(m²)。

(2) 蒂姆(Thieme)公式:

$$D = 0.25 L^{5/3}$$

式中:D 为最小回转直径(m);L 为水线长(m)。

另外,回转直径与回转初速度有关。一般认为当 $Fr \le 0.25$ (如低速民用船)回转初速度对回转直径影响不大,但当 $Fr > 0.25$ (如高速军舰)回转初速度对回转直径影响较大。高速舰船的回转直径可按舰船操纵性规范[43]或江田公式[37]确定,分别为

$$\frac{D}{D_0} = 1 + 0.712 Fr - 5.23 Fr^2 + 11.36 Fr^3 \qquad (8 - 24)$$

$$\frac{D}{D_0} = (1 + 0.631 Fr - 2.632 Fr^2)^{-1} \qquad (8 - 25)$$

式中: D_0 为 $Fr = 0.25$ 时的回转直径。

2. 战术直径 D_T

舰船首向角改变 180° 时其重心距初始直线航线的横向距离称为战术直径,它是军舰回转性的重要指标,通常 $D_T = (0.9 ~ 1.2) D$。

3. 纵距 A_d

转舵开始的舰船重心沿初始直线航向到首向角改变 90° 时舰船纵向对称轴延长线之间的距离称为纵距,它表征舰船的回转性和跟从性。纵距小表征舰船的回转性好;跟从性好;反之回转性、跟从性差,或其中一个特性差。回转性好、跟从性差的船可能与回转性差、跟从性好的船之纵距非常接近,各种舰船纵距的范围 $A_d = (0.6 ~ 1.2) D$。

4. 正横距 T_r

舰船转首 90° 时其重心至初始直线航线间的横向距离称为正横距,通常 $T_r = (0.25 ~ 0.5) D$。

5. 反横距 K

舰船离开初始直线航线向回转中心反侧横移的最大距离称为反横距,通常 $K = (0.0 ~ 0.1) D$,反横距是重要的操纵性特征参数。当两舰船相遇同时操舵避让,由于两船距离很近可能反而导致二者相撞,舰船驾驶者对这一点尤需重视。

此外,舰船回转中的航速 V、漂角 β、横倾角 φ_r 等也都是重要的操纵性特征参数。在舰船回转运动中,某一时刻船体中纵剖面上各点速度大小和方向是不同的。如图 8-10 所示,对称面上存在一点,该点的横向速度为 0,合速度方向与中纵剖面一致,该点称为回转枢心,图中的 P 点即为枢心。通常漂角较小,故可得:

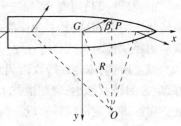

图 8-10 舰船回转枢心

$$\overline{GP} = R\sin\beta \approx R\beta \qquad (8-26)$$

在定常回转阶段 R、β 保持不变,由式(8-26)可知枢心的位置也保持不变,通常位于船首与距船首 $L/4$ 之间。另外,较大的回转半径 R 伴随较小的漂角 β,较小的回转半径 R 伴随较大的漂角 β,故不同的舰船,或同样的舰船在不同的回转半径下枢心位置变化不大。

8.4.3 回转运动分析

根据一阶运动响应方程对舰船回转运动进行分析,重点分析方程及其解函数中有关参数与回转运动特性之间的关系。一阶运动响应方程为

$$T\dot{r} + r = K\delta$$

该方程的齐次解为 $r = r_0 e^{-\frac{t}{T}}$,对应于舵角 δ 为 0°时舰船的运动状态,其中 r_0 为初始时刻的回转角速度。当 $T > 0$,则 r 随时间 t 增加而迅速衰减,舰船受扰后迅速恢复直线航行,此时舰船是直线稳定的,且 T 越小衰减越快,直线稳定性越好。故将 $T > 0$ 可作为舰船具有直线稳定性的判据,而 T 的数值是衡量直线稳定性程度的指标。

若舰船原以舵角 0°直线航行,将 $t = 0$ 作为初始时刻,此时舵瞬间转至某一舵角 δ,后保持该舵角不变,则原方程的解为

$$r = r_c(1 - e^{-t/T}) \qquad (8-27)$$

$$r_c = K\delta \qquad (8-28)$$

式(8-27)和式(8-28)中的 r_c 为 $t \to \infty$ 的回转角速度,即舰船定常回转角速度。r_c 由 K、δ 确定,K 为单位舵角引起的回转角速度,称为回转性指数。记 V_c 为舰船定常回转速度(重心处线速度),则 $r_c = \dfrac{V_c}{D/2}$,由此得:

$$D = \frac{2V_c}{K\delta} \qquad (8-29)$$

可见,在一定舵角下,K 越大定常回转角速度越大,定常回转直径越小,舰船的回转性越好。前已推出 K 与水动力导数之间的关系为

$$K = \frac{Y_\delta N_v - N_\delta Y_v}{Y_r N_r + N_v(mu_1 - Y_r)} = \frac{Y_\delta N_v - N_\delta Y_v}{C} \qquad (8-30)$$

式中:C 为直线稳定性衡准数。

当 $C > 0$,即直线稳定的舰船,C 越大,K 越小,此时舰船直线稳定性越好,而回转性变差。从 K、C 两个衡准数看,直线稳定性和回转性的优劣是相互矛盾的。对安装普通尾舵的舰船而言,增加舵面积可以增加 $Y_\delta N_v - N_\delta Y_v$ 的值,从而使 K 增加而又不影响 C 的取值,故增加舵面积可改进舰船回转性而不损害直线稳定性。

由式(8-27)可知,舰船进入定常回转状态的快慢是由 T 决定的, T 越小则进入定常回转状态的时间越短,表明操舵之后舰船很快转首而进入定常回转阶段,即跟从性好。故舰船的跟从性与直线稳定性是一致的, T 称为跟从性指数(或应舵指数)。

综上所述, K 、 T 指数恰当地表示了舰船的操纵性。回转指数 K 大,舰船的回转性好,定常回转直径小;应舵指数 T 小,则舰船的直线稳定性和跟从性好,操舵后舰船很快改变首向而进入定常回转阶段。为应用方便,也常将 K 、 T 表示为如下无因次的形式:

$$K' = K\left(\frac{L}{V_0}\right) \tag{8-31}$$

$$T' = T\left(\frac{V_0}{L}\right) \tag{8-32}$$

式中: V_0 为回转初速度。

对一般的船舶, K' 、 T' 数值如表 8-2 所列。

表 8-2 一般船舶的 K' 、 T' 数值

船舶类型	满载货船	满载油船	捕鲸船	巡逻艇
水线长/m	100~150	150~250	57.0	51.5
K'	1.2~2.0	1.7~3.0	1.3	1.7
T'	1.5~2.5	3.0~6.0	0.8	1.6

现通过一实例说明 K 、 T 指数与舰船回转运动特性的关系。某 2 万 t 级油轮姐妹船 A、D,船 A 的指数为 $K = 0.05\text{s}^{-1}$, $T = 30\text{s}$;船 D 的指数为 $K = 0.065\text{s}^{-1}$, $T = 50\text{s}$ 。前者回转直径较大,但却能较快进入定常回转状态;后者回转直径较小,但进入定常回转的时间却较长。两船的回转圈如图 8-11 所示,在回转初期,A 船的操纵性优于 D 船。由此看出,衡量舰船的回转能力需从回转性、跟从性和转首性几方面综合考虑。

对直线不稳定的舰船,转舵后随着回转运动的发展,非线性水动力的成分将占主要地位,以上线性理论分析方法和所得结论均不适用。事实上,直线稳定的舰船回转角速度随舵角变化的关系如图 8-12(a)所示, K 即图中原点附近曲线切线(或直线段)斜率。如图 8-12(b)所示,直线不稳定的舰船在小舵角下回转初期回转方向是不确定的,最终在非线性水动力作用下进入定常回转阶段;操大舵角时舰船在非线性水动力作用下按右舵右转、左舵左转的规律回转,最终进入定常回转状态。图 8-12(b)中的曲线在 a 、 b 间出现了一个回环,称为不稳定环或滞后环,其高度和宽度分别称为环高、环宽,可以表示舰船操纵性运动的不稳定程度。由此可进一步理解,直线不稳定的舰船借助于舵可实现控制稳定性,即这种船还是可操的,只不过需频繁打舵。显然,当不稳定环的环宽 ab 较大时(如达到 $\pm 5°$ 舵角),表示在此舵角范围内,一个舵角对应两个回转角速度。图 8-12 所示曲线反映了舰船操纵性的诸多特性,通常也称为操纵性曲线,可由舰船操纵性螺旋试验得出。

将 $r = \dfrac{\mathrm{d}\psi}{\mathrm{d}t}$ 代入一阶线性 KT 方程可得 ψ 的二阶方程:

$$T\frac{\mathrm{d}^2\psi}{\mathrm{d}t^2} + \frac{\mathrm{d}\psi}{\mathrm{d}t} = K\delta \tag{8-33}$$

计入初始条件 $\psi(0) = 0$ 可以解出:

$$\psi = K\delta t + K\delta T\mathrm{e}^{-t/T} - K\delta T \tag{8-34}$$

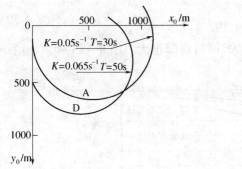
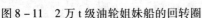
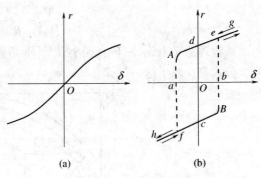

图 8-11 2 万 t 级油轮姐妹船的回转圈   图 8-12 操纵性曲线

分析式(8-34)的物理意义可以看出,若将瞬间转舵时刻为基准,则应舵指数 T 近似为舰船进入定常回转的时间滞后。单位舵角下首向角随时间的变化可表示为

$$\frac{\psi}{\delta} = K(t + Te^{-t/T} - T) \qquad (8-35)$$

转舵初始航速变化较小,仍可认为舰船以回转初速 V_0 航行,舰船航行一个船长所需时间为 $t = \dfrac{L}{V_0}$,令相应的单位舵角首向角变化为 P,则:

$$P = \left(\frac{\psi}{\delta}\right)\Big|_{t=\frac{L}{V_0}} = K\left(\frac{L}{TV_0} + Te^{-L/TV_0} - T\right) \qquad (8-36)$$

式中

$$L/TV_0 = \frac{1}{T\dfrac{V_0}{L}} = \frac{1}{T'}$$

若 T' 足够大,对式中指数项泰勒展开,忽略高阶项并整理后得 P 的近似表达式:

$$P \approx \frac{1}{2}\frac{K'}{T'} = \frac{1}{2}\frac{K}{T}\left(\frac{L}{V_0}\right)^2 \qquad (8-37)$$

P 表示舰船操舵后移动一个船长时,单位舵角引起的首向角变化,称为转首指数。转首指数反映了舵效的优劣以及舰船应舵的快慢,恰当地表示了舰船的转首性,是衡量舰船转首性的重要指标。对直线稳定的舰船,转首指数 P 是一个很好的操纵性衡准数,但 P 与舰船是否直线稳定的无直接关系,它需与直线稳定性指数结合应用才能全面地反映舰船的操纵性。一般认为 $P > 0.3$ 即可以保证舰船具有合理的转首性。

8.4.4 回转过程中的速降和横倾

1. 回转时的速降

舰船回转过程中具有漂角,使舰船阻力增大;惯性离心力在推力方向的分量将抵消一部分推力;舵力也将使舰船阻力增大;此外,由于螺旋桨工作条件的变化,回转过程中主机转速也要降低。由于以上各种原因,舰船在满舵回转中航速会显著减小,减小量为回转初速的 20% ~ 50%,称为回转速降。定常回转速度可根据图 8-13 所示经验曲线[44,45]或以下经验公式[31,37]来估算:

$$\frac{V}{V_0} = \tanh\left(\frac{R}{2.45L}\right) \qquad (8-38)$$

193

$$\frac{V}{V_0} = \frac{R^2}{R^2 + 1.9L^2} \quad\quad (8-39)$$

从物理意义上说,回转直径小,回转漂角则大,回转速降也大。图 8-13 和以上两个经验公式都反映了这一规律。

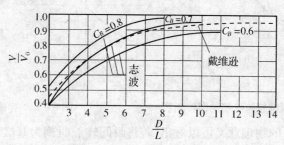

图 8-13　回转中航速变化曲线

2. 回转横倾角

回转中将出现绕 x 轴的横倾,严重时甚至可能引起翻船。按水面舰船军用标准 GJB4000—2000[46] 规定,稳性校核中应计算舰船回转中横倾角。

在转舵阶段,回转轨迹曲率中心在回转圈外侧,船体所受作用力主要是惯性力和舵力(图 8-14),合力矩构成内倾(向回转方向一侧倾斜)力矩,使舰船产生内倾。由于舵力较小,这种内倾角通常不大。在过渡阶段漂角和回转角速度不断增加,作用于船体上的水动力也不断增大,逐渐由次要作用转为主要作用,惯性离心力也由向内转为向外,舰船由内倾转为外倾(与回转方向相反的倾斜)。直到定常回转阶段,如图 8-15 所示,起主要作用的力为向外的惯性离心力、向内的水动力,此时舵力相对较小,可忽略不计,这种近似处理的结果是偏于安全的。实际上水动力的增加是很快的,其产生的力矩有动倾斜力矩的特性,舰船外倾能达到的最大倾斜角应该是动力倾角 θ_d(见"大角稳性"一章)。θ_d 大于稳定的回转外倾角 θ_R,且舰船在稳定于 θ_R 之前会以 θ_R 为基准摇摆 1 次或 2 次,最终稳定于 θ_R,如图 8-16 所示。θ_d 与 θ_R 的关系为

$$\theta_d = (1.3 \sim 2.2)\theta_R \quad\quad (8-40)$$

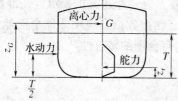

图 8-14　回转中横倾力矩分析(转舵阶段)

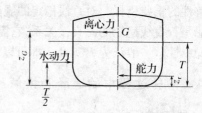

图 8-15　回转中横倾力矩分析(过渡阶段)

以半径 R 回转的舰船,作用于重心的惯性离心力矩为 $m\dfrac{V_c^2}{R}(z_G - z_H)$;舰船倾斜后扶正力矩按初稳度扶正力矩公式确定,即 $mgh\theta_R$。按扶正力矩与倾斜力矩相等的条件解出稳定横倾角(rad)为

$$\theta_R = \frac{V_c^2}{ghR}(z_G - z_H) \quad\quad (8-41)$$

194

式中：z_G、z_H 分别为重心、水动力作用点距离基线的高度。

z_H 按图 8 - 16 曲线确定或近似取为 $\dfrac{T}{2}$。若取 $z_H = \dfrac{T}{2}$，则式(8 - 41)可写为

$$\theta_R = \frac{V_C^2}{ghR}\left(z_G - \frac{T}{2}\right) \tag{8 - 42}$$

按极值条件以及模型试验结果可知，对一般的船型大约 $R = 2.6L$ 时 θ_R 达最大值，$R = 2.6L$ 以及 V_c 的近似表达式代入式(8 - 42)得 $\theta_R(°)$ 最大值表达式为

$$\theta_{Rmax} = 1.4V_0^2\,\frac{z_G - \dfrac{T}{2}}{hL} \tag{8 - 43}$$

图 8 - 17 为海军工程大学对一护卫舰自航模试验测出的回转横倾角随舵角变化的关系曲线，曲线数据与式(8 - 43)计算结果大致相等。

舰船回转中的横倾现象对使用者和设计者都十分重要。高速军舰回转横倾角比较大，有导致舰船倾覆的可能；若舰船在顺风顺浪时满舵掉头，横倾角叠加上风、浪作用，有可能使舰船处于危险状态；最后，回转中发现横倾角很大而突然将舵回中或打反舵，将使舵力突然改变方向而进一步加大横倾角，这也可能引起危险，正确的处理方法是降低航速或逐次减小舵角。以上各种使舰船产生危险的情况，舰船使用者尤要引起重视。

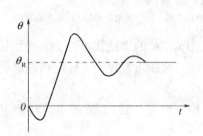

图 8 - 16　回转运动中横倾角的变化

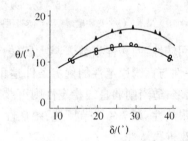

图 8 - 17　护卫舰自航模试验回转横倾角

8.5　操纵性的影响因素与操纵装置

8.5.1　操纵性影响因素

为了保证舰船航行安全性，减少海损事故，提高战斗力，舰船具有优良的操纵性是十分重要的。国际海事组织(IMO)和各国政府都十分注重舰船操纵性，制定出了若干操纵性标准，以保证舰船具有优良的操纵性。对舰船使用者和设计者操纵性标准都有重要的意义，而对使用者来说，与操纵性标准相关的操船规程条例也是十分重要的。对闭环操纵性而言，驾驶者谙熟操船规程条例，具有优良的操船技能，维护保养好操船设备等本身就是提高操纵性的措施。为此舰船使用者掌握一定的开环操纵性知识，了解有关的开环操纵性影响因素则是必不可少的。以下主要从开环操纵性角度讨论操纵性影响因素。

1. 船型影响

船型对操纵性有显著影响。可依据各水动力导数以及 K、T、P 指数的物理意义，直线稳定性判据式(8 - 22)和式(8 - 23)，操纵性运动一阶线性响应方程式(8 - 12)等，分析船

型对操纵性各项性能的影响;当然若仅需粗略的定性分析,则从物理直观上直接分析也是必要和有效的方法。

(1) 直线稳定性:对直线稳定性影响大的船型因素是纵中剖面侧投影面积沿纵向的分布、船体细长度以及方型系数等。船型细长,方型系数减小对改善直线稳定性都是有利的;增加尾部侧投影面积,如增加尾倾,加装尾鳍,加大呆木,以及减小首部侧投影面积,如削减首踵等均可改善直线稳定性。以上船型因素对直线稳定性影响的基本原理是减小了直线稳定性条件式(8-22)中的 $|N_r|$,增大了其中的 $|N_r|$,即调整了水动力在船长方向的分布,增大了稳定性指数 C。还需指出,直线稳定性应该适当,而不要过好;否则舰船的回转直径较大。采取削减呆木、呆木开孔、加大首踵等措施可减弱直线稳定性,如图 8-18 所示。

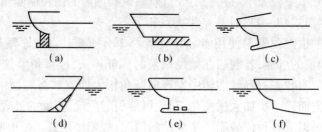

图 8-18　改变直线稳定性的措施

(a) 增大呆木;(b) 安装尾鳍;(c) 使船尾倾;(d) 增加首踵;(e) 呆木开孔;(f) 削小呆木。

(2) 回转性:回转性指数 K 越大回转性越好,由 K、C 的表达式可知,C 越大则 K 越小,即回转性与直线稳定性的优劣条件是相互矛盾的,故加强直线稳定性的措施都将削弱回转性;反之,适当削弱直线稳定性则可改善回转性。

(3) 跟从性:如 7.4.3 节所述,跟从性与直线稳定性是一致的,故改进直线稳定性的措施都将改进跟从性。

(4) 转首性:转首指数 P 恰当的表征了转首性的优劣,由 P 表达式即知,要同时增加 K、减小 T 才能使 P 增加,也就是说要同时加强回转性和直线稳定性才能提高转首性。但改善稳定性和回转性对船型的要求是冲突的,即大 K 小 T 难以实现,往往是大 K 对应大 T、小 K 对应小 T,实际数据表明船型变化引起的 K、T 变化率差不多,故 P 值比较稳定。由此可粗略推知船型变化对转首性影响不会大。

以往通常认为船型主要是由舰船总布置、静力性能、阻力性能、耐波性等确定,留给操纵性调整的余地并不太多,这种看法有一定道理。作者认为并非船型对操纵性影响不大,而是船型对操纵性各项指标的影响有冲突,难以通过船型优化的途径全面改善操纵性,更何况舵对操纵性的影响很大,并且对操纵性各项指标的影响是一致的,可全面改善舰船的操纵性。故对操纵性而言改进舵似乎比改进船型更有效,成本更低。近年来随着计算流体力学在舰船设计领域的广泛应用,有人认为在船型设计阶段应更多地考虑对操纵性的影响,通过数值模拟分析比较船型对操纵性的影响。

2. 舵的影响

舵是目前最常用的操纵装置,通过加装舵使不具方向稳定性(甚至不具直线稳定性)的舰船实现航向保持性,改进舵的设计可以同时提高操纵性的各项性能。如式(8-30)

所示,加大舵的面积可有效地提高$Y_\delta N_v - N_\delta Y_v$,从而增大回转性指数$K$,改善回转性;而舵对直线稳定性指数$C$又不产生影响,若舵固定置于$0°$舵角的位置,则所产生的效果相当于尾呆木的效果,对提高直线稳定性是有利的。可见,舵在保证舰船操纵性、航行安全性上具有重要的地位,进而也可以理解驾驶者合理操舵的重要性。此外,提高舵效也是改进操纵性的措施,提高舵效就是提高一定舵角下舵叶的升力(矩),从机理上说,增加舵效的作用与增加舵面积是相当的。

3. 船—桨—舵配合

实际的舵一般是安装在船—桨之后的,舰船航行时舵处于船—桨扰动之后的水流中,舵叶上的水流运动与受力会受到船体、螺旋桨的影响,类似于船后螺旋桨上水流运动、受力遭受船体影响。如同处理船对桨的影响问题,可将单独的舵称为敞水舵,实际的舵称为船后舵、桨后舵、船桨后舵,船后舵水流速度受伴流影响,工程中通常按伴流分数推算舵上x方向的水流速度;至于桨后舵,螺旋桨运转时不但会改变舵叶上水流速度而且会改变水流运动方向,工程中可采用经验公式推算桨后舵上的水流运动和受力,必要时还需通过模型试验确定。定性上说船桨舵的配合也是影响操纵性的因素,一个明显的例子便是单桨单舵船操零舵角时往往会产生略微的回转运动,这正是螺旋桨工作时舵叶上水流运动方向出现偏斜所致,在实际的操舵中此时要视螺旋桨的旋向转一小的舵角,即打一压舵角来抵消水流偏斜的影响,以保持舰船直线航行。船桨舵的水动力相互影响是非常复杂的,其特性和规律目前尚未研究清楚,一般需通过模型试验来预测船桨舵的合理配合;近年来也有人采用CFD的方法进行这方面的研究。

8.5.2 操纵装置

1. 舵

舵是使用最为广泛的操纵装置。有人把舵的主要功能概括为"实现稳定运动中的回转,保证回转运动中的稳定",联系以上各节所述舵在舰船操纵运动中扮演的角色以及舵上水动力对舰船操纵运动的贡献即可知如此概括舵的功能是十分到位的。

普通的舵按舵轴支撑情况分为多支承舵、双支承舵、半悬挂舵和悬挂舵4种;按舵的剖面形状分为平板舵和流线型舵;按舵杆轴线在舵宽上的位置分为平衡舵、半平衡舵(半悬挂式半平衡舵)和不平衡舵,普通舵类型如图8-19所示。各种形式的舵有其优点和缺点,舵形式的选择与船尾形式、航行条件与设备条件有关。有尾框架及舵柱的船采用多支承的不平衡舵,转舵时舵杆扭矩较大,需要较大功率的舵机;而不平衡舵在风浪中容易出现应舵不灵的现象;对于有尾框架的船通常采用双支承平衡舵,借以减小舵杆扭矩和舵机功率;对无尾框架的敞式船尾,采用半悬挂式平衡舵,可望得到很好的配合;双桨舰船常采用悬挂式平衡舵。

普通的舵可看作沿舵轴线垂直放置的有限翼展机翼,产生舵力的机理由机翼理论可得到明确的解释:转动舵角δ的舵随舰船向前运动时相当于水流以攻角$\alpha_k = \delta$向舵流动,此时舵上产生升力并遭受翼型阻力,舵上的合力在垂直船体对称面方向(横向)的分量就是舵力,在舵角不大时舵力与舵上升力近似相等。由此可知,普通的舵只有当舰船航行时才会产生舵力,所以它是被动式操纵装置。

舵力的特性与舵的几何要素密切相关。如图8-20所示,舵的主要几何要素有舵面积、舵高、舵宽、展弦比、舵剖面几何形状等。

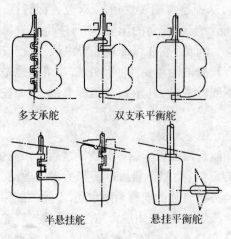

多支承舵   双支承平衡舵

半悬挂舵   悬挂平衡舵

图 8 – 19   舵的类型

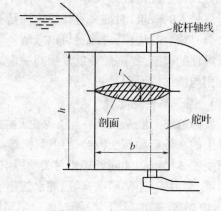

图 8 – 20   舵的几何形状

（1）舵面积 A_R：舵的侧投影面积，即舵叶轮廓在舵剖面对称面上的投影面积。

（2）舵高 h：沿舵杆方向舵叶上缘到下缘的垂直距离，相当于机翼的展长。

（3）舵宽 b：舵叶前后缘之间的水平距离，相当于机翼的弦长。

（4）展弦比 λ：舵高与舵宽之比。相当于机翼的展弦比。

（5）平衡比 e：也称平衡系数，舵杆轴线前的面积与整个舵叶面积之比。

（6）舵剖面：与舵杆垂直的舵叶剖面。

舵角 δ 是舵的重要水动力参数，在数值上等于水流相对于舵叶的攻角 α_k，其变化范围通常不超过 $\pm 35°$。敞水舵的水动力特性与有限翼展机翼水动力特性基本一致，参见"流体力学"中的机翼理论，其中失速角（或称临界攻角）是十分重要的水动力参数，一般要求大于 $35°$。如前所述，实际的舵通常安装于船桨之后，实际舵的水动力特性应计入船—桨对舵叶上水流运动的影响。

2. 特种操纵装置

长期以来为了提高推进效率，改善操纵性能，曾在各种不同类型的舰船上广泛采用各种操纵装置。不同于普通舵操纵装置称为特种操纵装置，按其工作特点可分为以下 3 类。

（1）推进操纵合一装置：如转动式导管桨、全方位推进器（Z 型推进器）、喷水推进器等。这类特种操纵装置也是特种推进器，其具有操船功能的基本原理是可以在水平面内 360°或较大角度范围改变推力方向，从而兼有舵的功能。推进操纵合一装置是主动式操纵装置，其回转功能比普通舵强，可实现各种复杂的操纵运动，甚至可实现原地回转，但机构十分复杂，造价昂贵。这类操纵装置用于渡船、港作船等对操纵性有特殊要求的舰船较为合适，导弹艇 22 艇采用了喷水推进装置。图 8 – 21 为转动式导管桨，导管可以在一定角度范围内转动，从而改变推力方向实现操纵装置的功能，其回转功能比普通舵更强。

（2）主动式转向装置：如转柱舵、主动舵、侧推器等，这类操纵机构自带附属的能源装置，能使船处于系泊或低速航行状态时具有良好的回转功能。图 8 – 22 为两种侧推装置，当螺旋桨工作时水流通过隧道从侧向流入、流出，从而产生侧向推力，实现回转功能。侧推装置在零速或低速时具有很强的回转功能，随航速提高其回转功能逐渐减弱。

198

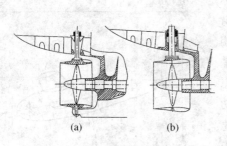

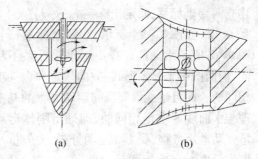

图 8 - 21　转动导管的安装形式

（a）双支点式；（b）悬挂式。

图 8 - 22　侧推器

（a）侧推器 1；（b）侧推器 2。

（3）潜艇侧推装置：潜艇侧推装置安装在船尾，如图 8 - 23 所示，通常采用槽道（隧道）式对转螺旋桨。侧推装置工作时，螺旋桨产生的推力相对于船的重心产生一转首力矩，从而改变船的航向。对于尖尾单桨潜艇，仅靠主推进螺旋桨无法自行离靠码头，因为缺少必要的侧向推力和转首力矩，潜艇采用侧向推进装置的主要目的就是解决在一定风、流条件下自行离靠码头的问题。潜艇侧向推进装置还可以兼作应急方向舵使用，以及在进出港口和通过狭窄航道、进出船坞、水下悬停等工况下使用。

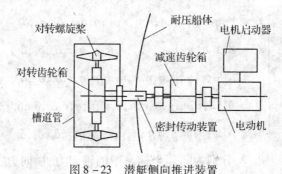

图 8 - 23　潜艇侧向推进装置

8.6　潜艇操纵性简介

潜艇操纵性是潜艇借助其操纵装置改变或保持艇的运动方向、姿态和深度的性能，包括：运动稳定性，即保持一定航行状态（如航向、纵倾及深度等）的性能；机动性，即潜艇改变航行状态（如航向、纵倾及深度等）等的性能；以及惯性（或制动）特性。潜艇操纵性内容比水面舰船操纵性更为广泛，主要体现在潜艇操纵性包括潜艇在垂直面的操纵运动性能、空间操纵运动（螺旋型操纵运动）性能，且水平操纵运动性能分为水面与水下操纵运动性能。潜艇水平面操纵性的概念与水面舰船基本一致，而垂直面操纵性运动中有一些概念在水面舰船中不曾涉及或含义不同于水面舰船。潜艇操纵性是内容丰富、自成系统的一个学科[29,47]，本节对潜艇操纵性作简单介绍，重点是垂直面的操纵性。

8.6.1　潜艇操纵性运动方程

最广含义下的潜艇运动是刚体 6 自由度空间运动，其空间运动方程相当复杂。在很多情况下，可以采用简化后的潜艇 6 自由度空间运动方程描述潜艇的空间运动。为此需建立两套坐标系,固定坐标系 $E\xi\eta\zeta$ 与随船坐标系 $Gxyz$,如图 8 – 24 所示,尽管坐标系符号与图 8 – 2 所示水面舰船操纵运动坐标系不尽相同,但两图中坐标系形式、方向规定和含义都是相同的。而且建立潜艇空间运动方程的基本原理与水面舰船也是相同的,即列出刚体运动动量和动量矩方程,受力和运动分析,力矢量与速度矢量由固定坐标到运动坐标的变换,对有关的方程泰勒展开保留到线性项得线性化操纵运动方程,或保留到某高阶项得高阶操纵运动方

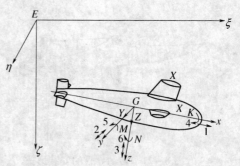

图 8 – 24 潜艇操纵性中所取坐标系

程。只不过在潜艇操纵性中,需考虑垂直面的运动和受力分量,需将平面运动问题分析处理方法推广到空间运动问题,所得空间运动方程自由度更多、表达形式也更复杂。

按以上坐标系和处理方法,可得 6 个相互耦合的微分方程组,在随船坐标系中微分方程组的力分量一般表达式为

$$\begin{cases} X = X[u,v,w,p,q,r,\dot{u},\dot{v},\dot{w},\dot{p},\dot{q},\dot{r},\delta_r,\delta_b,\delta_s] \\ Y = Y[u,v,w,p,q,r,\dot{u},\dot{v},\dot{w},\dot{p},\dot{q},\dot{r},\delta_r,\delta_b,\delta_s] \\ Z = Z[u,v,w,p,q,r,\dot{u},\dot{v},\dot{w},\dot{p},\dot{q},\dot{r},\delta_r,\delta_b,\delta_s] \\ K = K[u,v,w,p,q,r,\dot{u},\dot{v},\dot{w},\dot{p},\dot{q},\dot{r},\delta_r,\delta_b,\delta_s] \\ M = M[u,v,w,p,q,r,\dot{u},\dot{v},\dot{w},\dot{p},\dot{q},\dot{r},\delta_r,\delta_b,\delta_s] \\ N = N[u,v,w,p,q,r,\dot{u},\dot{v},\dot{w},\dot{p},\dot{q},\dot{r},\delta_r,\delta_b,\delta_s] \end{cases} \tag{8-44}$$

式中: X 、Y 、Z 、K 、M 、N 分别为随船坐标系中的轴向力、横向力、升降力,横倾、纵倾、转首力矩; u 、v 、w 、p 、q 、r 为轴向、横向、垂向速度,横倾、纵倾、转首速度(角速度), $\dot{u}$ 、$\dot{v}$ 、$\dot{w}$ 、$\dot{p}$ 、$\dot{q}$ 、$\dot{r}$ 为相应的(角)加速度; δ_r 、δ_b 、δ_s 为方向舵、首升降舵、尾升降舵舵角。

研究表明潜艇的空间机动比单一变深机动能更有效地回避深弹等攻击,故国外早已将空间机动列入使用条例;另外潜艇高速、强机动也认为具有重要的战术意义。在这些情况下,需采用潜艇空间运动方程描述潜艇的操纵运动。

在某些情况下,如弱机动运动时,潜艇的运动可以简化为水平面运动和垂直面运动。对水平面运动,只涉及潜艇航向的保持与改变,而不涉及深度的变化;对垂直面运动,只涉及纵倾和深度改变,而不涉及航向的改变。此时,可不计水平面运动和垂直面运动、受力的耦合,式(8 – 44)将简化为两组相互独立的 3 自由度微分方程组,其右端项的受力简化为以下两组相互独立的表达式。

水平面的水动力一般表达式:

$$\begin{cases} X = X[u,v,r,\dot{u},\dot{v},\dot{q},\dot{r},\delta_r] \\ Y = Y[u,v,r,\dot{u},\dot{v},\dot{q},\dot{r},\delta_r] \\ N = N[u,v,r,\dot{u},\dot{v},\dot{q},\dot{r},\delta_r] \end{cases} \tag{8-45}$$

垂直面的水动力一般表达式:

$$\begin{cases} X = X[u,w,q,\dot{u},\dot{v},\dot{q},\delta_r,\delta_b,\delta_s] \\ Z = Y[u,w,q,\dot{u},\dot{v},\dot{q},\delta_r,\delta_b,\delta_s] \\ M = N[u,w,q,\dot{u},\dot{v},\dot{q},\delta_r,\delta_b,\delta_s] \end{cases} \quad (8-46)$$

也可从另一个角度对式空间运动方程式(8-44)简化,根据多元函数泰勒展开的原理,将式中的多元函数展开为泰勒级数,保留泰勒级数项到所需阶次项,得潜艇操纵性运动线性方程或2阶方程、3阶方程等,当然也可基于解耦后的水平面操纵性运动方程和垂直面操纵性运动方程进行泰勒展开处理,分别得水平面、垂直面的操纵性运动线性方程、2阶方程、3阶方程等。作为示例,现给出由式(8-44)泰勒展开简化后而未完全解耦的潜艇6自由度空间运动方程——潜艇标准6自由度空间运动方程的第1式,即轴向力平衡方程:

$$m[\dot{u} - vr + wq] = \frac{\rho}{2}L^4[X'_{qq}q^2 + X'_{rr}r^2 + X'_{rp}rp] + \frac{\rho}{2}L^3[X'_{\dot{u}}\dot{u} + X_{vr}vr + X'_{wq}wq] +$$

$$\frac{\rho}{2}L^2[X'_{uu}u^2 + X'_{vv}v^2 + X'_{ww}w^2] +$$

$$\frac{\rho}{2}L^2[X'_{\delta_r\delta_r}u^2\delta_r^2 + X'_{\delta_s\delta_s}u^2\delta_s^2 + X'_{\delta_b\delta_b}u^2\delta_b^2] -$$

$$(P - B)\sin\phi + \frac{\rho}{2}L^2[a_Tu^2 + b_Tuu_C + c_Tu_C^2] \quad (8-47)$$

式中:上标"′"表示无因次量,无因次的方法与式(8-9)类似;最后一项为螺旋桨的推力 X_T, $X_T = \frac{\rho}{2}L^2[a_Tu^2 + b_Tuu_C + c_Tu_C^2]$,详见参考文献[29]。

进一步解耦、线性化处理可得水平面、垂直面操纵运动线性化方程。其中水平面操纵性运动线性化方程形式和含义都与式(8-8)完全相同,垂直面操纵性运动线性化方程如下:

$$\begin{cases} (m - Z_{\dot{w}})\dot{w} - Z_ww - Z_q\dot{q} - (mu_0 - Z_q)q = Z_0 + Z_{\delta_b}\delta_b + Z_{\delta_s}\delta_s + P - B \\ (I_y - M_{\dot{q}})\dot{q} - M_qq - M_{\dot{w}}\dot{w} - M_ww = M_0 + M_{\delta_b}\delta_b + M_{\delta_s}\delta_s + X_Tz_T + M_P + M_\theta \end{cases} \quad (8-48)$$

式中:Z_0 为垂直面操纵性运动当攻角 $\alpha = 0°$ 时,由于艇型上下不对称引起的升降力;M_0 为 Z_0 对重心的力矩;$(P - B)$ 为剩余静载;z_T 为螺旋桨轴线的垂向坐标;M_P 为剩余静载对重心的力矩,$M_P \approx -(P - B)x_G$;M_θ 为潜艇水下扶正力矩,详见潜艇静力学有关章节。

8.6.2　潜艇水平面内的操纵运动

无论是从操纵运动方程还是从物理意义上看,潜艇水平面的操纵性运动与水面舰船的操纵性运动都是类似的。故水面舰船操纵性运动的有关概念、处理方法以及定性规律可推及潜艇水平面操纵性运动。需补充说明的是潜艇水平面操纵性运动包括水面状态与水下状态操纵性运动,两种情况下操纵性运动的有关指数是不同的,且潜艇操纵性的标准、规程与水面舰船也是不同的;特别要指出,潜艇水下回转运动引起的横倾与潜艇水面回转运动或水面舰船回转运动引起横倾的原因是类似的,但规律是先外倾后内倾(与水面舰船刚好相反),读者试分析潜艇水下、水面回转运动的横倾规律,给出相应的横倾角确定方法。另外,水下状态的操纵性运动又有深潜下的操纵性运动与近水面操纵性运动,在近水面状态下,水面对潜艇的操纵性影响相当大,不可忽略。水面的影响可从以下几方面进行分析处理:静水面的影响;潜艇自身兴波作用影响;海浪作用力的影响等。最后,潜艇水平面操纵性运动稳定性保持和回转性实现的主要操纵装置是方向舵,方向舵与水面舰船舵的布置、参数也有所不同。

8.6.3 潜艇垂直面内的操纵运动

如图8-25所示,潜艇垂直面的运动参数如下所述。

(1)重心G的坐标:记作ξ_G,η_G。

(2)姿态角θ:又称纵倾角$E\xi$轴与Gx的夹角,尾倾为正。在实艇操纵中θ可达$20° \sim 30°$甚至更大,在大陆沿海地区,受深度限制,对常用的纵倾角规定$\theta \leqslant \pm (5° \sim 7°)$。许用纵倾角主要取决于海区深度及航行深度,操艇熟练程度以及动力装置的工作特性。

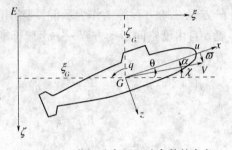

图8-25 潜艇垂直面运动参数的定义

(3)航速V:在随船坐标系上的分量记作u、w。

(4)水动力冲角α:潜艇航速矢量与Gx的夹角,V到Gx逆时针旋转为正。

(5)潜艇纵倾转动角速度q:$q = \dfrac{\mathrm{d}\theta}{\mathrm{d}t}$,在垂直面内逆时针旋转为正。

(6)潜浮角χ:速度矢量在垂直面的投影于$E\xi$轴(即水平面$E\xi\eta$)的夹角。规定自$E\xi$到V逆时针方向旋转为正,故$\chi > 0$艇上浮;反之艇下潜。

(7)首升降舵角δ_b和尾升降舵角δ_s:以逆时针旋转为正。按升降舵舵力矩的潜浮作用分为上浮舵、下潜舵、平行下潜(上浮)舵和相对下潜(上浮)舵,如图8-26所示和表8-3所列。

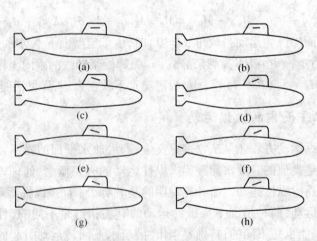

图8-26 升降舵的操舵方式

(a)尾下潜舵;(b)尾上浮舵;(c)首下潜舵;(d)首上浮舵;(e)首、尾相对下潜舵;

(f)首、尾相对上浮舵;(g)首、尾平行下潜舵;(h)首、尾平行上浮舵。

表8-3　舵角的正、负号

	上浮舵角	下潜舵角
首舵角 δ_b	+	-
尾舵角 δ_s	-	+

1. 潜艇垂直面操纵运动基本概念

潜艇在垂直面的操纵运动是只改变或保持纵倾和深度而不改变航向的运动,有两种基本形态:定深运动和变深潜浮运动。

定深运动是潜艇下潜深度一定的定常直线运动,分为无纵倾和有纵倾定深等速直线运动两种。定深等速直线运动虽然是最简单的运动形式,但却是潜艇最基本的、长时间的运动状态,实际上潜艇垂直面的操纵运动大致都是定常运动与非定常运动相互交替过程;另外垂直面的定常运动(含定深运动)比较集中、直观地反映了潜艇操纵性的特点,对它研究是潜艇操纵性的重要内容之一。

变深潜浮运动包括定常直线潜浮运动和非定常潜浮运动,有时潜浮运动过程包括定常直线潜浮和非定常潜浮两个阶段,如因海域深度、战术需要或其他原因潜艇变深幅度不大,有可能不出现定常潜浮阶段,即整个潜浮过程为非定常潜浮运动过程。

潜艇在垂直面的运动与水平面的运动特点是显著不同的。例如,运动的潜艇在一定条件下,浮力大于重力艇未必上浮,重力大于浮力艇也未必下潜;操下潜的升降舵艇不都是下潜的,可能反而上浮或不能变深(当然这属于反常操舵的情况,与正常操舵产生的结果相反);此外,操升降舵不会引起类似于水平面回转运动的360°翻筋斗运动,实际上,一般情况下潜艇垂直面运动的冲角仅2°~3°,纵倾角因安全性的要求通常也在7°~10°以内。定深直航中的潜艇,若将升降舵转到一定角度,潜艇经历非定常运动后,当海区足够深、潜艇的工作深度允许,潜艇最终进入定常直线潜浮运动状态。可以认为,使潜艇垂直面运动特点不同于水平面运动的根本原因是在垂直面潜艇存在纵倾回复力矩,而水平面运动的舰艇是不存在偏航(转首)回复力矩的。正是由于垂直面运动与水平面运动具有显著不同的特点,潜艇垂直面运动直线稳定性和机动性的概念与水面运动舰艇是有区别的。对于艇垂直面的运动,也有位置稳定性、方向稳定性和直线稳定性的概念,其定义与水平面运动舰艇大致相同,但垂直面直线稳定性与方向稳定性是互为充要条件的,这与水面运动舰艇是很不同的。而潜艇垂直面的机动性是潜艇对操纵的响应特性,包括深度机动性和转首性,而且定深定常运动性能也是机动性的一部分,是潜艇对操纵响应特性的最终结果,其中深度机动性的概念与水平面运动舰艇的应舵性概念是相当的,故也称为垂直面的应舵性;垂直面转首性的定义和概念则都是与水平面运动舰艇相当的;另需注意的是垂直面的机动性一般不采用回转性的提法。

2. 等速直线定深运动

1) 无纵倾等速直线定深运动

潜艇在水下运动的大多数情况下都处于或接近于无纵倾等速直线定深运动,此时 $u = u_1$ 为常数,α、ϕ、χ、w 均为0,其他 $\dot{u}$、$\dot{w}$、$\dot{q}$、q 均为0,设 P 为静载,作用点坐标为 x_P,静载力矩为 $M_P = P x_P$,螺旋桨推力为 X_T,桨轴线到 x 轴的距离为 z_T,则垂直面操纵性运动线性化方程(8-48)退化为力和力矩平衡方程,由此得无纵倾等速直线定深运动平衡方程:

$$\begin{cases} Z'_0 + Z'_{\delta_b}\delta_b + Z'_{\delta_s}\delta_s + P' = 0 \\ M'_0 + M'_{\delta_b}\delta_b + M'_{\delta_s}\delta_s + M'_P + X'_T z'_T = 0 \end{cases} \qquad (8-49)$$

式中：上标 $'$ 表示无因次量。

由于艇形上、下不对称，存在水动力（矩）Z_0、M_0。即使艇已静平衡，M_P、P 为 0，航速变化时也不能自动保持定深运动，因为潜艇不具有自动恢复深度的作用力。故为了实现定深运动，需对潜艇实施操纵，通常控制垂直面平衡的方法有操升降舵、调节静载（水量）或舵水并用，在实艇操纵中指导实现无纵倾等速直线定深运动的平衡措施称为"均衡"。

（1）调节水量控制平衡。潜艇低速航行时可通过浮力调整水舱注、排水，首尾纵倾平衡水舱间调水来实现无纵倾等速定深直航运动，此时平衡方程(8-49)改写为

$$\begin{cases} Z'_0 + P' = 0 \\ M'_0 + M'_P + X'_T z'_T = 0 \end{cases} \qquad (8-50)$$

由式(8-50)解出：

$$P = -\frac{1}{2}\rho L^2 V^2 Z'_0, M_P = -\frac{1}{2}\rho L^3 V^2 (M'_0 + X'_T z'_T)$$

当螺旋桨轴线在潜艇首、尾轴线上，则其 $z_T = 0$。由此得浮力调整水舱的水量 ΔP_1 以及首尾纵倾平衡水舱的调水量 ΔP_2 为

$$\begin{cases} \Delta P_1 = P \\ \Delta P_2 = \dfrac{M_P + \Delta P_1 x_v}{L_{bs}} \end{cases} \qquad (8-51)$$

式中：x_v 为使用的浮力调整水舱容积中心到艇重心的距离；L_{bs} 为首、尾纵倾平衡水舱容积中心间的距离。

$\Delta P_1 > 0$ 表示艇轻，需由舷外向舱内注水；$\Delta P_1 < 0$ 表示艇重，需由舱内向舷外排水。$\Delta P_2 > 0$ 表示首重，需由首舱向尾舱调水；$\Delta P_2 < 0$ 表示尾重，需由尾舱向首舱调水。为表达式简洁，式(8-51)中 $X'_T z'_T$ 的影响计入了 M_P 中，在以下讨论中 $X'_T z'_T$ 都如此处理。

（2）操升降舵控制平衡。为使潜艇处于动力平衡状态，实现无纵倾定深航行，最常用、最有效的简便方法是操升降舵，考虑静平衡的潜艇，仅存在水动力 Z_0、M_0 使艇不平衡，需同时操首、尾升降舵以保持等速直线定深运动。此时动力平衡方程(8-49)改写为

$$\begin{cases} Z'_0 + Z'_{\delta_b}\delta_b + Z'_{\delta_s}\delta_s = 0 \\ M'_0 + M'_{\delta_b}\delta_b + M'_{\delta_s}\delta_s = 0 \end{cases} \qquad (8-52)$$

由此可解出，定深航行应操的平衡舵角为

$$\begin{cases} \delta_s = \dfrac{-M'_0 z'_{\delta_b} + M'_{\delta_b} Z'_0}{M'_{\delta_s} z'_{\delta_b} - M'_{\delta_b} z'_{\delta_s}} \\ \delta_b = \dfrac{M'_0 Z'_{\delta_s} - M'_{\delta_s} Z'_0}{M'_{\delta_s} Z'_{\delta_b} - M'_{\delta_b} Z'_{\delta_s}} \end{cases} \qquad (8-53)$$

由式(8-53)可见已静平衡的潜艇，定深航行的平衡舵角 δ_b、δ_s 与航速无关，故在变航速的情况下，操升降舵消除 Z_0、M_0 影响以控制艇的平衡，比调节水量简便多了，但必须首、尾舵并用；否则不能同时平衡 Z_0、M_0。

（3）操舵加调节水量控制平衡。用舵控制平衡尽管在操作上较为方便，但有了压舵角，增大了航行阻力，减小了升降舵在可操舵角范围的摆幅，不利于操舵机动，而且实际潜艇还不一定是静平衡的，这样压舵角就更大了，所以在实艇操纵中可舵、水并用。在某一低航速下，通常是采用舵、水并用的方法达到平衡，此时平衡方程就是式（8-49）。式中有4个未知参数 P、M_P、δ_b、δ_s，若能给定 P、M_P 则可求得 δ_b、δ_s，为此将式（8-49）改写为以下标准式：

$$\begin{cases} Z'_{\delta_b}\delta_b + Z'_{\delta_s}\delta_s = -(Z'_0 + P') \\ M'_{\delta_b}\delta_b + M'_{\delta_s}\delta_s = -(M'_0 + M'_P) \end{cases} \tag{8-54}$$

其解为

$$\begin{cases} \delta_s = \dfrac{-(M'_0 + M'_P)z'_{\delta_b} + (Z'_0 + P')M'_{\delta_b}}{M'_{\delta_s}z'_{\delta_b} - M'_{\delta_b}z'_{\delta_s}} \\ \\ \delta_b = \dfrac{-(Z'_0 + P')M'_{\delta_s} + (M'_0 + M'_P)z'_{\delta_s}}{M'_{\delta_s}z'_{\delta_b} - M'_{\delta_b}z'_{\delta_s}} \end{cases} \tag{8-55}$$

式中：P'、M'_P 是速度的函数，故这时的平衡舵角也是随航速而变化的，将保持潜艇动力平衡的舵角、冲角、纵倾角称为平衡角，记为 δ_{b_0}、δ_{s_0}、α_0、ϕ_0，为简便有时也省略下标"0"。

综合以上讨论可以得出以下结论：

（1）为便于保持潜艇的无纵倾定深直线运动，应尽量使艇处于静平衡状态，即要及时消除剩余静载和准确均衡。

（2）小量剩余静载对潜艇运动的影响随航速增大而减小，一般讲低速时静载起主要作用。当艇由高速转到低速时往往艇重，特别是微速航行时，需及时补充均衡，仅靠舵控制深度是困难的，甚至是不可能的。当艇损失浮力时应及时增速并形成适度的尾纵倾，作为动力抗沉的措施之一。此外在水下航行中均衡，宜选用较低的航速，以便发现并消除存在的剩余静载。

（3）Z'_0、M'_0 越小越好。Z_0、M_0 是造成潜艇无纵倾直线定深运动不平衡的根本原因，为平衡它们，需占用耐压艇体内容积设置较大的浮力调整水舱，或使升降舵压一舵角，从而限制舵的有效使用范围并增加航行阻力。一般要求为舵角在航速 $V \geqslant 10\mathrm{kn}$ 时，$|\delta_{s_0}| \leqslant 3°$。

2）有纵倾等速直线定深运动

在正常定深航行时，应是无纵倾的。但当损失浮力，条件又允许时，则可主动造成尾纵倾以产生较大的动浮力。当升降舵发生故障只能用一对升降舵时，也需作有纵倾定深航行。此外潜艇水下进行均衡时，往往也是有纵倾定深航行。有纵倾定深航行时，$\alpha = \theta$ 为不等于0的常数，此时平衡方程为

$$\begin{cases} Z'_w w' + Z'_{\delta_b}\delta_b + Z'_{\delta_s}\delta_s + Z'_0 + P' = 0 \\ M'_w w' + M'_{\delta_b}\delta_b + M'_{\delta_s}\delta_s + M'_0 + M'_P + M'_\theta \theta = 0 \end{cases} \tag{8-56}$$

上式中有 δ_b、δ_s、ϕ、P、M 这5个变量，可以给定静载或取静平衡，单操首升降舵或尾升降舵，或操双舵给定其中一对舵的舵角，使艇实现有纵倾定深航行。现假设操一对升降舵实现有纵倾定深航行，以 δ 表示 δ_b 或 δ_s，由于 $w' = \alpha = \theta$，则平衡方程（8-56）可写为

$$\begin{cases} Z'_\delta \delta + Z'_w \theta = -(Z'_0 + P') \\ M'_\delta \delta + (M'_w + M'_\phi)\theta = -(M'_0 + M'_P) \end{cases} \quad (8-57)$$

解之得平衡角为

$$\begin{cases} \delta = \dfrac{-(M'_w + M'_\phi)(Z'_0 + P') + (M'_0 + M'_P)Z'_w}{(M'_w + M'_\phi)Z'_\delta - M'_\delta Z'_w} \\ \\ \theta = \dfrac{-(M'_0 + M'_P)Z'_\delta + M'_\delta(Z'_0 + P')}{(M'_w + M'_\phi)Z'_\delta - M'_\delta Z'_w} \end{cases} \quad (8-58)$$

式中：P'、M'_P、M'_θ 等都是航速的函数，故平衡角 δ、θ 也是随航速而变化的。

3. 直线潜浮运动,升速率与逆速

潜艇在水下航行时经常需要变深,具体方法是:通过速潜水舱和浮力调整水舱的注、排水和利用首、尾纵倾水舱间的调水造成浮力差,使艇沉浮,或同时形成纵倾再用车变深;或以升降舵实现有纵倾、无纵倾变深。这些方法可单独使用,也可以结合使用,但由于操舵变深操纵简便、迅速,又易于控制,所以是最基本的变深方式。

1）潜浮运动过程

潜艇在定深航行中,将升降舵操某一固定舵角,潜艇将进入定常直线潜浮运动。如果将升降舵回舵到原位置,潜艇在新的深度上定深航行。就操升降舵而言,可以操尾单舵（如尾下潜舵或首下潜舵）;快速潜浮时可操相对舵（如首尾同时操下潜舵）;需无纵倾变深时可操平行舵（如首下潜舵尾上浮舵组成的平行下潜舵）,从而灵活地实现下潜或上浮,如图 8-26 所示。

现以操单尾舵上浮为例分析潜艇的受力和运动过程,以无纵倾等速直线定深运动为基准运动,此时变深机动可能经过以下 3 个阶段,如图 8-31(a) 所示。

（1）进入阶段:从转舵开始到进入定常直线潜浮运动这一阶段为进入阶段。当尾舵转动角度 δ_s,舵叶上将产生水动力,可将其分解为 $X(\delta_s)$、$Z(\delta_s)$,其中纵向分力 $X(\delta_s)$ 使艇阻力增加,垂直分力 $Z(\delta_s)$ 使艇产生向下的加速度,逐渐形成反向位移,力矩 $M(\delta_s)$ 使艇产生绕重心逆时针方向的旋转,从而产生抬首加速度。由于艇的惯性大,转舵初期舵力引起的加速度和角加速度很小,艇实际上几乎按原航线运动。

随着时间增长,艇在 $Z(\delta_s)$、$M(\delta_s)$ 作用下,航速 V 逐渐偏离艇体 Gx 轴,形成夹角 α,α 即为冲角。冲角 α 又在艇体引起新的水动力,也可分解为 $X(w)$、$Z(w)$ 分量,$Z(w)$ 向上且产生抬首力矩 $M(w)$。$Z(w)$ 比 $Z(\delta_s)$ 大得多,将由阻止艇反向下潜到停止下潜,再到使艇上浮;在同向力矩 $M(\delta_s)$、$M(w)$ 作用下,艇加速绕重心旋转,冲角增大,引起纵倾角 θ,产生阻尼力矩 $M(q)$、扶正力矩 $M(\theta)$,抑制艇的旋转,并在推力作用下,潜艇迅速变深上浮。

（2）定常阶段:若舵角 δ_s 保持不变,且潜浮深度足够,艇的工作深度允许,艇最终进入定常直线潜浮运动。如果潜浮深度不够,则潜浮过程只能是非定常的过渡过程。在定常直线潜浮阶段,$M(\theta)$、$M(q)$ 与 $M(\delta_s)$、$M(w)$ 反向并平衡,$Z(w)$ 与 $Z(\delta_s)$ 平衡。

（3）拉平阶段:在接近预定深度之前,视所用航速的大小适时提前回舵,使纵倾恢复到零,潜艇因惯性作用缓慢地潜浮到预定深度。当潜艇惯性过大,有超过预定深度趋势时,应立即操相反舵,造成相反的纵倾控制艇的惯性运动,以保证达到准确的预定深度。

如上所述,操升降舵的作用是利用舵力矩 $M(\delta_s)$ 转动艇体形成纵倾、产生冲角,艇体

的水动力 $Z(w)$ 改变其速度方向,使潜艇速度偏向变深方向。尾舵舵力 $Z(\delta_s)$ 本身对速度改向却是个不利因素,故在转舵后的初始阶段艇出现了反向位移,这与水面舰船回转运动初始出现反横距有些类似。而操首舵上浮却不会出现这种现象,如图 8 – 27(b)所示。可见当舵布置在重心后部时,其舵力与舵力矩的作用效果是不同的,但在重心前面的首升降舵的舵力与舵力矩的作用效果是相同的。

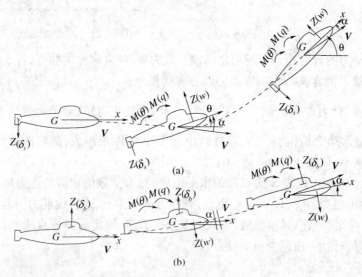

图 8 – 27　潜艇操升降舵的上浮运动

2)定常直线潜浮运动方程及其解

假设转舵前艇已实现静力平衡,作无纵倾定深等速直线航行,Z_0、M_0、M_T(推力纵倾力矩)等已平衡消除,以此初始状态为基准运动。不失一般性,以操尾舵到舵角转到 $\delta_{s0} + \delta_s$ 为例,为表达方便且不妨碍揭示问题本质,可令 $\delta_{s0} = 0$、$\delta_{b0} = 0$,则潜艇进入定常直线潜浮运动方程可由(8 – 49)导出如下:

$$\begin{cases} Z'_w w' + Z'_{\delta_s}\delta_s = 0 \\ M'_w w' + M'_{\delta_s}\delta_s + M'_\theta \theta = 0 \end{cases} \tag{8 – 59}$$

由此可解出:

$$w = \alpha = -\frac{Z'_{\delta_s}\delta_s}{Z'_w} \tag{8 – 60}$$

$$\theta = -\frac{1}{M'_\theta}\Big[-\frac{M'_w}{Z'_w} + \frac{M'_{\delta_s}}{Z'_{\delta_s}}\Big]Z'_{\delta_s}\delta_s = -\frac{1}{M'_\phi}(l'_a + l'_{\delta_s})Z'_{\delta_s}\delta_s = -\frac{1}{M'_\theta}l'_{FS}Z'_{\delta_s}\delta_s \tag{8 – 61}$$

进一步可得潜浮角:

$$\chi = \theta - \alpha = -\frac{1}{M'_\theta}\Big[-\frac{M'_w}{Z_w} + \frac{M'_{\delta_s}}{Z'_{\delta_s}} - \frac{M'_\theta}{Z'_w}\Big]Z'_{\delta_s}\delta_s =$$

$$-\frac{1}{M'_\theta}(l'_a + l'_{\delta_s} - l'_{CF})Z'_{\delta_s}\delta_s = -\frac{1}{M'_\theta}l'_{CS}Z'_{\delta_s}\delta_s \tag{8 – 62}$$

式中:l'_a、l'_{δ_s}、l'_{FS}、l'_{CF}、l'_{CS} 等为各种无因次的相当力臂(图 8 – 28),它们具有明确的

物理意义,且相互之间有一定关系,各自的表达式、物理意义及相互之间的关系,即

$l'_a = -\dfrac{M'_w}{Z'_w}$,代表艇体水动力中心 F 到艇体

重心 G 间水平距离,即艇体水动力矩的力臂;

$l'_{\delta_s} = \dfrac{M'_{\delta_s}}{Z'_{\delta_s}}$,代表舵力作用点 S 到 G 间水平距

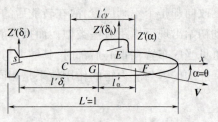

图 8-28　垂直面无因次力臂定义图

离,即舵力矩的力臂;

$l'_{FS} = l'_a + l'_{\delta_s}$,代表 S 到 F 间水平距离,平
衡时舵力、水动力的合力矩基于舵力之纵倾有效力臂,F 也称为中性点,若 S 与 F 重合,则
艇平行潜浮,故 F 的含义与水面舰船的漂心有些相像;

$l'_{CF} = \dfrac{M'_\theta}{Z'_w}$,代表 C 到 F 间的水平距离,与 $M_\theta\theta$(扶正力矩)数值相等的水动力矩相当
力臂,即引起 θ 水动力矩相当力臂,航速越小,C 到 F 的距离越大;随航速增大 C 到 F 的距
离减小,l'_{CF} 减小,极限状态为 $l'_{CF} = 0$;

$l'_{CS} = l'_{FS} - l'_{CF}$,代表 S 到 C 间的水平距离,与 $M_\theta\chi$ 数值相等的舵力矩相当力臂,即
引起 χ 的舵力矩相当力臂,设 S 与 C 重合,则舵力不产生 χ,或者说舵力引起 χ 的力矩(力
臂)为 0,此时操尾舵只引起艇纵倾,不改变艇速度方向,原定深等速直线航行的艇潜深不
能改变,C 称为临界点、逆速点或潜浮点。

3)升速率与逆速

当潜艇以速度 V 按某一潜浮角作定常直线潜浮运动,潜艇在定系 $E\xi\zeta$(垂直面)中铅
垂方向的分量 V_ζ 为潜浮速度,也称升速(图 8-29),升速 $V_\zeta = -V\sin\chi \approx -V\chi$,当操尾舵
时升速为

$$V_\zeta = \frac{V^3}{m'gh}\Big[\frac{M'_w}{Z'_w} - \frac{M'_{\delta_s}}{Z'_{\delta_s}} + \frac{M'_\theta}{Z'_w}\Big]Z'_{\delta_s}\delta_s \qquad (8-63)$$

称 V_ζ 对舵角的导数为升速率,升速率[m/(s·(°))]为

$$\frac{\partial V_\zeta}{\partial \delta_s} = \frac{V^3}{57.3m'gh}\Big[\frac{M'_w}{Z'_w} - \frac{M'_{\delta_s}}{Z'_{\delta_s}} + \frac{M'_\theta}{Z'_w}\Big]Z'_{\delta_s} \qquad (8-64)$$

升速率是 1° 舵角产生的升速变化量,是潜艇垂直面机动性的一项指标,与艇速有关,一般要求
中型艇 10kn 航速时的升速率 $\dfrac{\partial V_\zeta}{\partial \delta_s} \geqslant 0.3[m/(s·(°))]$。图 8-30 为升速率曲线一般变规律。

当潜艇定深等速直线航行时,升降舵的任何转舵都不能改变潜浮角(即不能变深)的
航速称为逆速,按定义令式(8-64)为零,可解出操尾舵逆速:

$$V_{is} = \sqrt{\frac{m'ghZ'_{\delta_s}}{Z'_{\delta_s}M'_w - Z'_wM'_{\delta_s}}} = \sqrt{\frac{-m'gh/Z'_w}{l'_a + l'_{\delta_s}}} \qquad (8-65)$$

当 $V > V_{is}$ 时,操尾下潜舵($\delta_s > 0$),艇下潜($\chi < 0$);反之亦然。此时,属于正常操舵,C
在 S 之前。

当 $V = V_{is}$ 时,操尾舵后虽有纵倾角改变,当与冲角改变量相等,故 $\Delta\chi = \Delta\phi - \Delta\alpha = 0$,潜浮角不变,若初始状态为定深航行则在这一航速下不能操尾舵变深,也不能操尾舵
保持定深等速直线航行,这时操尾舵失效,C 与 S 重合,潜浮有效力臂 $l'_{CS} = 0$。

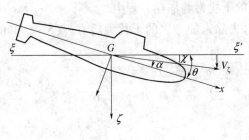

图 8 – 29　升速

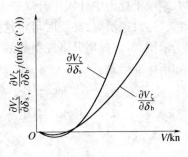

图 8 – 30　升速率

当 $V < V_{is}$ 时,操尾下潜舵($\delta_s > 0$),艇反而上浮($\chi > 0$);反之亦然。此时,属于反常操舵,C 在 S 之后。

由逆速公式可知,影响 V_{is} 的主要因素是水动力中心 F 位置,尾升降舵舵力作用点 S 位置,以及水下全排水量的稳心高 h 。设计经验表明,当主艇体主尺度、形状一经确定,除 $\sqrt{h}$ 外的其他因素也随之确定,$\sqrt{h}$ 虽与 V_{is} 成正比,但变化范围甚小,工程设计实践表明,h 的变化对逆速值的影响是显著的,V_{is} 主要取决于主船体几何形状。一般尾升降舵的逆速为 2.0kn ~ 3.5kn 。此外,将式(8 – 65)代入式(8 – 64)可得升速率的另一种表达式:

$$\frac{\partial V_\zeta}{\partial \delta_s} = -V\left(1 - \frac{V^2}{V_{is}^2}\right)\frac{Z'_{\delta_s}}{Z'_w} = \left(1 - \frac{V}{V_{is}}\right)\frac{Z_{\delta_s}}{Z_w} \tag{8 – 66}$$

类似地可推导出操首升降舵的升速率和逆速表达式,即

$$\frac{\partial V_\zeta}{\partial \delta_b} = \frac{V^3}{m'gh}\left[\frac{M'_w}{Z'_w} - \frac{M'_{\delta_b}}{Z'_{\delta_b}} + \frac{M'_\theta}{Z'_w}\right]Z'_{\delta_b} \tag{8 – 67}$$

$$V_{ib} = \sqrt{\frac{m'gh/Z'_w}{l'_a + l'_{\delta_b}}} \tag{8 – 68}$$

首端首升降舵不会遭遇逆速,这时因为 $l_{\delta_b} > l_a$(b 在 F 之前),$Z'_w < 0$,故式(8 – 68)根号内的数为负,从物理意义上说就是 C 不会在 F 之前,故不会出现 C 与 F 重合的情况。但现代潜艇有采用围壳首舵的,围壳舵力作用点可能在 F 附近,艇速较高时可能出现围壳首舵逆速。一般发射弹道导弹航速约为 3kn,发射鱼雷和飞航式导弹航速约为 10kn,前者在尾舵逆速区,后者可能在首围壳舵逆速区,故操纵性设计规范要求尾舵逆速小于艇的水下经航电机最小航速,围壳首舵逆速大于最高艇速。

4. 潜艇在垂直面内的机动性

垂直面的机动性是潜艇对升降舵或静载操纵的响应特性,包括应舵性和转首性。前者指艇对操纵的运动响应具有足够幅度的特性,如升速率足够大一类特性;后者指艇达到这个响应幅度时间短、初始响应快的特性。垂直面的机动性包括两方面的问题:一是给定操纵规律求艇的运动;二是给定艇的运动求操艇措施。上述问题实际是一个问题的两个方面,前者为正命题,后者为逆命题,以下主要讨论前一个问题。

经推导[29]垂直面运动无因次线性化方程为

$$\begin{cases} (m' - Z'_{\dot{w}})\dot{w}' - Z'_w w' - Z'_{\dot{q}}\dot{q}' - (m' + Z'_q)q' = Z'_{\delta_s}\delta_s + Z'_{\delta_b}\delta_b + P' \\ (I'_y - M'_{\dot{q}})\dot{q}' - M'_q q' - M'_{\dot{w}}\dot{w}' - M'_w w' - M'_\theta\theta = M'_{\delta_s}\delta_s + M'_{\delta_b}\delta_b + M' \end{cases}$$

$$\tag{8 – 69}$$

方程中右端项干扰力中计入了升降舵力和静力,实际还有其他随机的、复杂的干扰力,如发射鱼雷、导弹,速潜等,必要时可将这类有关的干扰力叠加在方程中。

作为示例,考虑操尾升降舵引起的干扰力,去除未加考虑的干扰力后方程(8 – 69)可以写作如下标准形式:

$$\begin{cases} (m' - Z'_{\dot{w}})\dot{w}' - Z'_w w' - Z'_{\dot{q}}\dot{q}' - (m' + Z'_q)q' = Z'_{\delta_s}\delta_s \\ (I'_y - M'_{\dot{q}})\dot{q}' - M'_q q' - M'_{\dot{w}}\dot{w}' - M'_w w' - M'_\theta \theta = M'_{\delta_s}\delta_s \end{cases} \qquad (8-70)$$

计入:

$$\begin{cases} q' = \dot{\theta} \\ w' = \alpha \end{cases} \qquad (8-71)$$

以及垂直面潜艇重心轨迹积分表达式:

$$\zeta_G(t) = V\int_0^t [\alpha(t) - \theta(t)]\mathrm{d}t + \zeta_{G0} \qquad (8-72)$$

结合以上方程和关系式通过数值求解即可求出潜艇在种干扰下的运动响应特性。升降舵产生的干扰力可以简化为以下几种基本形式,即阶跃操舵、线性操舵、坡形操舵、指数操舵、梯形操舵和正弦操舵。现以阶跃操舵、梯形操舵为例简要介绍潜艇垂直面机动性的若干特性和有关概念;最后还将简要说明静载作用下艇的垂直面运动响应。

1)阶跃操舵响应

以某艇为例,其在不同航速下的阶跃舵的纵倾角 ϕ、深度 ζ_G 时间特性曲线如图 8 – 31 所示。由图可见航速越高,单位阶跃舵角所引起的机动幅度越大,而达到最终稳态值所经历的时间也越长。在当前的工程计算中,计算航速通常有低、中、高速和使用武器航速等。对于计算舵角的范围来说,通常需完成如下计算和分析:

(1)分别操首、尾升降舵单位舵角时的 α、θ、$\zeta_G(t)$ 时间特性;

(2)分别操首、尾升降阶跃舵角 $\delta_s = 10° \sim 15°$,$\delta_b = 10° \sim 15°$ 时的 α、θ、$\zeta_G(t)$ 时间特性。

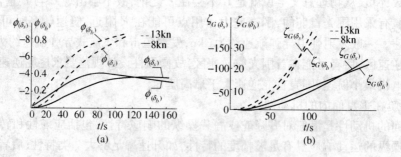

图 8 – 31 阶跃操舵的响应

(a) 纵倾角特性曲线;(b) 深度特性曲线。

图 8 – 31 曲线变化是平稳的,未显示出振荡现象。有研究表明[47],低速时由于扶正力矩影响较大,可能使曲线出现振荡,如图 8 – 32 所示,只有阻尼比恰当,θ 趋于稳定纵倾角 $\bar{\theta}$ 的过程才是平稳的,不出现振荡;否则曲线出现振荡,此时则需给出振荡衰减特性指数,如衰减时间 t_a、最大过调量 $\frac{\theta_m}{\theta}$ 等。

2）梯形操舵响应

潜艇由一个深度航行变换到另一个深度航行,常采用梯形操舵,如图 8 – 33,假设潜艇在无纵倾定深直线航行中操尾舵,依线性规律转动舵角 δ_0,艇产生首倾而下潜,到达一定纵倾角和深度后再回舵,使尾舵回到初始舵角(这里为 0°),纵倾角逐渐归 0°,艇进入另一个深度无纵倾航行。由于惯性,开始回舵时,纵倾角和深度继续增大,梯形操舵的舵角变化曲线与运动响应曲线如图 8 – 33 所示。图中表示运动响应的主要参数有 t_e、θ_{ov}、ζ_{ov}。

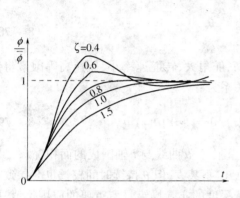

图 8 – 32 同阻尼比的纵倾响应曲线族

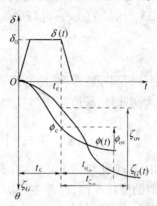

图 8 – 33 梯形操舵响应

（1）执行时间 t_e:是从转舵开始到纵倾角达到执行舵角 θ_e 所经历的时间。其中执行角 θ_e 一般为 3°～7°,通常根据变深机动时要求的变深快慢、海区深度、安全性等因素规定。当潜艇的纵倾角达到 θ_e 立即回舵,t_e 即 θ_e 对应的时间。t_e 表示潜艇的纵倾角对操升降舵应舵的快慢,是潜艇转首性的指标。顺便指出,另有两个相关的参数也可作为潜艇转首性的指标,即初始转首角加速度参数 $C_{P\theta}$,初转期 t_a。前者表示潜艇等速直线运动中,单位阶跃潜浮舵角在转舵瞬间所能产生的纵倾角加速度:

$$C_{P\theta} = \frac{\dot{q}}{\delta_s}\bigg|_{t\to0} \tag{8 – 73}$$

对式(8 – 73)积分两次得

$$\theta = \frac{1}{2}C_{P\phi}t^2\delta_s$$

则

$$t = \sqrt{\frac{2\theta}{\delta_s}}\frac{1}{\sqrt{C_{P\theta}}} \tag{8 – 74}$$

令

$$t_a = \frac{1}{\sqrt{C_{P\theta}}} \tag{8 – 75}$$

t_a 即为初转期,其物理意义为纵倾角 θ 变化 $0.5\delta_s$ 艇所经历的时间。实际操舵速度是有限的,通常规定操尾舵的初转期为 $\delta_s = 15°$,$\theta = 5°$ 所经历的时间为初转期;操首舵或围壳首舵 $\delta_s = 15°$,$\theta = 3°$ 所经历的时间为初转期。$C_{P\theta}$ 越大、t_a 越小则潜艇转首性越好,经推导[29] $C_{P\theta}$、t_a 可以近似表示为

211

$$C_{P\theta} = \left(\frac{V}{L}\right)^2 \frac{M_{\delta_s}}{I'_y - M'_{\dot{q}}} \qquad (8-76)$$

$$t_a = \left(\frac{L}{V}\right)\sqrt{\frac{I'_y - M'_{\dot{q}}}{M_{\delta_s}}} \qquad (8-77)$$

由以上两式可知,舵力大、航速高、减小船长和绕 y 轴惯性矩可改善艇的初始应舵性。

（2）超越纵倾角 θ_{ov} 和超越深度 ζ_{ov}：分别表示反舵后纵倾角、深度继续增大的幅度，如图 8-33 所示，θ_{ov}、ζ_{ov} 可写为

$$\begin{cases} \theta_{ov} = \theta_{max} - \theta_e \\ \zeta_{ov} = \zeta_{max} - \zeta_{Ge} \end{cases} \qquad (8-78)$$

理论分析和经验表明,稳心高 h 大、舵效高、舵角大、转舵速率小,航速高等因素将使 ϕ_{ov} 等增大。此外,深度变化与纵倾角变化的关系为

$$\zeta_G(t) = V\int_0^t [\alpha(t) - \theta(t)]\,dt \approx -V\int_0^t \theta(t)\,dt \qquad (8-79)$$

由此可知,ζ_G 变化滞后于 θ 变换,ζ_G 在数值上正比于 θ 曲线与 t 轴围成的面积,故 ζ_{ov} 与 θ_{ov} 有类似的变化规律,且存在依从关系。即使 θ_{ov} 不甚大,但 θ 持续时间较长也会导致较大的深度超越。这一结论对于变深机动或保持深度的实际操纵具有重要的应用价值,操艇人员回舵定深不是按照深度变化来操舵的,应按照纵倾角速度 $\dot{\theta}$ 及纵倾角 θ 来用舵;否则势必造成较大超深,难以确保指令深度。与此类似的是,对水平面航向而言,是按 $\dot{r}$、r 的变化规律来操舵,若按偏航角 $\Delta\psi$ 操舵也难以良好地保持指令航向。

3）静载作用的响应

设有小量阶跃静载 P、力矩 M_P 作用于艇,则垂直面线性运动方程转化为

$$\begin{cases} (m' - Z'_{\dot{w}})\dot{w}' - Z'_w w' - Z'_{\dot{q}}\dot{q}' - (m' + Z'_q)q' = P' \\ (I'_y - M'_{\dot{q}})\dot{q}' - M'_q q' - M'_{\dot{w}}\dot{w}' - M'_w w' - M'_\theta \theta = M'_P \end{cases} \qquad (8-80)$$

对上式数值求解可得潜艇对静载的运动响应 $\phi(t)$、$\alpha(t)$、$\zeta_G(t)$。典型的静载是在要求艇速潜时,利用传统的方法向速潜水舱注水产生 $P(t)$、$M(t)$,此时可解得速潜过程中的运动响应曲线,典型样式如图 8-34 所示。由图可以归纳出如下规律：

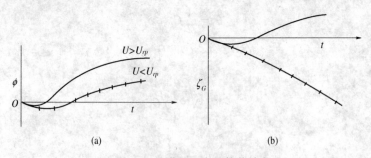

图 8-34　速潜过程中的静载效应

（1）在各不同航速下,纵倾开始都是首倾,然后逐渐转为尾倾,航速越高,初始首倾越小,过渡时间越短,最终尾倾角与航速的平方成正比。

（2）深度的变化在不同航速下有本质的区别。低速时,艇一直下潜;高速时,先下潜一段时间,以后就转为上浮,航速越高,初始下潜的深度越小,转变为上浮越早。

对于以上现象的解释,见参考文献[47]。

5. 潜艇垂直面操纵运动直线稳定性

沿用舰艇水平面运动直线稳定性的概念和定义,潜艇垂直面直线稳定性是其保持垂直面内直线运动的性能。分为自动稳定性和控制稳定性两种垂直面的直线稳定性,其含义与舰艇水平面运动直线稳定性类似。如前所述,潜艇具有垂直面的直线稳定性是实现垂直面机动的前提,实际上垂直面直线稳定性就是垂直面机动性的一个方面。尽管潜艇具有恰当的自动直线稳定性是其具有良好的垂直面机动性基础,但垂直面直线稳定性程度大小却与其机动性程度大小有时是矛盾的。

总之,潜艇垂直面的自动直线稳定性是十分重要的,在前面的讨论中,其实是默认艇具有恰当的直线稳定性。推导潜艇垂直面直线稳定性条件的思路与水平面运动舰艇是类似的,以下不作证明与推导,直接给出垂直面直线稳定性的条件与有关特性。

(1)垂直面直线稳定性条件:

① 绝对稳定衡准

$$C_v = \left[1 - \frac{M'_w(m' + Z'_q)}{M'_q Z'_w} \right] > 0 \tag{8-81}$$

$$l'_a < l'_q (\text{无因次相对倾覆力臂小于无因次相对阻尼力臂}) \tag{8-82}$$

式中:$l'_a = -\dfrac{M'_w}{Z'_w}$ 为无因次水动力中心臂(相对倾覆力臂);$l'_q = \dfrac{M'_q}{m' + Z'_q}$ 为无因次相对阻尼力臂。

满足以上条件艇在任何航速下都具有垂直面直线稳定性。

② 条件稳定衡准

$$l'_a < l'_q + k l'_{FH} \tag{8-83}$$

$$k = \frac{-Z'_w(I'_y - M'_{\dot q})(m' - Z'_{\dot w})}{(m' + Z'_q)[M'_q(m' - Z'_{\dot w}) + (I'_y - M'_{\dot q})Z'_w]} + \frac{m' - Z'_{\dot w}}{m' + Z'_q} \tag{8-84}$$

式中:$l'_{FH} = \dfrac{M'_\theta}{Z'_w}$ 为无因次扶正力矩相对力臂。

但
$$C_v \leqslant 0$$

则艇的垂直面直线稳定性衡准与艇的航速有关,低速时艇是垂直面直线稳定的,高速时艇垂直面直线不稳定。艇由稳定转化不稳定的临界航速 V_{cr} 由式(8-83)导出,可表示如下:

$$V_{cr} = \sqrt{\frac{m'ghk}{Z'_w(l'_q - l'_a)}} \tag{8-85}$$

(2)垂直面具有直线稳定性与其具有方向稳定性是等价的命题,这与潜艇水平面的稳定性是不同的,主要原因是扶正力矩 M_ϕ 的作用。

(3)影响垂直面直线稳定性产生的因素:

① 艇形细长,稳定性好。

② 艇前体水平面投影面积增加将降低稳定性程度,后体水平面投影面积增加将提高

稳定性程度。但 b/L、B/L 变化是不大的,唯有尾部水平附体(操纵面)合理设计是改进垂直面直线稳定性的重要措施。

③ 机动性程度与稳定性程度对船形的要求有矛盾。为保证潜艇低速时可操,高速时可控,稳定性要适当,不要过稳,应根据艇所承担的使命任务全面考虑而有所侧重,如攻击型艇应适当强调机动性,弹道导弹核潜艇应适当强调稳定性。

④ 近水面、近海底航行潜艇的操纵性会受水面、海底的影响,其影响规律见参考文献[39,48,49],这方面的研究还不充分,有待于深入开展这方面的研究。

8.6.4　潜艇操纵面与操纵设备

潜艇操纵面是舵和稳定翼的总称。按控制潜艇运动的功能舵分为升降舵(水平舵)和方向舵(垂直舵),舵是潜艇最重要又最方便的操纵装置。稳定翼是固定不动的操纵面,通常只布置在艇尾,水平稳定翼和垂直稳定翼,稳定翼具有加强潜艇直线稳定性的作用。舵在舵角为零时也起稳定翼的作用;也有垂直稳定翼和垂直舵合一的全动舵。若把控制航向和控制深度舵合二为一,则形成了 20 世纪 70 年代末出现的 X 形舵。按操纵面的纵向位置分为首操纵面和尾操纵面。

1. 首操纵面

一般把位于潜艇横中剖面以前的各类水平舵称为首操纵面,包括首端首舵、围壳首舵和中舵。

首水平舵的基本功能可概括如下:

(1) 用于低速操纵,由于尾水平舵的逆速区为 2kn～3.5kn。

(2) 与尾水平舵联合作用加速潜浮,或作无纵倾变深或定深直航,或作定深回转运动。

(3) 用于平衡近水面航行时的波浪力,使艇能在规定的低速下保持潜望深度的定深航行。

其中前两项功能是主要的,后一项功能到近十几年才提出。首水平舵按传统是布置在巡航水线以上。德国战后潜艇采用了具有两个显著特点首水平舵:一个是垂向位置低,在龙骨线附近;另一个是有的艇采用了贝壳状翼型舵,左右舷舵叶凹凸向相反,各具下潜上浮的独立来功能。

围壳舵作为首水平舵的主要特点如下:

(1) 具有较大的面积和展弦比,通常与尾水平舵面积相近或更大,可安置固定鳍,位置靠近艇水动力中心,故其升力大力矩小。围壳舵与中舵的水动力特性有利于用来保持定深的操纵。

(2) 有利于改善艇首水声站的工作环境。

(3) 围壳舵布置受指挥台围壳大小、纵向位置的限制。

2. 尾操纵面

实践表明,对一定的主艇体和指挥台围壳,合理的尾操纵面是潜艇具有良好操纵性的关键。现代潜艇的尾型、螺旋桨和操纵面三者间的基本形式有两类:一类是尖尾单桨前"十"字形操纵面,如图 8 - 35 和图 8 - 36 所示;另一类是尖尾单桨前"X"形舵,如图 8 - 37 所示。

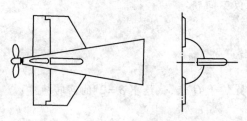

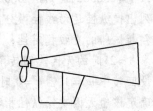

图8－35 "十"字形尾操纵面(对称型)　　　图8－36 "十"字形尾操纵面
　　　　　　　　　　　　　　　　　　　　　　(非对称型,上部全为可转动方向舵)

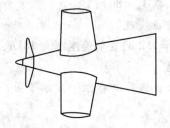

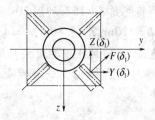

图8－37 "X"形舵

　　"十"字形尾操纵面的尾水平舵和水平稳定翼组成水平操纵面,上下垂直舵和上下垂直稳定翼组成垂直操纵面;两者正交成"十"字形,位于螺旋桨前。30多年来这种尾型成为现代潜艇尾型的基本形式。"十"字形尾操纵面,其水平操纵面不同程度超过最大艇宽,这是保证良好操纵性所必需的,也是"十"字形尾的重要特征。

　　为了有效地保护尾附体,适应沿海潜水、多礁岛海区活动,瑞典人首先采用了"X"形舵。这种尾操纵面4个尾鳍呈"X"形布置,舵轴中心线与对称面成45°夹角,采用"X"形舵的潜艇稳定翼很小而几近于无,成为名符其实的"X"形舵;"X"形舵大都采用4舵各具传动装置、各可独立转动的传动方式。"X"舵也有利于减轻或消除舵卡给艇安全造成的严重后果;同时也避免了"十"字形尾舵超宽带来的对离靠码头的不利影响;此外"X"形舵也有较高的舵效。"X"形舵未能在核潜艇上使用,也未被主要潜艇大国所采纳,根本原因是"X"形舵要依赖计算机的辅助保障作用,不如"十"字形舵对潜浮和转向具有独立功能、便于手操或自动操纵、或相互转换。另外,"X"形舵的4个舵叶是对称布置的,难以适应同时调节垂直面操纵性和水平面操纵性的不同要求。操艇系统的安全性是潜艇生命力重要条件之一。

习 题

1. 试分析说明 $Y_{\dot{v}}$、$N_{\dot{v}}$、$Y_{\dot{r}}$、$N_{\dot{r}}$、Y_v、N_v、Y_r、N_r 的正、负及大小量级。

2. 试说明 $Y_{\dot{v}}$、$N_{\dot{v}}$、$Y_{\dot{r}}$、$N_{\dot{r}}$、Y_v、N_v、Y_r、N_r 的量纲,并写出无因次表达式。

3. 试说明舵导数的 Y_δ、N_δ 的意义,正、负以及相应的舵力、舵力矩的方向。

4. 已知某船的无因次水动力导数:$(m' - Y'_{\dot{v}}) = 0.327$;$N'_{\dot{v}} = 0.0478$;$Y'_{\dot{r}} = 0.0018$;$(I'_z - N'_{\dot{r}}) = 0.0175$;$Y'_v = -0.244$;$N'_v = -0.0555$;$(Y'_r - m') = -0.105$;$N'_r =$

215

-0.0349；$Y'_\delta = 0.0586$；$N'_\delta = -0.0293$。求解以下问题：

（1）列出操纵性运动线性微分方程；

（2）判断该船的直线稳定性；

（3）求 $\delta = 2°$ 时的无因次回转角速度 r'；

（4）设回转中 $u' = 1$，且 $t = 0$ 时的重心位置位于 O 点，试绘出 $\delta = 2°$ 的回转轨迹；

（5）确定该船无因次操纵性指数 K'、T'。

5. 某舰水线长 $L = 120m$，航速 $V = 18kn$，瞬间转舵角 $\delta = 10°$，转舵 5s 后航向角 ψ 变化了 2°，舰船在定常回转状态下运行 5s 航向角 ψ 变化了 7°。

（1）试计算该操纵状态下舰船的回转直径，取 $V_c = 80V$；

（2）瞬间转舵角 $\delta = 15°$，转舵 20s 后航向角 ψ 变化。

6. 某舰 $L = 120m$，$T = 3.80m$，$z_g = 4.78m$，$h = 1.2m$，直航速度 V 为 18kn、30kn，以此为回转前的初速，求回转过程中的最大稳定横倾角。

7. 潜艇潜入水下，重心总是较浮心低，试分析说明其在水下作水平面回转过程中横倾角的变化规律。

第9章 舰船耐波性

耐波性是指舰船在风浪中遭受波浪力所产生的各种摇荡运动以及上浪、失速飞车和波浪弯矩等条件下,仍具有足够的稳性和船体结构强度,并能保持一定航速安全航行的性能。在耐波性中,舰船摇荡性能是基本的,其他现象主要是由舰船摇荡引起的。耐波性是舰船在执行使命任务中的重要战技性能之一,也是舰船动力学研究的重要航海性能之一。

本章介绍舰船耐波性中的基本概念、原理、规律和处理问题方法,依次介绍舰船在静水中摇摆,在规则波中摇摆以及在不规则海浪中摇摆等内容,最后简要介绍减摇措施和风浪中行船注意事项。

9.1 舰船摇摆概念

9.1.1 摇摆运动形式

舰船的摇摆运动有6种基本形式,如图9-1和图9-2所示。

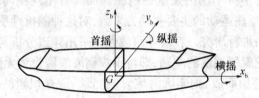

图9-1 在随船坐标系中表示的横摇、纵摇和首摇运动

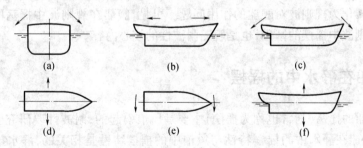

图9-2 舰船摇摆运动的6种基本形式
(a)横摇;(b)纵荡;(c)纵摇;(d)横荡;(e)首摇;(f)垂荡。

(1)横摇:绕随船坐标系 x 轴的周期性摆动;
(2)纵摇:绕随船坐标系 y 轴的周期性摆动;
(3)首摇:绕随船坐标系 z 轴的周期性摆动;
(4)垂荡:沿随船坐标系 z 轴的上下往复移动;
(5)横荡:沿随船坐标系 y 轴的左右往复移动;

217

（6）纵荡：沿随船坐标系 x 轴的前后往复移动。

通常将这6种基本的摇摆运动称为6个自由度或6个方向的摇摆运动。实际舰船的摇荡运动经常是几个自由度的摇摆运动耦合在一起的更为复杂的运动，为研究方便，将其分解以上基本运动。若某方向的摇摆运动为主，则可按单一自由度的摇摆运动对待该方向的摇摆运动；即使是耦合摇摆运动，有时采用分别讨论各个方向的摇摆运动处理方法。6种基本运动中，横摇、纵摇和垂荡（也称升沉）3种运动最为显著，对舰船的航行性能影响最大，本章主要讨论这3种基本运动。

9.1.2　舰船耐波性发展概况与研究方法

随着舰船技术的发展，舰船性能的观念也有所更新，如从以往单纯追求舰船快速性好到更重视综合性能好，当今尤其重视舰船的居住性及与之相关的耐波性。舰船耐波性是当前造船界研究最为活跃的领域之一，研究范围主要涉及高耐波性舰船开发、耐波性预报方法建立、耐波性评估方法与衡准的制定等。高性能船中，很大一部分高性能新船型正是为改进耐波性而提出的，如近年来备受关注的三体船型，主要优点之一即是具有优良的耐波性。

与舰船操纵性类似，求解舰船耐波性问题的总体思路也是建立运动微分方程，分析与求解运动方程，分析与改进运动响应特性等；与舰船动力学各学科的研究方法类似，研究耐波性的方法有理论分析、模型试验、数值模拟以及实船试验等。

与舰船动力学其他学科不同的是舰船耐波性面临着不规则海浪的分析处理。事实上，不规则海浪是舰船摇荡运动的主要扰动力来源，对这种随机性质的物理现象要采用概率论与数理统计的方法进行研究。在舰船耐波性中采用频谱分析与概率统计相结合的方法处理不规则海浪引发舰船摇荡的问题，即将不规则海浪假设为无限个不同频率、波幅的规则波（称为元素波）叠加而成，据实际海域海浪测量、调查积累的资料给出元素波的波幅随频率分布规则，并给出不同波幅出现的概率，将规则波中舰船摇摆的有关概念、理论和方法应用于各元素波，再综合得舰船在不规则波中的摇摆特性，从而将随机海浪对舰船的作用问题转化为规则波对舰船的作用问题。可见，舰船在规则波中摇荡的知识是研究舰船在不规则波中摇摆的基础，也是舰船耐波性的核心内容。

9.2　舰船在静水中的摇摆

实际舰船的摇荡（通常也称为摇摆）主要是风浪引起的，耐波性要研究舰船在风浪中的摇摆，但舰船在静水中的摇摆特性与风浪中的摇摆特性是相关的，静水摇摆的有关概念、受力机理、分析方法与风浪中摇摆也是相关的，如机械振动中自由振动与强迫振动的关系。故讨论舰船在静水中的摇摆是进一步讨论舰船在规则波和海浪中摇摆的基础。

9.2.1　受力与运动分析

在工程上处理舰船摇摆问题时通常假设各自由度的摇摆是相互独立的，并进一步假设各方向的摇摆运动是小幅度摇摆。按图9-1取随船坐标系，仅考虑横摇、纵摇和垂荡3种基本运动。以静水自由横摇为例，对舰船的受力和运动进行分析。

如图 9 - 3 所示,舰船在静水横摇过程中将遭受扶正力矩 $m(\theta)$,与横摇运动方向相反:

$$m(\theta) = -Dh\theta \qquad (9-1)$$

舰船在静水横摇中遭受的第 2 种力是横摇角加速度和水的附加转动惯量引起的附加惯性力矩,与横摇运动方向相反:

$$\Delta m_\theta = -J_\theta \ddot\theta \qquad (9-2)$$

式中:J_θ 为绕 x 轴的附加质量惯性矩。

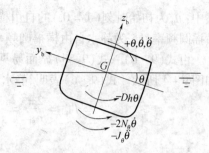

图 9 - 3   静水有阻横摇受力分析

第 3 种力是舰船摇摆中的兴波作用和黏性作用引起的阻尼力,研究表明,小角度横摇时阻尼力与横摇角速度按线性规律变化,即横摇阻尼力矩可表示为

$$m(\dot\theta) = -2N_\theta \dot\theta \qquad (9-3)$$

式中:N_θ 为横摇阻尼系数。

记绕 x 轴的船体质量惯性矩为 I_θ ,则据刚体平面运动定理可得横摇过程中的受力平衡方程:

$$(I_\theta + J_\theta)\,\ddot\theta + 2N_\theta\,\dot\theta + Dh\theta = 0 \qquad (9-4)$$

纵摇与垂荡方向的受力与运动分析与横摇是完全类似的,读者自行完成纵摇与垂荡摇摆运动的受力分析,并列出各自的运动微分方程。

9.2.2　运动微分方程

对各自由度摇摆受力分析,据刚体平面运动定理可得各自由度摇摆的受力平衡微分方程方程:

$$\begin{cases} (I_\theta + J_\theta)\,\ddot\theta + 2N_\theta\,\dot\theta + Dh\theta = 0 \\ (I_\phi + J_\phi)\,\ddot\phi + 2N_\phi\,\dot\phi + DH\phi = 0 \\ (m + m_z)\ddot z + 2N_z\dot z + \rho g A_w z = 0 \end{cases} \qquad (9-5)$$

式中:I_ϕ 为绕 y 轴的质量惯性矩;J_ϕ 为绕 y 轴的附加质量惯性矩;N_ϕ 为纵摇阻尼系数;m 为船体质量;m_z 为垂荡附加质量;N_z 为垂荡阻尼系数。

9.2.3　静水自由摇摆特性

方程(9 - 5)是 3 个独立的 2 阶线性微分方程,求解上述微分方程即可得舰船静水摇摆运动的函数表达式,并据此对静水摇摆运动特性进行分析。

1. 静水自由横摇运动

解微分方程(9 - 5)第一式得:

$$\theta = \theta_a e^{-\nu_\theta t}\cos(n_{\theta 1}t - \varepsilon_\theta) \qquad (9-6)$$

$$2\nu_\theta = \frac{2N_\theta}{I_\theta + J_\theta} \qquad (9-7)$$

$$\begin{cases} \theta_a = \theta_0\sqrt{1 + \left(\dfrac{\nu_\theta}{n_{\theta 1}}\right)^2} \\[2mm] \varepsilon_\theta = \arctan\left(\dfrac{\nu_\theta}{n_{\theta 1}}\right) \end{cases} \qquad (9-8)$$

式中：θ_0 为初始时刻（$t=0$）的自由横摇幅值，并设 $t=0$ 时，$\dot\theta=0$；$n_{\theta1}$ 为静水有阻尼自由横摇圆频率；n_θ 为静水自由横摇圆频率（即自由横摇固有圆频率）。

由式（9-6）～式（9-8）显而易见，静水有阻尼自由横摇曲线是准周期的衰减曲线，如图9-4所示。式（9-6）表明，静水横摇衰减曲线具有不变的周期，即

$$T_{\theta1} = \frac{2\pi}{n_{\theta1}} = \frac{2\pi}{\sqrt{n_\theta^2 - \nu_\theta^2}} = \frac{2\pi}{n_\theta}\frac{1}{\sqrt{1 - \left(\frac{\nu_\theta}{n_\theta}\right)^2}} \qquad (9-9)$$

在（9-5）第一式中，或在式（9-6）～式（9-8）中令阻尼力为0，则相应的微分方程及其解描述的无阻尼静水自由横摇运动，微分方程及其解可写为

$$\ddot\theta + n_\theta^2\theta = 0 \qquad (9-10)$$

$$n_\theta = \sqrt{\frac{Dh}{I_\theta + J_\theta}} \qquad (9-11)$$

$$\theta = \theta_0\cos n_\theta t \qquad (9-12)$$

式中：n_θ 为自由横摇的近似固有圆频率。

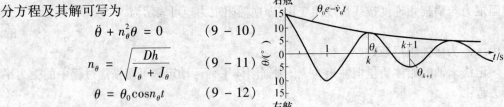

图9-4 静水有阻横摇

则固有周期为

$$T_\theta = \frac{2\pi}{n_\theta} = \sqrt{\frac{I_\theta + J_\theta}{Dh}} \qquad (9-13)$$

显然无阻尼自由横摇曲线是无衰减的，另由式（9-9）知，横摇阻尼将使横摇运动周期略有增大，但增大很小，如对足够急剧的横摇衰减，$\left(\frac{\nu_\theta}{n_\theta}\right) \approx 0.1$，此时

$$T_{\theta1} = \frac{2\pi}{n_\theta}\frac{1}{\sqrt{1 - \left(\frac{\nu_\theta}{n_\theta}\right)^2}} = T_\theta\frac{1}{\sqrt{1 - \left(\frac{\nu_\theta}{n_\theta}\right)^2}} = 1.005 T_\theta \qquad (9-14)$$

可见对有阻尼的静水自由横摇运动，其横摇运动周期仍取为固有周期 T_θ。由于静水自由横摇周期是舰船横摇的重要参数，需计算确定，尽管可据式（9-13）严格地求出 T_θ，但 $I_\theta + J_\theta$ 计算较为繁复，在实用中也可用经验公式估算，如霍夫哥阿德公式：

$$I_\theta + J_\theta = \frac{D}{g}(cB)^2 \qquad (9-15)$$

式中：c 为经验系数，对一般轻型舰（驱逐舰、轻型巡洋舰）$c = 0.33 \sim 0.35$，对重型舰（重型巡洋舰）$c = 0.38 \sim 0.40$。

于是横摇固有周期 T_θ 可以表示为

$$T_\theta = 2.01\frac{cB}{\sqrt{h}} \qquad (9-16)$$

该公式还有一种用途，那就是可以用来估算在航舰船稳定重心高 h，对舰船加以扰动（如组织舰员沿甲板横向来回跑动）使舰船产生自由横摇，记下横摇周期，按式（9-16）即可估算出 h。

将式（9-9）中的 $\left(\frac{\nu_\theta}{n_\theta}\right)$ 记作 μ_θ，称为横摇无因次衰减系数，这是因为由式（9-6）可

推出:

$$\pi\mu_\theta = \pi \frac{\nu_\theta}{n_\theta} = \ln\left[\frac{\theta\left(k\,\frac{T_\theta}{2}\right)}{\theta\left[(k+1)\,\frac{T_\theta}{2}\right]}\right] \qquad (9-17)$$

$\pi\mu_\theta$ 刚好代表了以分贝表示的横摇幅值半周期衰减量, μ_θ 可以表示为

$$\mu_\theta = \frac{N_\theta}{\sqrt{(I_\theta + J_\theta)Dh}} \qquad (9-18)$$

横摇无因次衰减系数 μ_θ 也是舰船横摇重要参数。在实用中有各种估算 μ_θ 的方法,如巴甫连柯建议 $2\mu_\theta = 0.05 \sim 0.10$;费尔索夫建议无舭龙骨的船 $2\mu_\theta = 0.07 \sim 0.10$,带舭龙骨的船 $2\mu_\theta = 0.11 \sim 0.14$;汉诺维奇根据军舰模型试验分析建议无舭龙骨的船 $2\mu_\theta = 0.08 \sim 0.09$,带舭龙骨的船 $2\mu_\theta = 0.10 \sim 0.15$ 。参考文献[50]还给出了茅兰席勒德无因次衰减系数图谱。

以上讨论横摇运动的方法和各关系式,可以类推用于讨论自由垂荡运动和自由纵摇运动。下面直接列出有关的结果和关系式,中间推导过程从略。

2. 静水自由垂荡运动

运动方程为

$$z = z_a e^{-\nu_z t}\cos(n_{z1}t - \varepsilon_z) \qquad (9-19)$$

有阻尼垂荡圆频率为

$$n_{z1} = \sqrt{n_z^2 - \nu_z^2} \qquad (9-20)$$

垂荡幅值为

$$z_a = z_0\sqrt{1 + \left(\frac{\nu_z}{n_{z1}}\right)^2} \qquad (9-21)$$

垂荡初相位为

$$\varepsilon_z = \arctan\left(\frac{\nu_z}{n_{z1}}\right) \qquad (9-22)$$

垂荡衰减系数为

$$2\nu_\theta = \frac{2N_z}{m + m_z} \qquad (9-23)$$

垂荡固有圆频率与固有周期为

$$n_z = \sqrt{\frac{\gamma S_w}{m + m_z}} \qquad (9-24)$$

$$T_z = \frac{2\pi}{n_z} = 2\pi\sqrt{\frac{m + m_z}{\gamma S_w}} \qquad (9-25)$$

垂荡无因次衰减系数为

$$\mu_z = \frac{\nu_z}{n_z} = \frac{N_z}{\sqrt{(m + m_z)\gamma S_w}} \qquad (9-26)$$

垂荡的固有周期可通过近似计算得出。垂荡附加质量与舰船本身质量是同一数量级,可以近似取 $m_1 \approx m$,于是有

$$T_z = 2\pi \sqrt{\frac{2\gamma C_B LBT}{g\gamma C_w LB}} = 2.8\sqrt{TC_p} \qquad (9-27)$$

式中：$C_P = \dfrac{C_B}{C_w}$ 为舰船的垂向棱形系数。

另需指出，垂荡阻尼力较大，不能将静水有阻尼垂荡周期近似为垂荡固有周期。

3. 静水自由纵摇运动

运动方程为

$$\phi = \phi_a e^{-\nu_\phi t}\cos(n_{\phi 1} t - \varepsilon_\phi) \qquad (9-28)$$

有阻尼纵摇圆频率为

$$n_{\phi 1} = \sqrt{n_\phi^2 - \nu_\phi^2} \qquad (9-29)$$

纵摇幅值为

$$\phi_a = \phi_0 \sqrt{1 + \left(\frac{\nu_\phi}{n_{\phi 1}}\right)^2} \qquad (9-30)$$

纵摇初相位为

$$\varepsilon_\phi = \arctan\left(\frac{\nu_\phi}{n_{\phi 1}}\right) \qquad (9-31)$$

纵摇衰减系数为

$$2\nu_\phi = \frac{2N_\phi}{I_\phi + J_\phi} \qquad (9-32)$$

纵摇固有圆频率与固有周期为

$$n_\phi = \sqrt{\frac{DH}{I_\phi + J_\phi}} \qquad (9-33)$$

$$T_\phi = \frac{2\pi}{n_\phi} = 2\pi \sqrt{\frac{I_\phi + J_\phi}{DH}} = 2\pi \sqrt{\frac{I_\phi + J_\phi}{DR}} \qquad (9-34)$$

纵摇无因次衰减系数为

$$\mu_\phi = \frac{\nu_\phi}{n_\phi} = \frac{N_\phi}{\sqrt{(I_\phi + J_\phi)DH}} \qquad (9-35)$$

与垂荡的固有周期类似，纵摇固有周期也可以近似计算，近似取 $I_\phi \approx J_\phi$，I_ϕ 近似计算公式为

$$I_\phi = I_0 + \frac{1}{60}\frac{DL^2}{g} \qquad (9-36)$$

$$I_0 = \frac{\gamma}{g}\int_L x^2 A(x)\,\mathrm{d}x \qquad (9-37)$$

或

$$I_\phi = 0.07\frac{D}{g}C_w L^2 \qquad (9-38)$$

将式(9-38)及 $R \approx (C_w^2/14C_B)(L^2/T)$ 代入式(9-34)可得：

$$T_\phi = 2\pi \sqrt{\frac{2 \times 0.07 C_B DL^2 \times 14TC_w}{gDC_w^2 L^2}} \approx 2.8\sqrt{TC_P} \qquad (9-39)$$

222

可见,纵摇固有周期与垂荡固有周期是很接近的,且有 $T_z = T_\phi = \dfrac{1}{2}T_\theta$ 。

垂荡和纵摇的阻尼系数也可以采用近似计算方法确定,如哈斯金德公式与布伯诺夫公式[50],布伯诺夫公式公式较为简单,即

$$2N_z = fA_w \qquad\qquad (9-40)$$
$$2N_\phi = fI_{gy} \qquad\qquad (9-41)$$

式中:$f = 0.18(\text{t} \cdot \text{m}^{-3} \cdot \text{s})$;A_w 为水线面面积(m^2);I_{yg} 为水线面对通过重心横轴惯性矩(m^4)。

上述公式中的附加质量以及阻尼系数等均属于舰船的水动力系数,与舰船操纵性中的水动力导数类似。耐波性中的水动力系数可以采用切片理论较为精确的计算[41,50],近年来随着船舶水动力学理论和水动力学数值计算技术的迅速发展,以三维面元法对水动力系数进行数值计算也逐步进入工程实用[51,52]。

9.3 舰船在规则波中的摇摆

舰船在规则波中的摇摆是舰船耐波性的核心内容。耐波性的这一环节是研究和处理舰船在实际海浪中摇摆的基础;它也具有直接的工程实用价值,因为舰船在规则波中的摇摆性能与不规则中的摇摆性能具有显著的相关性,在规则波中摇摆性能好的舰船,在实际海浪中摇摆性能也好,另外,涌与规则波形接近,可按规则波来近似描述涌以分析它对舰船的作用。

若将舰船在静水中的自由摇摆看作自由机械振动系统,那么舰船在规则波中的摇摆就是一种强迫振动。故可以将静水中自由摇摆的处理方法、有关结论加以推广,得出舰船在规则波中摇摆的理论模型,运动和受力特性。

9.3.1 舰船在正横规则波中的横摇

根据"波浪扰动力与舰船运动引起的各种力相互无关"的假设[50],舰船在静水中摇摆的各种力可直接用于讨论舰船在规则波的摇摆运动。静水摇摆与波浪中强迫摇摆的舰船受力区别在于后者多了一项波浪扰动力,于是在静水自由横摇微分方程中加上干扰力项可得舰船在波浪中横摇运动的微分方程,即

$$(I_\theta + J_\theta)\ddot{\theta} + 2N_\theta\dot{\theta} + Dh\theta = F_w \qquad\qquad (9-42)$$

式中:F_w 为波浪扰动力。

现分析给出正横浪作用下波浪扰动力的表达式。如图9-5所示,舰船在波浪中横摇时遭受的水作用力是波面下的水作用力,若将波面下水作用力视作静水力,则舰船所受水作用力矩可以表示为

$$M_F = -Dh\sin(\theta - \alpha) \qquad (9-43)$$

式中:α 为波面与水平面的夹角,称为波倾角,并在船体范围内近似地将波面视作平面。

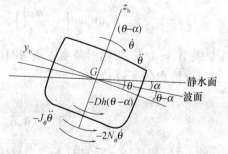

图9-5 船在规则横浪中横摇受力分析

223

在小角度横摇时式(9-43)可简化为：

$$M_F = -Dh(\theta - \alpha) = -Dh\theta + Dh\alpha \tag{9-44}$$

在式(9-44)中波浪扰动力的贡献仅在于增加水作用力 $Dh\alpha$，但波面下的水作用力并非与静水面下的水作用力等价。实际上，波浪运动中水质点在作轨圆运动，故波浪对舰船的作用是动力作用而非静力作用。但为工程处理方便，也常采用经验公式对 $Dh\alpha$ 项修正以计入波浪的动力效应(也称为史密斯效应)[53]。巴甫连柯提出以修正系数 X_θ 对波倾角 α 修正以得出包含动力效应在内的有效波倾角 α_e，可以表示为

$$\alpha_e = X_\theta \alpha \tag{9-45}$$

$$X_\theta = X_{\theta T} X_{\theta B} \tag{9-46}$$

式中：$X_{\theta B}$、$X_{\theta T}$ 分别为针对船宽、吃水的动力效应修正系数，可以按参考文献[53,54]所给图谱确定，也可按下列近似公式确定：

$$X_{\theta T} = e^{-\frac{kT}{2}} \tag{9-47}$$

$$X_{\theta B} = 1 - \sqrt{C_w}\left(\frac{B}{\lambda}\right)^2 \tag{9-48}$$

若进一步假设正横向规则波为正弦波，且不计船体本身对波浪运动的影响(即不计波浪运动的绕射作用)，则式(9-42)中波浪力 $F_w = DhX_\theta\alpha_0\sin\omega t$，综上所述可将波浪中横摇运动的微分方程具体写为

$$(I_\theta + J_\theta)\ddot{\theta} + 2N_\theta\dot{\theta} + Dh\theta = DhX_\theta\alpha_0\sin\omega t \tag{9-49}$$

或

$$\ddot{\theta} + 2\nu_\theta\dot{\theta} + n_\theta^2\theta = \alpha_0 X_\theta n_\theta^2\sin\omega t \tag{9-50}$$

式中：α_0 为横向正弦波的波倾角幅值；ω 为圆频率。

正弦波的波形表达式为 $\zeta = \zeta_0\sin\omega t$，$\zeta_0$ 为正弦波的波幅；有效波倾角幅值为 $\alpha_{e0} = X_\theta\alpha_0$，如图9-6所示。据式(9-49)并引入初始条件后可以解出稳定解为

$$\theta = \theta_a\sin(\omega t + \varepsilon_{\theta a}) \tag{9-51}$$

式(9-50)表示有阻尼自由横摇衰减后波浪作用下的强迫横摇运动，也称为稳定横摇运动。

式(9-51)中

$$\theta_a = \frac{\alpha_0 X_\theta}{\sqrt{(1-\Lambda^2)^2 + 4\mu_\theta^2\Lambda^2}} \tag{9-52}$$

$$\varepsilon_{\theta a} = \arctan\left(\frac{-2\mu_\theta\Lambda}{1-\Lambda^2}\right) \tag{9-53}$$

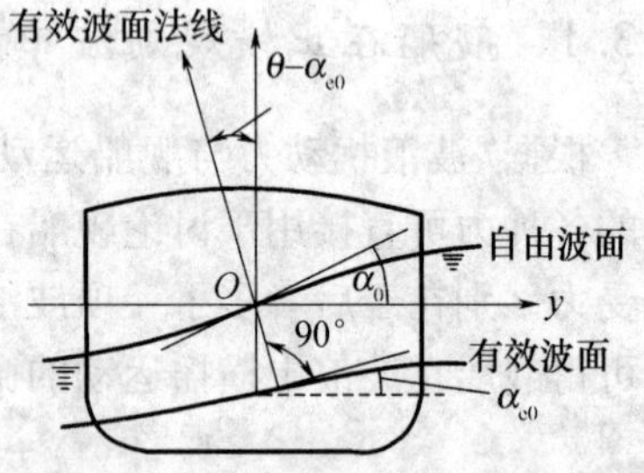

图9-6 有效波倾角示意图

其中：$\Lambda = \omega/n_\theta$ 为相对频率或调谐因数。

也可以将式(9-52)写为

$$K_{\theta ae} = \frac{\theta_a}{X_\theta\alpha_0} = \frac{1}{\sqrt{(1-\Lambda^2)^2 + 4\mu_\theta^2\Lambda^2}} \tag{9-54}$$

式(9-52)和式(9-53)中：$K_{\theta ae}$ 为横摇对波面角的幅频响应函数或称为放大系数；$\varepsilon_{\theta a}$ 为横摇相频响应函数。

对不同的 Λ 和 μ_θ 可据式 $(9-52)$ 和式 $(9-53)$ 计算出 $K_{\theta ae}$、$\varepsilon_{\theta a}$，并绘制成相应的图谱，如图 9-7 和图 9-8 所示，以方便横摇运动的计算。显然这两个图谱对舰船纵摇和垂荡运动也是适用的，因为波浪中纵摇和垂荡运动的微分方程形式结构与横摇是完全一致的。为了通用起见，有时放大系数和相角分别以 K、ε 表示。以下先按图 9-7 和图 9-8 对舰船在规则波中的强迫横摇特性进行讨论。

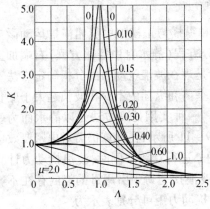

图 9-7　放大系数曲线

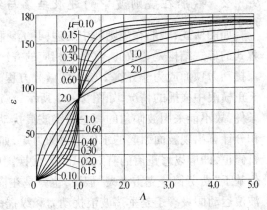

图 9-8　相角曲线

（1）当 $\Lambda \approx 0$ 时，$K_{\theta ae} \approx 1$，$\varepsilon_{\theta a} \approx 0°$。此时波浪频率远低于舰船横摇固有频率，相当于波长很长，而舰船的稳定中心高很大、横摇固有周期 T_θ 很短。例如，平底船、救生筏等类型的船，处于长波上就类似于这种情况，如图 9-9 所示，此时随波漂流。

（2）当 $\Lambda \to \infty$ 时，$K_{\theta ae} \to 0$，$\varepsilon_{\theta a} \approx 180°$。这种情况下波浪频率远高于舰船横摇固有频率，相当于大船处于短周期波上，如图 9-10 所示，此时舰船几乎不发生摇摆。

（3）当 $\Lambda \approx 1$ 时，$K_{\theta ae} \approx \dfrac{1}{2\mu_\theta}$，$\varepsilon_{\theta a} \approx -90°$。波浪周期近似等于固有周期，舰船横摇运动相位滞后波浪相位 90°，放大系数很大，舰船横摇幅值接近达到最大值，出现共振横摇现象，这是舰船航行中比较危险的情况。一般称 $0.7 < \Lambda < 1.3$ 范围为共振区，增大舰船横摇阻尼，在共振区内的横摇幅值将迅速减小。故增大舰船阻尼是减缓舰船横摇的有效措施，在舰船上加装舭龙骨、减摇鳍等均是基于这一原理减摇的。

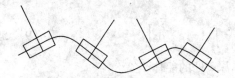

图 9-9　船在长波浪中的横摇

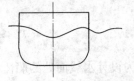

图 9-10　船在短波浪中的横摇

由以上分析还可知，尽量增大舰船的固有周期并远离波浪周期以避开共振区也是减摇的有效措施。实际的海浪周期是在一定范围内的，据大量统计资料分析，波浪周期大于 10s 以上的比较少，短周期波出现较多，所以大的固有周期有利于避免共振横摇。在舰船设计中，通常根据舰船经常航行的海区波浪特征确定舰船固有周期，使其固有周期尽量长些，以避免共振横摇，一般取 $\Lambda = \dfrac{T_\theta}{T_B} > 3 : 1$，$T_B$ 为波浪周期。增大舰船固有周期的另一个着眼点是,舰船摇摆的周期越长,其摇摆速度、加速度越小,即摇摆较为缓和。当然舰船横摇固有周期 T_θ 与横稳心高的方根 $\sqrt{h}$ 是成反比的,为确保舰船稳度足够,h 要足够大,故 T_θ 也不能无限制增大。对于规则波波长与周期的关系如下:

$$T_B = 0.8\sqrt{\lambda} \tag{9-55}$$

9.3.2　舰船在规则波中的迎浪垂荡与纵摇

如前所述,舰船在规则波中的迎(顶)浪垂荡和纵摇与正横浪中舰船横摇运动微分方程式的形式结构是一致的,都是在相应的齐次微分方程(静水自由摇摆方程)右端加上波浪扰动力项而成为非齐次 2 阶线性微分方程。只是现在在波浪扰动力的分析确定方法不同于正横浪中横摇的情况,如图 9-11 所示,在迎浪垂荡和纵摇中不存在波长远大于船长的条件,故不能采用波倾角的概念确定波浪扰动力。一种实用处理方法是以静水面为基准积分计算出现波面引起的水作用力和力矩,如图 9-11 所示,在计算仍需对史密斯效应进行修正,即应以修正后的有效波高 ζ^* 代换图中的 ζ 进行计算。同时,波浪扰动力计算中仍基于"费劳德—克雷洛夫"假设,也就是在横摇波浪扰动力中引用过的船的存在不影响波浪运动假设。于是垂荡波浪扰动力和纵摇波浪扰动力矩可分别表示为

$$F_z = 2\rho g \int_L y_w \zeta^* \, \mathrm{d}x \tag{9-56}$$

$$F_\phi = -2\rho g \int_L y_w \zeta^* x \, \mathrm{d}x \tag{9-57}$$

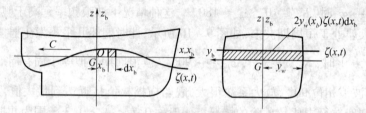

图 9-11　顶浪时波浪扰动力

经分析推导[54]式(9-56)和式(9-57)中

$$\zeta^* = \zeta \mathrm{e}^{-kT^*} \tag{9-58}$$

$$T^* = -\frac{1}{k}\ln\left[1 - \frac{k}{y_w}\int_{-T}^{0} y(z)\mathrm{e}^{-kz}\,\mathrm{d}z\right] \tag{9-59}$$

式中:y_w 为设计水线面处的船体半宽;$y(z)$ 水深 z 处的船体半宽。

若已知型线图和波面方程,即可按以上各式计算波浪扰动力(矩)。

假设舰船迎浪遭遇的规则波是余弦波,将波形表达式代入式(9-56)和式(9-57)可以得到:

$$F_z \approx \rho g \zeta_a X_z A_w \cos\omega t \tag{9-60}$$

$$X_z = \frac{2\int_L y_w \mathrm{e}^{-kT^*}\cos kx\,\mathrm{d}x}{2\int_L y_w \mathrm{d}x}$$

$$S_w = 2\int_L y_w \, \mathrm{d}x$$

$$F_\phi \approx -\rho g \zeta_a X_\phi I_{gy} \sin\omega t \qquad\qquad (9-61)$$

$$X_\phi = \frac{2\int_L xy_w \mathrm{e}^{-kT^*}\sin kx \, \mathrm{d}x}{2\int_L x^2 y_w \, \mathrm{d}x}$$

$$I_{gy} = 2\int_L x^2 y_w \, \mathrm{d}x$$

式(9-60)和式(9-61)中的 X_z、X_ϕ 可以理解为是针对史密斯效应对波浪扰动力、力矩的修正,与横摇波浪扰动力中的 X_θ 是类似的。将式(9-60)和式(9-61)中的波浪扰动力加在式(9-5)中相应的静水自由摇摆方程中右端,则可得出迎浪规则波中强迫垂荡、纵摇的微分方程,整理后为

$$\ddot{z} + 2\nu_{zz}\dot{z} + n_z^2 z = n_z^2 \zeta_a X_z \cos\omega t \qquad\qquad (9-62)$$

$$\ddot{\phi} + 2\nu_{\phi\phi}\dot{\phi} + n_\phi^2\phi = n_\phi^2 \zeta_a X_\phi \sin\omega t \qquad\qquad (9-63)$$

求解出垂荡、纵摇的幅频、相频响应函数如下:

$$\frac{z_a}{\zeta_a} = \frac{X_z}{\sqrt{(1-\Lambda^2)^2 + 4\mu_z^2\Lambda^2}} \qquad\qquad (9-64)$$

$$\varepsilon_z = \arctan\left(\frac{-2\mu_z\Lambda}{1-\Lambda^2}\right) \qquad\qquad (9-65)$$

$$\Lambda = \omega/n_z$$

$$\frac{\phi_a}{\zeta_a} = \frac{X_\phi}{\sqrt{(1-\Lambda^2)^2 + 4\mu_\phi^2\Lambda^2}} \qquad\qquad (9-66)$$

$$\varepsilon_\phi = \arctan\left(\frac{-2\mu_\phi\Lambda}{1-\Lambda^2}\right)$$

$$\Lambda = \omega/n_\phi$$

根据以上讨论得出的垂荡和纵摇幅频、相频响应函数可以研究舰船在迎浪规则波垂荡、纵摇运动特性。舰船在迎浪规则波中的强迫垂荡、纵摇特性可归纳如下:

(1) 与横摇运动相比较,一般垂荡和纵摇运动幅值较小,线性假设对垂荡和纵摇更合理些。

(2) 由于舰船首、尾不对称,一般在迎浪时垂荡、纵摇运动是同时发生的,即存在耦合效应。

(3) 波长与船长之比(λ/L)对垂荡、纵摇影响很大。从物理意义上说,船长与波长相比二者都不会小到忽略不计的程度,所以在垂荡、纵摇运动频率响应函数中,不能忽略船长方向波浪曲率的影响,即垂荡、纵摇运动频率响应函数与 λ/L 有关。一般舰船的垂荡、纵摇幅频响应曲线峰值发生在 $1 < \lambda/L < 2.5$ 范围内,且在较高航速下,幅频响应函数曲线峰值一般发生在波浪扰动力(矩)频率等于舰船垂荡、纵摇固有频率时(共振状态),此时垂荡、纵摇更为严重。

(4) 航速对舰船迎浪航行时垂荡、纵摇运动影响很大。一般 0 航速垂荡、纵摇运动

较小,频率响应函数的峰值偏向低频区,距舰船垂荡、纵摇固有周期较远;随着航速增加,一般是垂荡、纵摇运动随之增大,频率响应函数峰值区移向高频区,此时最严重的垂荡、纵摇发生在共振状态。垂荡、纵摇的幅频响应函数曲线如图9-12所示,图中给出了不同航速下的频率响应函数曲线,从中可以看出航速对频率响应函数具有显著的影响。

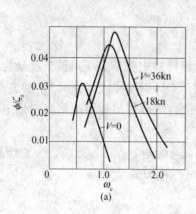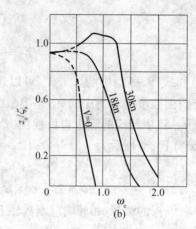

图9-12　舰船在规则波中纵摇、垂荡幅值响应

由此可见,尽管在频率响应函数参数已确定的条件下,正横浪下的横摇频率响应函数曲线与迎浪下升沉、纵摇频率响应函数曲线可以通用,但横摇运动特性与升沉、纵摇运动特性却是不同的。

9.4　航向、航速对舰船摇荡运动的影响

在前面的讨论中均假定了舰船的航速为0,且假定浪向为正横浪或迎浪。实际上,舰船在海浪中航行的航速、航向对舰船的摇摆运动都有显著影响,假设波浪的传播方向与舰船的航向成 χ 角,则航向的影响也可以理解为浪向的影响。当舰船的前进方向与波浪传播方向相反,称之为迎浪或顶浪,记 $\chi = 0°$;当舰船的前进方向与波浪的传播方向相同,称之为顺浪或随浪,记 $\chi = 180°$;正横浪则为 $\chi = 90°$。其余浪向(或航向)定义如图9-13所示,χ 称为浪向角。

航速、浪向对舰船摇摆运动方程中的水动力系数(附加质量、阻尼等)是有影响的,对高速军舰这种影响还较为显著,不可忽略,近年来对这种影响的研究取得了较大进展,尤其是采用CFD技术中的三维面元法对有航速条件下的摇摆附加质量、阻尼等进行数值预报已逐渐应用于工程,是具有广泛应用前景的方法[55]。但总体上,这方面的研究工作不成熟,而且分析和处理都很复杂。本节不讨论航速、浪向对摇荡附加质量、阻尼的影响,只定性分析航速、浪向对舰船摇摆运动的影响。

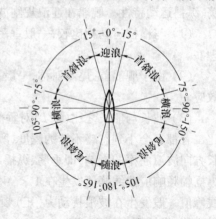

图9-13　航向角或浪向角

228

9.4.1 航速、浪向对波浪扰动力频率的影响

舰船以航速 V 迎浪航行时,波浪相对船的速度 $C_e = (C + V)$,在舰船上感受到的波浪周期 $T_e = \dfrac{\lambda}{C_e} = \dfrac{\lambda}{C + V}$;反之,在顺浪航行时 $C_e = (C - V)$ 、$T_e = \dfrac{\lambda}{C_e} = \dfrac{\lambda}{C - V}$ 。将舰船感受到的波浪传播速度、周期称为遭遇波速、遭遇周期,记作 C_e 、T_e ,相应频率称为遭遇频率,记作 ω_e ,ω_e 为

$$\omega_e = \frac{2\pi}{T_e} = \frac{2\pi C_e}{\lambda} = kC_e \qquad (9-67)$$

在一般浪向下(图 9 - 14),遭遇周期、遭遇频率分别为

$$T_e = \frac{\lambda}{C_e} = \frac{\lambda}{C + V\cos\chi} \qquad (9-68)$$

$$\omega_e = \frac{2\pi}{T_e} = \frac{2\pi(C + V\cos\chi)}{\lambda} = k(C + V\cos\chi) = \omega + \frac{\omega^2}{g}V\cos\chi \qquad (9-69)$$

综上所述,计入航速和浪向影响后作用于舰船上的波浪周期已不是波浪的自然周期,而是遭遇周期。故考虑航速和浪向影响时,波浪中摇摆运动微分方程的波浪力扰动频率是遭遇频率而非自然频率。当 $\chi = 90°$ 时,$\cos\chi = 0$,$\omega_e = \omega$,$T_e = T$,也就是说正横浪下航速对扰动力频率没有影响;迎浪航行时遭遇周期减小,顺浪航行时遭遇周期增大。

由于航速、浪向改变了波浪对舰船的作用频率,从而将影响舰船在波浪中摇荡运动的性能。以

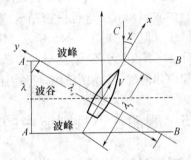

图 9 - 14 舰船斜浪航行的等效波长

对舰船垂荡、纵摇运动影响为例,其摇摆固有周期很短,实际的海浪周期绝大多数都大于舰船垂荡、纵摇的固有周期,当顺浪航行时,波浪遭遇周期增大,与舰船固有周期偏差更大,故垂荡、纵摇幅值不会太大;当舰船迎浪航行时,波浪的遭遇周期减小,与舰船垂荡、升沉固有周期偏差减小,有可能接近于垂荡、纵摇的固有周期,产生"共振"。所以在迎浪航行时对舰船垂荡和纵摇运动存在最佳航速范围,以避免"共振"发生,减轻舰船在波浪中的摇摆。因航速、浪向对遭遇频率的影响,会出现以下几种状况:

(1) 当 $C = |V\cos\chi|$,$90° \leqslant \chi \leqslant 180°$,舰船长时间静止在波浪上,遭遇周期 T_e 为无穷大,舰船受到固定的倾斜力矩作用。若此时 $\chi = 180°$,舰船可能静置在波峰或波谷上。

(2) 当 $C < |V\cos\chi|$,$90° < \chi \leqslant 180°$,T_e 为负值,说明波浪相对运动舰船变为由船首向船尾传播。

(3) 舰船以某浪向角 χ 航行时,共振横摇条件为

$$T_e = \frac{\lambda}{C + V\cos\chi} = T_\theta \qquad (9-70)$$

9.4.2 浪向对波浪扰动力幅值的影响

二维规则波可看作是柱面波,即使这种规则波相对舰船的浪向不是迎浪或正横浪,而是具有浪向角 χ ,仍可认为舰船位于规则波之中,且波幅保持不变,仅波长变化,参看图

9–14以便于理解这点。

如图9–14所示，对纵摇和垂荡，斜浪中的作用波长不再是自然波长 λ 而应以 λ_1 计，二者的关系为

$$\lambda_1 = \frac{\lambda}{\cos\chi} \tag{9-71}$$

可见，在对斜浪上的纵摇、垂荡扰动力，应以 λ_1 代替自然波长 λ，波幅保持不变。但应注意，进行史密斯效应修正时仍应采用自然波长。

对横摇，斜浪中的作用波长则为

$$\lambda_2 = \frac{\lambda}{\sin\chi} \tag{9-72}$$

此时最大有效波倾角为

$$\alpha_{0\chi} = \frac{2\pi\zeta_a}{\lambda_2} = \frac{2\pi\zeta_a}{\lambda}\sin\chi = \alpha_0\sin\chi \tag{9-73}$$

由式(9–73)知，在对横摇扰动力矩应以 $\alpha_{0\chi}$ 代替自然波倾角 α_0，进行史密斯效应修正时仍取自然波长。但是，如图9–15所示，不同横剖面上的实际 $\alpha_{0\chi}$ 不仅大小不一，甚至方向都不同。所以，对全船应如何确定斜浪中的波倾角尚待进一步研究。

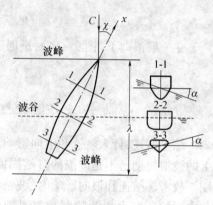

图9–15　斜浪中横摇波幅修正示意图

9.5　舰船在不规则波中的摇摆

图9–16是在某一点测出的随机海浪波面升高随时间变化曲线的示意图，图中 ζ_a 为表观波幅，h 为表观波高，T 为表观周期（穿节点周期）。实际的舰船正是在这种不规则海浪中运行，其摇荡运动也必定是不规则的。对这种随机性质的物理现象要采用概率论与数理统计的方法进行研究。但舰船在规则波中摇摆的讨论为分析处理舰船在不规则波中摇摆问题奠定了基础。可以将不规则海浪分解为无限个不同频率、波幅的规则波（称为元素波）的线性叠加，再将规则波中舰船摇摆的有关概念、理论和方法应用于各元素波，于是可求得与规则元素波对应的舰船运动元素，对其进行叠加以及分析处理后即可以得出舰船在不规则波中的摇摆特性。

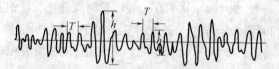

图9–16　某一点随机海浪波面升高随时间变化曲线

下面对不规则的海浪进行数学描述。首先是采用概率、统计方法描述随机海浪的波幅特性，即根据实际海浪波幅参数的记录资料给出海浪波幅的概率分布；再从另一个角度对随机海浪波幅特性进行数学描述，即根据某海域实际海浪测量、调查积累的资料，通过理论分析给出海浪元素波的波能（以波幅的平方表征）随频率分布规则，即建立风浪谱（通常称为波能谱）来反映随机海浪的内在构造，这种对随机海浪进行数学处理的方法就是频谱分析法。

以舰船有关的几何参数、航速，波能谱及其有关参数作为输入，以舰船在规则波中的

频率响应函数作为线性系统的变换器,则该线性系统的输出就是舰船在不规则波中的摇摆能谱,再根据海浪的概率分布及其统计特征量,就可以由舰船摇摆能谱求出舰船不规则摇摆的统计特征量。

9.5.1 不规则波的统计特性

研究表明[50],随机海浪瞬时波面升高 ζ 服从正态分布,波幅 ζ_a 服从瑞利分布,其概率密度为

$$p(\zeta_a) = \frac{\zeta_a}{\sigma^2}\exp\left(-\frac{\zeta_a^2}{2\sigma^2}\right) \tag{9-74}$$

其分布曲线如图 9 – 17 所示,式中 σ 为 ζ 的均方差, ζ 为波面瞬时升高,服从正态分布。在讨论舰船不规则波中运动时,常需求出波幅或舰船摇幅超过某一给定值的概率,这种概率也称为保证率。如图 9 – 18 所示, $\zeta_a \geqslant \zeta_{a1}$ 的保证率即可表示为图中阴影面积,其概率表达式为

$$F(\zeta_{a1}) = P(\zeta_a > \zeta_{a1}) = \int_{\zeta_{a1}}^{\infty} p(\zeta_a)\mathrm{d}\zeta_a = 1 - \int_{0}^{\zeta_{a1}} p(\zeta_a)\mathrm{d}\zeta_a = \exp\left(-\frac{\zeta_{a1}^2}{2\sigma^2}\right) \tag{9-75}$$

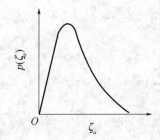
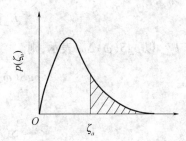

图 9 – 17　波幅分布概率密度曲线　　　　图 9 – 18　保证率

舰船在不规则波中摇摆,有几个具有特殊意义的统计特征值与保证率是相关的。

(1) 1/10 平均值 $\tilde{\zeta}_{a1/10}$:也称为十一波幅,最大波幅平均值,或最大波幅。它是将所有记录的波幅按大小依次排列,然后取最大的 1/10 波幅平均值,图 9 – 19 表示了 1/10 波幅平均值的意义,是图中阴影面积形心到纵轴的距离,其中阴影面积占曲线下全面积的 1/10。由图还可明确看出 1/10 波幅平均值与 $\zeta_{a1/10}$ 保证率的关系。通常以 $\tilde{\zeta}_{a1/10}$ 表示 1/10 波幅平均值,由 $\tilde{\zeta}_{a1/10}$ 与 $\zeta_{a1/10}$ 保证率的关系,结合式(9 – 75)可导出 $\tilde{\zeta}_{a1/10}$ 的表达式为

$$\tilde{\zeta}_{a1/10} = 2.55\sigma = 2.55\sqrt{m_0} \tag{9-76}$$

式中: $m_0 = E[\zeta^2(t)] = \sigma^2$,为波面升高的方差。

(2) 1/3 平均值 $\tilde{\zeta}_{a1/3}$:也称为三一波幅,或有义波幅。其意义可由十一波幅类推,如图 9 – 20 所示,有义波幅是图中阴影面积形心到纵轴的距离,只不过现阴影面积为曲线下全面积的 1/3。由三一波幅 $\tilde{\zeta}_{a1/3}$ 意义及其与保证率的关系可得到 $\tilde{\zeta}_{a1/3}$ 的表达式为

$$\tilde{\zeta}_{a1/3} = 2.0\sigma = 2.0\sqrt{m_0} \tag{9-77}$$

除以上两种关于不规则波波幅的统计特征值外,还有平均周期、平均频率和平均波长等不规则波的统计特征值,这些统计特征值要根据不规则海浪的波能谱来确定。

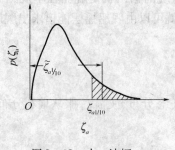

图 9 - 19　十一波幅

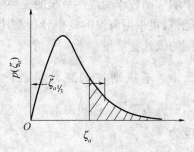

图 9 - 20　三一波幅

9.5.2　不规则波的波能谱

在实际应用中也常用能量谱来描述不规则海浪。对不规则波的元素规则波,单位面积具有的波能为

$$E = \frac{1}{2}\rho g \zeta_a^2$$

在频率区间(ω , $\omega + \Delta\omega$)的元素波单位面积的能量为

$$E_{\Delta\omega} = \frac{1}{2}\rho g \sum_{\Delta\omega} \zeta_{ai}^2$$

若 $E_{\Delta\omega}$ 以 $\rho g S(\omega)\Delta\omega$ 表示,则

$$\rho g S(\omega)\Delta\omega = \frac{1}{2}\rho g \sum_{\Delta\omega} \zeta_{ai}^2$$

$$S(\omega) = \frac{\frac{1}{2}\sum_{\Delta\omega}\zeta_{ai}^2}{\Delta\omega} \qquad (9-78)$$

式中: $S(\omega)$ 为不规则海浪的波能谱函数或波能谱,其物理意义是表示微小频带 $\Delta\omega$ 上的平均波能分布,或者理解为波能在微小频带 $\Delta\omega$ 上的平均值。不规则波的波能谱表示了其各元素波的能量分布状况,表明了不规则波构造中哪些元素波起主要作用、哪些元素波起次要作用,揭示了不规则波的内部结构。由波能谱的物理意义可知,波能谱函数曲线下的全面积代表单位面积的波浪总能量,可以表示为

$$\frac{1}{2}\rho g \sum_{i=1}^{\infty} \zeta_{ai}^2 = \rho g \int_0^{\infty} S(\omega)\,\mathrm{d}\omega \qquad (9-79)$$

显然上述单位面积的波能是表征海况严重程度的特征量。

由不规则波的波能谱可以求得不规则波另外一些特征值,即

平均周期:

$$\tilde{T} = 2\pi \sqrt{\frac{m_0}{m_2}} \qquad (9-80)$$

平均频率:

$$\tilde{\omega} = \sqrt{\frac{m_2}{m_0}} \qquad (9-81)$$

平均波长:

232

$$\tilde{\lambda} = 2\pi g \sqrt{\frac{m_0}{m_4}} \qquad (9-82)$$

式中：m_i 为 i 阶波能谱矩，可表示为

$$m_i = \int_0^\infty \omega^i S(\omega) \mathrm{d}\omega \qquad (9-83)$$

$\tilde{\lambda}$ 为两相邻上穿节点之间距离的平均值，$\tilde{T}$、$\tilde{\omega}$ 等也都是按相邻上穿节点定义的。

9.5.3 波能谱公式

如上所述，一旦确定了不规则海浪波形、波幅的概率分布以及波能谱，就相当于对某个海区的随机海浪进行了数学描述，或者说建立了某个海区海浪的数学模型，这种数学模型包含有随机海浪的各种统计特征量。据此再引用规则波中舰船摇摆运动频率响应函数就可以分析、预报舰船在不规则海浪中摇摆运动特性。

波能谱是根据一定海域大量实际测量、调查积累的海浪随时间变化的资料，通过理论分析而建立的。常用的海浪能谱公式在参考文献[31,56]可以查到，现介绍两种具有工程实用价值和基础意义的能量谱公式。

（1）P-M 谱：即皮尔逊—莫斯克维奇能量谱，能量谱函数表达式为

$$S(\omega) = \frac{A}{\omega^5}\exp\left(-\frac{B}{\omega^4}\right) \qquad (9-84)$$

式中：$A = 0.0081g^2$；$B = 0.74\left(\dfrac{g}{U}\right)^4$；$g$ 为重力加速度；U 为离海面 19.5m 处的风速。

目前采用的大多数标准波能谱主要是基于 P-M 谱的形式建立的。P-M 谱为单参数谱，其函数曲线图谱如图 9-21 所示。

（2）ITTC 谱：即国际船模水池会议图谱。经分析[31]，有理由将 P-M 谱函数表达式中 B 与 A 的关系表示为 $B = \dfrac{4A}{\tilde{\zeta}_{1/3}^2}$，如此即得 ITTC 单参数谱函数表达式：

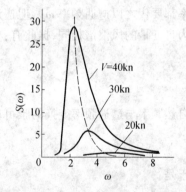

图 9-21　波能 P-M 谱

$$S(\omega) = \frac{0.78}{\omega^5}\exp\left(-\frac{3.12}{\tilde{\zeta}_{1/3}^2\omega^4}\right) \qquad (9-85)$$

十一届国际船模水池会议曾将上式作为暂行标准海浪谱公式，简称为 ITTC 单参数谱。后来为了改善波能谱公式，把波浪周期引入了波能谱公式中，且取谱心周期作为平均周期，则以 ITTC 单参数谱为基础可以扩展得出 ITTC 双参数谱。另一参数为平均周期 $\tilde{T}$，将 $\tilde{T}$ 取为谱心周期，则有

$$m_1 = \int_0^\infty S(\omega)\,\omega\mathrm{d}\omega = \int_0^\infty \frac{A}{\omega^4}\exp\left(-\frac{B}{\omega^4}\right)\mathrm{d}\omega = 0.30638\frac{A}{B^{3/4}}$$

$$\tilde{T} = 2\pi\frac{m_0}{m_1} = \frac{5.127}{B^{1/4}}$$

或

$$B = \frac{691}{\tilde{T}^4}$$

将上述关系代入 $B = \frac{4A}{\zeta_{1/3}^2}$，则由式(9-84)可以导出 ITTC 双参数谱公式：

$$S(\omega) = \frac{173\tilde{\zeta}_{1/3}^2}{\tilde{T}^4\omega^5}\exp\left(-\frac{691}{\tilde{T}^4\omega^4}\right) \qquad (9-86)$$

ITTC 和 ISSC(国际船舶结构会议)先后都推荐了这个双参数波能谱公式。若取 $\tilde{T} = 3.86$ $\sqrt{\tilde{\zeta}_{1/3}}$ 则由双参数谱公式(9-86)可以导出单参数谱公式(9-85)。

尽管上述波能谱公式均未计入元素波浪向的影响，但一般认为还是能较好地描述长峰波。而对于短峰波，则有人提出了要采用包含元素波浪向的波能谱，这种波能谱称为方向谱[31]；另外，我国海洋部门也提出了沿海波能谱密度公式，详见参考文献[31,57]。

9.5.4 不规则波中舰船摇摆运动预报和特性分析

据线性叠加原理,已知不规则海浪能谱函数、摇摆运动频率响应函数,就可以求出舰船不规则摇摆运动的能谱。将横摇、垂荡和纵摇的能谱记作 $S_\theta(\omega)$、$S_z(\omega)$ 与 $S_\phi(\omega)$，则经简单推导可得自然频率表示的舰船摇摆能谱表达式：

$$S_\theta(\omega) = S(\omega)\left(\frac{\theta_a}{\zeta_a}\right)^2, S_z(\omega) = S(\omega)\left(\frac{z_a}{\zeta_a}\right)^2, S_\phi(\omega) = S(\omega)\left(\frac{\phi_a}{\zeta_a}\right)^2$$

如果舰船在不规则波中以航速 V、波向角 χ 航行,这时频率响应函数和谱函数中的频率都要代之以遭遇频率 ω_e,但遭遇频率为自变量的风浪谱蕴含的波能应保持与自然频率为自变量的风浪谱相同,据此有：

$$S(\omega_e)\mathrm{d}\omega_e = S(\omega)\mathrm{d}\omega$$

$$S(\omega_e) = \frac{\mathrm{d}\omega}{\mathrm{d}\omega_e}S(\omega)$$

自然频率与遭遇频率变换的雅可比系数为

$$\frac{\mathrm{d}\omega_e}{\mathrm{d}\omega} = 1 + \frac{2\omega}{g}V\cos\chi \qquad (9-87)$$

于是：

$$S(\omega_e) = \frac{S(\omega)}{1 + \frac{2\omega}{g}V\cos\chi} \qquad (9-88)$$

以遭遇频率 ω_e 表示的舰船在不规则波中摇摆的能谱函数为

$$S_\theta(\omega_e) = S(\omega_e)\left(\frac{\theta_a}{\zeta_a}\right)^2 \qquad (9-89)$$

$$S_z(\omega_e) = S(\omega_e)\left(\frac{z_a}{\zeta_a}\right)^2 \qquad (9-90)$$

$$S_\phi(\omega_e) = S(\omega_e)\left(\frac{\phi_a}{\zeta_a}\right)^2 \qquad (9-91)$$

一旦确定了舰船在不规则波中的摇摆能谱,就可据以分析舰船在不规则波中的摇摆特性。图 9-22 和图 9-23 为舰船在不规则波中横摇、纵摇能谱曲线的样式,摇摆能谱曲线可用于直观地考察舰船在不规则波中的摇摆特性。通常还要对舰船摇摆能谱曲线作进一步的分析处理,求出不规则波中摇摆的统计特征量,由摇摆能谱曲线可求出舰船摇摆的有义摇幅 $\tilde{\theta}_{1/3}$、$\tilde{\phi}_{1/3}$,平均摇摆周期 $\tilde{T}$、频率 $\tilde{\omega}$ 等,这些统计特征量反映了舰船在不规则海浪中摇摆的特性。

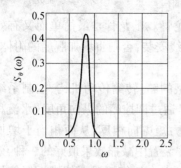

图 9-22　舰船横摇能谱曲线

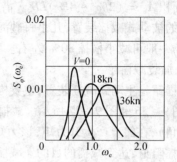

图 9-23　舰船纵摇能谱曲线

　　与规则波中的横摇不同,舰船在不规则波中摇摆的"共振"现象不明显。图 9-24 给出了某船在规则波与不规则波中的横摇幅值随 ω/n_{θ} 变化曲线,可见在共振区不规则横摇幅值小于规则横摇幅值,在远离共振区则相反。读者试从海浪的频谱分析和线性叠加角度对这一现象加以解释。

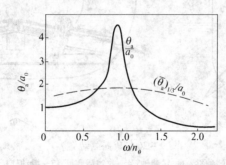

图 9-24　规则波与不规则波中的横摇相应曲线

　　另外,舰船在不规则波中的摇摆与舰船的航速、浪向是有关的。有研究表明,对不规则波中的纵摇来说有一最佳航速范围,使纵摇减小。这可从遭遇频率概念、海浪的频谱分析与线性叠加原理等方面得到定性的解释,读者自行对这一现象进行分析。

9.6　减摇措施与风浪中行船注意事项

　　舰船在风浪中的摇摆过大,会对舰船的使用性能和战斗性能造成一系列危害,如影响人员的正常工作、生活和战斗力,影响武器的正常使用;使甲板上浪,螺旋桨出水(也称飞车);也有可能破坏舰船结构而使舰船破损进水,甚至使大角稳度不足的舰船面临倾覆的危险;也会使舰船的阻力增加,航速降低。

　　舰船摇摆幅度不大,不利影响自然就小,甚至感受不到其影响。减小舰船在风浪中的摇摆是十分重要的,它与舰船设计者和使用者都有关。

　　从船体方面来说,有以下主要的减摇措施。

1. 加装舭龙骨

舭龙骨沿船长安装于舰船舭部,如图 9-25 所示,是一条约占船长 $\frac{1}{4}$ ~ $\frac{1}{2}$、宽度为 0.3m ~ 1.2m 的钢板,总面积 $A_b = (2\% ~ 4\%)LB$。借助于增加横摇阻

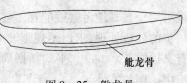

图 9-25 舭龙骨

尼减摇的被动式减摇装置,几乎每艘海船都装有舭龙骨。舭龙骨是最简单而又有效的减摇装置,一般可减小横摇 30% 左右。舭龙骨应顺流线安装,否则将增加舰船的附体阻力。

2. 加装减摇鳍

减摇鳍是主动式减摇装置,主要构造包括机翼型的鳍、转鳍传动机构、控制系统等部分,如图 9-26 和图 9-27 所示。减摇鳍减摇机理是通过调控鳍的纵向角度(水流相对于鳍的攻角),在鳍上产生升力矩,该力矩与舰船横摇力矩方向相反,从而相当于增加了舰船的横摇阻尼,达到减摇的目的。减摇鳍是各种减摇装置中减摇效果最好的一种,效果最好的减摇鳍可减摇 90% 以上。好的减摇鳍工作时可以在任何情况下使横摇幅值保持在 3°~5°以内。减摇鳍工作时舰船的横摇角通常称为剩余横摇角,是表达舰船耐波性和减摇鳍减摇效果的重要指标。减摇鳍的不利影响是使舰船航行阻力增加,同时还需要一套复杂的传动机构。

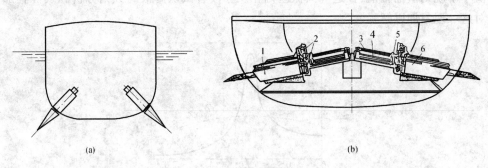

(a)　　　　　　　　　　　　　(b)

图 9-26 减摇鳍装置

1—左舷鳍箱;2—转鳍油缸;3—转鳍轴;4—收鳍活塞杆;5—滑动杠杆;6—右舷鳍箱。

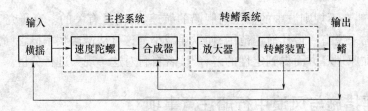

图 9-27 自控示意框图

3. 采用减摇水舱

至今已付诸实用的减摇水舱为被动式减摇水舱。图 9-28 为 U 形减摇水舱,水舱横剖面为 U 形;图 9-29 为自由液面减摇水舱,是平面形水舱,对称置于舰船两舷,有深槽横向连通,也称槽形减摇水舱。

减摇水舱的减摇机理是舰船横摇时减摇水舱内的水产生运动,在一定的扰动力周期范围内形成与横摇力矩反向的稳定力矩。减摇水舱内水的振荡周期应等于舰船横摇固有周期,从而在共振横摇时减摇水舱内水的摇荡也发生共振,此时舰船横摇角滞后波倾角

236

90°,水舱内水的运动相位滞后舰船横摇 90°,故减摇水舱内水的运动相位滞后波倾角 180°,即减摇水舱内水运动形成的力矩与波浪扰动力矩方向刚好相反,故产生减摇作用。

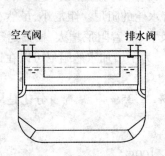
图 9 - 28 U 形减摇水舱

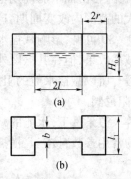
图 9 - 29 自由液面(平面型)减摇水舱

由此可知,在共振横摇时减摇水舱的减摇效果最好,当波浪扰动力周期偏离固有周期,则减摇水舱内水运动的力矩相位与波倾角的相位之差不再是 180,减摇效果下降;若波浪扰动力周期远离固有周期,则减摇水舱内水运动力矩不但不能抵消波浪作用力矩,可能反而叠加在波浪作用力矩之上,此时减摇水舱反而起到增摇的不利影响,这正是被动式减摇水舱的主要缺点。图 9 - 30 所示的采用减摇水舱前后的横摇运动响应曲线也反映出了减摇水舱的这种特性。

水舱内水流运动的周期显然是减摇水舱的重要参数,由于水舱内水流运动的复杂性,目前还难以据理论方法精确计算减摇水舱的周期,可采用近似公式对水舱的周期估算[58]。图 9 - 31 所示 U 形水舱周期为

$$T_\text{W} = 2\pi \sqrt{\frac{l_2 + l_1 \dfrac{A_2}{A_1}}{g}} \tag{9 - 92}$$

式中:A_1 为连通水道的断面积;A_2 为边水舱的断面积;l_1、l_2 为图 9 - 31 所示的两个尺度参数。

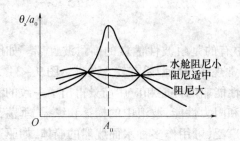
图 9 - 30 采用减摇水舱前后的横摇运动相应曲线

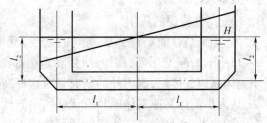
图 9 - 31 U 形减摇水舱参数

一般 $l_1 \dfrac{A_2}{A_1}$ 比 l_2 大多了,故水量对水舱的周期影响很小,当水舱的尺度确定之后,水舱的周期即基本确定,这是 U 形水舱的一个主要缺点。图 9 - 29 所示的自由面水舱的周期为

$$T_\text{W} = \frac{2\pi}{0.88} \frac{l}{\sqrt{gH_0}} \tag{9 - 93}$$

式中：H_0 为水深；l 为如图 9-29 所示的尺度参数。

由此可见，自由面水舱周期主要取决于 l 和 H_0，且与水深的平方根成反比，故调节水量能在很大的范围内改变周期，这是自由面水舱比 U 形水舱优越之处。

由图 9-30 可见，影响减摇水舱减摇效果的还有水舱的阻尼。阻尼小，虽然在共振时有较高的减摇效果，但在共振区外的横摇幅值增加较多；随着阻尼增大，横摇运动响应曲线趋于平缓。所以减摇水舱的阻尼应该适当大一些。为了增加水舱阻尼可以在连通道中设阻尼栅、阻尼阀。

在中等风浪条件下，水舱的减摇百分比约为 30% ~ 35%。减摇百分比是用于表示减摇效果的常用参数，按三一横摇幅值定义如下：

$$K = \frac{(\bar{\theta}_{a\frac{1}{3}})_1 - (\bar{\theta}_{a\frac{1}{3}})_2}{(\bar{\theta}_{a\frac{1}{3}})_1} \times 100\% \qquad (9-94)$$

式中：$(\bar{\theta}_{a\frac{1}{3}})_1$ 为未采用减摇装置的三一横摇幅值；$(\bar{\theta}_{a\frac{1}{3}})_2$ 为采用减摇装置后的三一横摇幅值。

4. 采用合理的船型

船型和主尺度对耐波性的影响很复杂。舰船耐波性有多个方面的指标，横摇、纵摇、垂荡、首垂向加速度、甲板上浪、砰击和失速都是耐波性的指标。船型和主尺度对耐波性各个方面的影响并不一致，有时甚至是矛盾的。通常认为应根据可靠的耐波性预报方法和统一的衡准对具体船型的耐波性进行评估，但目前耐波性预报和耐波性衡准两方面都还存在未完全解决的问题。尽管如此，关于船型对耐波性的影响还是可归纳出一些基本上得到公认的规律。

（1）增加方形系数、吃水和船的纵向质量惯性半径对减小纵摇和垂荡是不利的；

（2）增加船长、水线面系数和船宽能使纵摇和垂荡都得到改善；

（3）垂荡随航速增加而增大，低速船纵摇随航速增加而增大，高速船则相反；

（4）首部采用 V 形剖面与采用 U 形剖面相比，舰船在波浪中的运动性能较好，但舰船在波浪中的阻力增量却增加，首部 V 形、U 形剖面对舰船耐波性部分指标的影响如图 9-32 所示。

5. 高性能船的应用

近年来高性能船得到了蓬勃的发展，其中有的是耐波性优良的高耐波性船。如图 9-33 所示的深 V 形船，横摇、纵摇和垂荡都比常规的圆舭型船有较大改进。图 9-34 为小侧体高速三体船，国内外的研究者对这种高性能船的性能和应用前景得出了一致的看法，认为小侧体高速三体船具有优良的耐波性和阻力性能，波浪中的横摇和纵摇、垂荡都有大的改进；而且高速三体船的适用范围十分广泛，可用作多种水面舰船的船体，如驱逐舰、护卫舰、导弹猎潜艇或巡逻艇等。图 9-35 和图 9-36 分别为英国建造的 100m 三体试验舰"海神号"与澳大利亚建造 127m 高速三体运输船。

从舰船使用方面来说，在风浪中行船应注意以下事项。

（1）航速航向：舰船的航速和航向与波浪的遭遇频率有关，与入射波的作用方向和强度也有关，所以从原理上说，恰当地改变舰船的航速和航向使舰船的固有周期避开主成分波的遭遇周期可以减小舰船在波浪中的摇摆及其带来的甲板上浪、螺旋桨飞车以及砰击等有害动力效应，航速的改变通常是指航速降低。但这样一来又出现了波浪中的"失速"

238

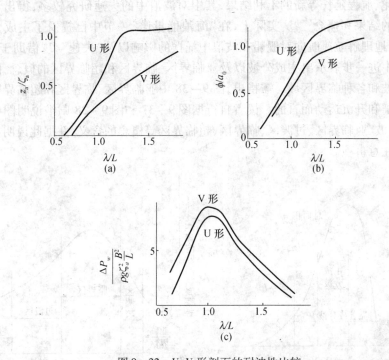

图 9 - 32 U、V 形剖面的耐波性比较

（a）首部采用 V 形、U 形剖面的垂荡曲线；（b）首部采用 V 形、U 形剖面的纵摇曲线；

（c）首部采用 V 形、U 形剖面的功率消耗增量曲线。

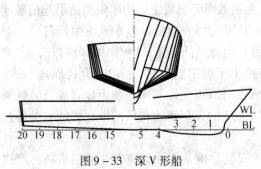

图 9 - 33　深 V 形船

图 9 - 34　三体船概念设计效果图

图 9 - 35　三体试验舰"海神号"

图 9 - 36　澳大利亚建造的三体运输船

以及航线变化、航程延长等新的不利结果,其中对波浪中的失速研究较多,得出了不少具有实用价值的结果和概念[56]。实际上,在"海浪能量谱"一节中已提及了主成分波的概念,为更清晰地理解航速航向对舰船在波浪中摇摆的影响以及"失速",现借助于图9-37和图9-38中进一步表示出主成分波以及亚临界区、临界区和超临界区的概念,图中已标出各种成分波和各种临界区域。需指出,图9-38中亚临界区、临界区和超临界区的概念都是针对纵摇和升沉运动而言的。读者自行据图9-37和图9-38归纳说明图中主成分波、显著成分波、亚临界区、过渡区、临界区、超临界区等概念的含义,并据此说明在风浪中行船的有关注意事项。

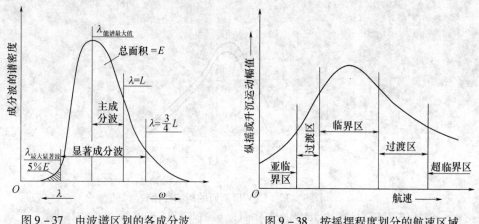

图9-37　由波谱区划的各成分波　　　　图9-38　按摇摆程度划分的航速区域

(2) 失速:是指舰船在风浪中航行由于多种原因引起的航速降低。概括地说,失速可以分为两类,一类是舰船在风浪中阻力增加、推进效率降低或主机功率限制而引起的航速降低,这种失速通常称为"自然失速"或"名义失速";另一类是舰船在风浪中航行时为避免出现严重的甲板上浪、砰击和螺旋桨飞车而人为地降低航速,这种失速一般以海上"允许航速"或"强制失速"表征。参考文献[56]给出了确定"自然失速"和"允许航速"的实用方法。结合图9-37和图9-38,从原理上说,可以将允许航速理解为显著成分波区域的下限,或亚临界区的上边界线。读者试从"失速"的概念阐述在风浪中行船的有关注意事项。

(3) 风浪中的稳性:舰船在风浪中行船的安全性也是驾驶者值得注意的事项。严格地说,甲板上浪、螺旋桨飞车以及砰击等不良动力效应已构成风浪中航行舰船的不安全因素,但还需要从风浪中的稳性概念着想考虑舰船在风浪中航行的安全性问题。在大角稳性一章中已提及,舰船在波浪中的稳性有可能变坏,加之大的风浪本身就是使舰船可能面临稳度不足而出现危险的重要因素,所以舰船在风浪中的稳性也是驾驶者需重视的舰船航行安全性指标。GJB 4000—2000,国家军用标准,《舰船通用规范·0组舰船总体与管理》[46]给出了舰船抗风浪性计算方法,现有人提出计入舰船在风浪中稳度下降等因素进行舰船抗风浪性计算[59-61],也有人基于 GJB 4000—2000 的方法制作了舰船抗风浪性指标实时预报软件[61,62]装船试用,该软件试图据在航舰船的粮食、弹药、淡水、燃油等载荷的变化情况实时预报舰船的抗风浪能力,并结合在航海区的风级、海况判断舰船的稳性是否足够。总之舰船在风浪中的航行安全性问题值得进一步研究。

240

9.7 潜艇耐波性简要说明

潜艇在水面航行状态的耐波性与水面舰船耐波性的有关概念、原理和方法是相同的，水面舰船耐波性可延伸至潜艇水面航行状态。当潜艇下潜到潜望深度，摇摆随之减弱；下潜到安全深度后，摇摆就很微弱了；在大潜深航行时潜艇完全不摇摆。在大的风浪下，潜艇摇摆非常剧烈，航行性能大大降低，则可潜入深水中航行，从而避免波浪力的作用。相对于一般的水面舰船，潜艇的耐波性问题不那么重要。

另外需提出，潜艇在近水面航行与在深水中航行时是不同的，此时会受到波浪力作用而产生摇摆运动。潜艇在近水面航行所遭受的波浪力和摇摆运动特性不完全与水面舰船相同，一个重要特点是近水面航行的波浪力和摇摆运动与潜深是有关的。潜艇在近水面航行的耐波性是当前舰船水动力学领域的一个研究方向，有些问题还没有研究清楚[39,48]。

习 题

1. 试分析纵摇与垂荡摇摆运动的受力情况，并列出各自的运动微分方程。
2. 在某海区上实测波升记录的表观高取样如下：

波高/m	0.5	1.0	2.0	2.5	3.0
出现次数	4	42	30	24	1

试确定该海区的平均波高、有义波高、十一波高。

3. 已知某舰 $B = 12.4\text{m}$，$z_g = 5.1\text{m}$，$h = 0.91\text{m}$，$h_0 = 1.07\text{m}$，试按自由横摇周期估算公式以及 GJB 4000—2000 的方法求该舰的横摇固有周期 T_θ。

4. 排水量为 10000t 的舰船，横稳心高 $h = 0.9\text{m}$，横摇固有周期 $T_\theta = 14\text{s}$，若将舰上 1000t 的载荷垂直移动 2m，求新的横摇固有周期。

5. 已知某舰船横摇周期 $T_\theta = 13\text{s}$，横稳心高 $h = 1.0\text{m}$，无因次阻尼衰减系数 $\mu_\theta = 0.10$。

(1) 试求舰船发生共振的波长；

(2) 若波浪最大波倾角为 $\alpha = 0.534\lambda^{-\frac{1}{4}}(\text{rad})$，试求共振时的最大振幅。

6. 舰船的载荷移动使质量惯性矩降低了 10%，若需保持固有周期不变，试求载荷重心高度变化量；假定阻尼系数 $2\mu_\theta$ 保持不变，试求共振横摇角的变化量。

7. 已知某舰 $D = 3190\text{t}$，$L = 126\text{m}$，$B = 12.4\text{m}$，$T = 4\text{m}$，$h = 0.95\text{m}$，$2\mu_\theta = 0.95$，$X_\theta = 0.95$，$T_\theta = 10\text{s}$。

(1) 计算 Λ 分别为 0.3、0.5、0.7、0.8、0.9、1.0、1.1、1.2、1.3、1.5 时的 θ_a/α，θ_a/ζ_a，并绘制 θ_a/α—Λ 曲线。

（2）7级海浪有义波高 $\overline{h}_{1/3} = 8\mathrm{m}$，用 ITTC 单参数谱计算 ω 分别为 0.2、0.3、0.4、0.5、0.6、0.7、0.8、0.9、1.0、1.1、1.2、1.3 时的 $S_\theta(\omega) — \omega$ 曲线。

（3）求7级海浪中横摇统计平均值 $\overline{\theta}_a$、$\overline{\theta}_{a1/3}$、$\overline{\theta}_{a1/10}$。

8. 试从海浪的频谱分析和线性叠加角度对图 9 - 24 所示舰船在规则波和不规则波中摇摆特性加以解释。

9. 已知某艇 $B = 6.9\mathrm{m}$，$T = 2.2\mathrm{m}$，$h_0 = 0.71\mathrm{m}$，$z_g = 3.5\mathrm{m}$，$C_{VP} = 0.633$，$A_B/LB = 0.03$，A_B 为舭龙骨的面积。

（1）按 GJB 4000—2000 的方法求该艇的共振横摇角幅值。

（2）若 3t 的雷达置于距离重心高度 12m 处，求共振时雷达所受最大惯性力。

10. 试结合航向航速对舰船耐波性的影响、失速、(亚、超)临界区域以及舰船抗风浪能力等概念，说明在风浪中行船的主要注意事项。

参 考 文 献

[1] 李庆扬,关治,白峰杉. 数值计算原理[M]. 北京:清华大学出版社,2000.

[2] 朱军. 舰船静力学[M]. 长沙:国防科技大学出版社,2002.

[3] 陆金铭. 船舶动力装置设计[M]. 北京:国防工业出版社,2006.

[4] 方安平,叶卫平. Origin 科技绘图及数据分析. 北京:机械工业出版社,2006.

[5] 国防科学技术工业委员会. GJB 350.2—87 中华人民共和国国家军用标准. 水面战斗舰艇系泊和航行试验规程. 倾斜试验. 1987.

[6] 中国船舶工业总公司. CB/T 3035—1996 中华人民共和国船舶行业标准. 船舶倾斜试验. 1996.

[7] 盛振邦,杨尚荣,陈雪琛. 船舶静力学. 上海:上海交通大学出版社,1992.

[8] 中华人民共和国船舶检验局. 船舶与海上设施法定检验规则. 非国际航行海船法定检验技术规则. 北京:人民交通出版社,1999.

[9] 邵世明,赵连恩,朱念昌. 船舶阻力[M]. 北京:国防工业出版社,1995.

[10] 董祖舜. 快艇动力学[M]. 武汉:华中理工大学出版社,1991.

[11] 伊绍琳. 船舶阻力[M]. 北京:国防工业出版社,1985.

[12] 熊鹰,卢晓平. 舰船快速性计算图册. 武汉:海军工程大学,1992.

[13] Holtrop J,Mennen G G J. An Approximate Power Prediction Method,ISP,1982,29.

[14] Holtrop J. A Statistical Re-analysis of Resistance and Propulsion Data,ISP,1984,31.

[15] 刘应中. 船舶兴波阻力理论[M]. 北京:国防工业出版社,2001.

[16] 王言英. 格林函数与纳维—斯托克斯方程及其在船舶与海洋工程中的应用[M]. 北京:国防工业出版社,2006.

[17] 董祖舜,卢晓平. 高速圆舭艇无浅水影响最小水深衡准[J]. 中国造船,1993(2).

[18] 郑义,卢晓平,董祖舜. 小水线面单体船船型与阻力性能研究[J]. 船舶力学,2007(2).

[19] 刘伯胜,雷家煜. 水声学原理.[M]. 哈尔滨:哈尔滨工程大学出版社,1993.

[20] 吴耀祖,邵仲立,瞿守恒,等. 舰船原理. 武汉:海军工程学院,1987.

[21] 黄胜. 船舶推进节能技术与特种推进器. 哈尔滨:哈尔滨工程大学出版社,1998.

[22] 金平仲. 船舶喷水推进. 北京:国防工业出版社,1986.

[23] 中国船舶工业总公司. 船舶设计实用手册. 总体分册. 北京:国防工业出版社,1998.

[24] 刘承江,王永生,丁江明. 喷水推进研究综述. 船舶工程,2006,4.

[25] 中国船舶工业集团公司第七〇八研究所. 船舶喷水推进及轴流式推进泵论文集. 上海:1992.

[26] 王国强,盛振邦. 舰船推进. 上海:上海交通大学出版社,1995.

[27] 王国强,董世汤. 船舶螺旋桨理论与应用. 哈尔滨:哈尔滨大学出版社,2005.

[28] 程尚模,季中. 相似理论及其在热工和化工中的应用. 武汉:华中理工大学出版社,1990.

[29] 苏玉民,庞永杰. 潜艇原理. 哈尔滨:哈尔滨工程大学出版社,2005.

[30] 施生达. 潜艇原理. 武汉:海军工程大学,1990.

[31] 盛振邦,刘应中. 船舶原理. 上海:上海交通大学出版社,2004.

[32] Oostervel M W C. Ducted Propeller Characteristics. RINA Symposium on Ducted Propellers,London,1973.

[33] 盛振邦,杨家盛,柴杨业. 中国船用螺旋桨系列试验图谱集. 上海:中国造船编辑部,1983.

[34] 曾凡明,吴家鸣. 舰艇动力装置. 武汉:海军工程大学,2003.

[35] 顾宣炎,詹志刚. 可调桨船舶主推进装置运行工况优化研究. 船海工程,2001(4).

[36] 邵开文,马运义. 舰船技术与设计概论. 北京:国防工业出版社,2005.

[37] 范尚雍. 舰船操纵性. 北京:国防工业出版社,1988.

［38］ 徐顺棋,徐振宇. 实船试验. 北京:海潮出版社,2006.

［39］ 孙伯起,缪泉明,冯学知,等. 潜艇近水面波浪力计算的数值方法. 船舶力学,1997(1):21－26.

［40］ Newman J N. Marine Hydrodynamics. MIT Press, 1977.

［41］ 刘应中,缪国平. 船舶在波浪中的运动理论. 上海:上海交通大学出版社,1986.

［42］ 吴秀恒,刘祖源,施生达,等,船舶操纵性. 北京:国防工业出版社,2005.

［43］ IMO A 751(18)决议,船舶操纵性暂行标准. 北京:人民交通出版社,1994.

［44］ Davidson K S M:On the Turning and Steering of Ships,SNAME 1944.

［45］ Shiba, H. :Model Experiments about the Maneuverability and Turning of Ships,DTMB Report 1461,1960.

［46］ GJB 4000—2000,国家军用标准,舰船通用规范. 0 组舰船总体与管理. 北京:2000.

［47］ 施生达. 潜艇操纵性. 北京:国防工业出版社,1995.

［48］ 冯学知,缪泉明,等. 潜艇近水面波浪力试验. 船舶力学,1997(2):24－28.

［49］ 吴保山,邢福,匡晓峰,等. 潜艇近海底运动水动力数值计算分析研究. 船舶力学,2005,3.

［50］ 李积德. 船舶耐波性. 哈尔滨:哈尔滨船舶工程大学出版社,1991.

［51］ Lu Xiaoping,The investigation of the trimarans longitudinal motion,第九届中国国际船艇展暨高性能船技术报告会论文集,英国皇家造船师学会,上海船舶工业行业学会,2004.

［52］ Ming-Chung Fang. The Effect of the Steady Flow Potential on the Motions of a Moving Ship in Waves. JSR. , March 2000,44:14－32.

［53］ 冯铁城. 船舶摇摆与操纵. 北京:国防工业出版社,1980.

［54］ 彭英声. 舰船耐波性基础. 北京:国防工业出版社,1989.

［55］ 卢晓平,叶恒奎,张纬康,等. Haskind 源格林函数的奇异性研究与数值积分方法. 水动力学研究与进展,1999(4):442－452.

［56］ 陶尧森. 船舶耐波性. 上海:上海交通大学出版社,1995.

［57］ 陈祖庆. 船舶原理. 武汉:武汉理工大学,2004.

［58］ 吴秀恒. 船舶操纵性和耐波性. 北京:人民交通出版社,1999.

［59］ 蒋志勇,王志东. 基于动稳性衡准的舰船稳性预报研究. 华东船舶工业学院学报,2002(6).

［60］ 蒋志勇,姚震球,等. 舰船航态监测及预报系统研究. 船舶工程,2002(5).

［61］ 张文斌,蒋志勇. 船舶稳性理论研究的方法及进展. 华东船舶工业学院学报,2002(1).

［62］ 高伟良,卢晓平. 舰船浮态与稳度实时计算软件系统界面设计. 公安海警高等专科学校学报,2003(5).